Is' zwar "deutsch" aber villicht hilft's
Dir trotzdem ein wenig weiter.

Bussl

Endlich Studium!

Das Handbuch für die beste Zeit deines Lebens

Impressum

Herausgeber: Philipp Appenzeller, Rieke Kersting

Autoren: Philipp Appenzeller, Stephanie Ehrich, Bianca Gebhardt, Henrike Hepprich, Rieke Kersting, Ann-Cathrin Klose, Jasmin Rackl, Alexandra Strohmeier, Jann von der Brelie

Lektorat & Satz: rap verlag

Grafik: www.gudrunbarthdesign.com

Druck und Weiterverarbeitung: Oeding Druck GmbH, Braunschweig

ISBN: 978-3-942733-06-9

1. Auflage 2012

©rap verlag, Freiburg im Breisgau, in der R.A.P. Presse-Verlag-Werbung GmbH

Kontakt: kontakt@rap-verlag.de

Inhalt

Studieren für Anfänger 120
Lehrveranstaltungen 120

Jetzt bist du dran! 128

An der Uni   158

Irren ist menschlich – Wenn's einfach nicht passt

Studiengangwechsel

Uniwechsel

Studienabbruch

Inhalt

Erste Schritte Richtung Berufsleben   272

Index   292

Vorwort

Endlich Studium!

Willkommen zur besten Zeit deines Lebens und mittendrin im Abenteuer. Keine Angst, das sind keine leeren Versprechungen, sondern ganze einfach die Verheißungen des Studentenlebens. Es warten unendlich viele Möglichkeiten, spannende Herausforderungen und jede Menge neuer Kontakte auf dich. Damit dir bei dem Ganzen nicht schwindelig wird, haben wir dieses Buch gemacht. Es liefert Antworten auf alle deine Fragen, hilft dir dabei, die für dich richtigen Entscheidungen zu treffen und gibt dir das nötige Know-how für deine Zeit an der Hochschule.

Damit du die besten Infos aus erster Hand bekommst, und keine abgestandenen Weißheiten aus dem letzten Jahrtausend, haben wir junge Autorinnen und Autoren zusammengetrommelt, die selbst noch studieren oder ihr Studium vor nicht allzu langer Zeit abgeschlossen haben. Denn die wissen ganz genau, wo die großen und kleinen Fallen im Studienalltag lauern. An dieser Stelle möchten wir uns nochmals bei unseren großartigen Autorinnen und Autoren bedanken, die dieses Buch durch intensive Recherchen, bestes Expertenwissen und unterhaltsame Texte möglich gemacht haben.

Wenn du das Inhaltsverzeichnis gelesen hast, hast du vermutlich schon gemerkt, dass hier jede Menge drinsteckt. Und das muss auch so sein, denn in deiner neuen Lebensphase ist das nun mal genauso: Da warten Seminare, Prüfungen, Referate, Hausarbeiten und jede Menge Arbeit; die Mottenplage im Küchenschrank, Diskussionen um den Putzdienst in deiner WG und deine erste Schreibblockade; Ärger mit dem BAföG-Amt, gemeinsame Spaghetti-Orgien mit Freunden und ein tolles Praktikum.

Dieses Buch soll dich in allen Lebenslagen begleiten und dir mit Rat (leider ohne Tat – dafür bist du selbst verantwortlich) zur Seite stehen. Du kannst in aller Ruhe darin schmökern, aber auch blitzschnell die wichtigste Info finden – das ausführliche Inhaltsverzeichnis und der praktische Index am Ende des Buches machen's möglich. Wenn du trotzdem etwas vermisst, schreib uns: kontakt@rap-verlag.de

Wir wünschen dir viel Erfolg und Vergnügen in deinem Studium und den nötigen Mut für die entscheidenden Neuentdeckungen in der besten Zeit deines Lebens.

Rieke Kersting & Philipp Appenzeller
(Herausgeber)

Nachtrag: Das ewige Gendern

Natürlich sind wir uns als aufgeklärte, emanzipierte und reflektierte Menschen darüber im Klaren, dass geschlechtergerechte Sprache wichtig ist. Versucht man jedoch, ein informatives und gleichzeitig nettes, unterhaltsames Buch zu schreiben, kommt man bei der 83. Partizip-Form etwas ins Grübeln, denn der Text wird auf Dauer doch recht sperrig. Damit unsere Leser und Leserinnen nicht auch so empfinden, sind wir einen etwas unkonventionellen Weg gegangen.

In den Überschriften, also an prominenter Stelle, haben wir uns für die „Professor/in"- Strategie entschieden – fanatische Sprachschützer mögen uns verzeihen! Im Text selbst begegnen dir sowohl der Professor als auch die Professorin, der Dozent oder auch mal die Dozentin, so wie im wirklichen Leben eben auch. Wir geben an dieser Stelle allerdings keine Gewähr für eine exakt paritätische Aufteilung.

Zugegebenermaßen gerät man bei dieser Methode aber bei den Pluralformen wieder an Grenzen, denn an einer Uni gibt es nun einmal nicht nur Professorinnen (impliziert nun einmal nur Frauen), sondern eher noch Professoren (impliziert Frauen und Männer). Natürlich ist das ein fauler Kompromiss, nur die männliche Pluralform zu benutzen (Frauen werden unsichtbar gemacht und so), aber es erschien uns als die vorläufig beste Lösung. Hast du eine bessere, schreib uns gerne eine Mail, es gibt garantiert eine zweite Auflage.

Und als kleine Kompensation: PROFESSORIN, DOZENTIN, STUDENTIN, DOKTORANDIN, MITBEWOHNERIN, CHEFIN, PRAKTIKANTIN, AUSTAUSCHSTUDENTIN!

Endlich Studium!

Mit dem Studium steht für dich vielleicht das erste richtige Abenteuer an: Du ziehst zu Hause aus, wechselst die Stadt, triffst viele neue Leute, sitzt zwischen hunderten anderer Studenten im Hörsaal und bist von nun an selbst für dich verantwortlich. Durch die Umstellung auf Bachelor und Master ist das Studium heute zwar viel verschulter als noch vor ein paar Jahren, hat aber an Glorifizierung kaum etwas eingebüßt – und das zu Recht: Schließlich wartet immer noch eine der tollsten und spannendsten Lebensphasen auf dich. Damit sie dich mit ihren vielen Vorteilen und wenigen Nachteilen nicht gänzlich unvorbereitet trifft, hier schon mal ein kleiner Vorgeschmack.

Du bist jung

Wer ins Studium kommt, wird erstmal auf eine ihm fremd gewordene Stufe der Rangordnung zurückgeworfen: Ja, du gehörst nun wieder zu den Jüngsten. Und: Noch nie waren Studenten so jung wie heute – G8 und Abschaffung der Wehrpflicht machen's möglich. Daher erscheint ihr den höheren Semestern vermutlich auch als besonders klein und unerfahren.

Du musst als Hochschul-Neuling nun wieder so profane Dinge erforschen wie den Weg zur nächsten Toilette und dabei immer wieder feststellen, dass die Uni doch um einiges größer ist als deine alte Schule. Und zu allem Überfluss wirst du auch noch „Ersti" genannt und siehst dich mit Muttergefühlen von Frauen konfrontiert, die gerade mal zwei Jahre älter sind. Mag das zunächst ungewohnt sein und (sehr erwachsene) Trotzreflexe hervorrufen, so musst du dir doch die Vorteile vor Augen halten: Du darfst allen Menschen doofe Fragen stellen (nur nicht zu viele) und genießt die ersten Monate Narrenfreiheit.

Und ein bisschen unabhängig ist man in den meisten Fällen ja auch schon: Man wohnt nicht mehr zu Hause und kann kommen und gehen, wann man will, essen, was man will, und die Vorlesungen besuchen, die man hören will. Wer bei schönstem Sonnenschein den ganzen Tag im Bett liegen bleiben möchte, das Rollo runter und bewaffnet mit einem Buch und Schokolade, der kann das tun, ohne dass Papa meckert, dass man doch mal rausgehen soll. Diese Entscheidungsfreiheit macht so viel Spaß, dass man auch die unsinnigsten Sachen ausprobiert. Dann hat man sie wenigstens einmal gemacht. Das Erstaunliche daran: Aus diesen Erfahrungen lernt man tatsächlich. Und irgendwann merkt man schließlich auch, dass einen Abschluss haben gar nicht so schlecht wäre und früher aufstehen und nicht mehr jeden Abend viel Wein trinken dafür sehr hilfreich ist. Oder man entdeckt irgendwo im Chaos seine ganz eigene Berufung. Kurz: Man wird doch erwachsen – aber das hat Zeit.

Du bist arm

Der vernünftige Umgang mit Geld wird dir im Studium zwangsweise beigebracht, denn auf einmal bist du ganz schön arm. Wo du vielleicht früher mit dem Geld aus dem Kellnerjob den nächsten Surftrip an die französische Atlantikküste finanziert hast, weil dich der gut gefüllte elterliche Kühlschrank zuverlässig vor dem Hungertod bewahrt hat, da muss jetzt das Sparschwein für die kaputt gegangene Waschmaschine herhalten.

Ein Student an einer deutschen Hochschule verfügt im Durchschnitt über 812 € an monatlichem Einkommen (aus BAföG/Job/Stipendium und Elternfinanzierung). Etwa 20 % haben sogar weniger als 600 € in der Monatskasse. Als armutsgefährdet gilt man als Einpersonenhaushalt hierzulande aber schon bei einem Nettoeinkommen von weniger als 940 €. Da kann man sich ausrechnen, dass die meisten Kommilitonen sich darunter befinden. Und dass manch einer jobben gehen muss, um im Winter was Warmes zum Anziehen zu haben. Laut Untersuchungen des Deutschen Studentenwerks haben immerhin 23 % der Studierenden über die „Grundkosten" hinaus keine Mittel zur Verfügung – also laut Studie eigentlich auch kein Geld für „Körperpflege, Reinigen und Waschen der Kleidung, Zeitungen und Zeitschriften usw." (Quelle: 19. Sozialerhebung des Deutschen Studentenwerks).

Das ist aber alles halb so wild. Denn: man ist Student. Das heißt, man wohnt in einer WG, ist im besten Fall noch familienversichert und kommt günstiger ins Kino. Und: Ganz vielen anderen geht es genauso. Die müssen auch am Ende des Monats das billigste Essen in der Mensa essen, egal was es ist. Und freuen sich darüber, wenn man die heimische Küche zur Verfügung stellt, um gemeinsam den leckersten Supermarktwein unter 3 € zu küren. Man entdeckt das Unikino und merkt, dass eine samstägliche Fahrradtour sogar mehr Spaß machen kann als Shoppen in der überfüllten Innenstadt.

Du bist kreativ

Wer wenig Geld hat, muss improvisieren. Und wer improvisiert, wird kreativ. Du kannst all das machen, was dir gerade in den Kopf kommt: Deine Eltern können nicht mehr von einer pubertären Phase sprechen, wenn du jeden Monat dein Zimmer umstellst und von pinken auf schwarze Wände wechselst. Denn sie kriegen es ja nicht mit. Du wolltest schon immer mal Saxophon oder Schlagzeug lernen, aber deinen Eltern war das zu laut? Im Studium geht so etwas hervorragend – besonders, wenn es Musik-Studenten in deiner Stadt gibt, die dir günstig Unterricht geben, damit ihrem Kühlschrank wiederum die Milch nicht ausgeht.

Wenn du in der Schule schon wusstest, dass das Theater für immer deine emotionale Heimat sein wird, kannst du dir einfach eine neue Theatergruppe suchen. Denn so etwas gibt es an der Uni im Überfluss und in jeglicher Interpretationsrichtung. Oder du gehst in den Kurs für kreatives Schreiben, nur um's mal auszuprobieren. Oder startest dein eigenes Impro-Projekt auf dem Campus oder zettelst mit ein paar anderen provokante Flyer-Kunst an. Oder, oder, oder … Die Schwarzen Bretter an deiner Uni (und im Netz) warten mit jeder Menge Angeboten und Gleichgesinnten.

Entdecke die Möglichkeiten

Im Studium kannst du nochmal ganz neu anfangen. Hier kennt dich keiner und es wundert daher auch niemanden, wenn du auf einmal nur noch im Anzug zur Vorlesung gehst (obwohl das im Physik-Hörsaal vielleicht mit hochgezogenen Augenbrauen kommentiert wird) und einen Monat später Dreadlocks hast.

Und erst das eigene Studienfach: Wie unvorstellbar viele Vorlesungen und Forschungsrichtungen! Die klingen auch noch (fast) alle spannend. Wirst du nun Immunbiologe oder Geobotaniker? Was kann man nicht alles mit einem Mathematikstudium anfangen! Oder gar mit Geschichte: Journalismus, Management, Nichtregierungsorganisationen, Diplomatie. Und wie soll man da nun beurteilen, welches Praktikum lebensnotwendig ist für eine Zukunft in ungetrübter Glückseligkeit?

Damit man den Überblick nicht verliert, sollte man den Lebenslauf als Richtschnur ganz schnell wieder vergessen. Sondern das machen, was einen wirklich, wirklich interessiert und nicht nur so ein bisschen. Denn man kann leider nicht jede Übung im Chemielabor und jedes Gender-Seminar mitmachen. Der Tag hat nur 24 Stunden. Es gilt also, thematische Prioritäten zu setzen. Dafür kann es sich schon mal lohnen, einen Tag der Semesterferien für das Studium des kompletten Vorlesungsverzeichnisses zu reservieren. Und den Tag drauf am besten auch noch – falls sich die eigene Perspektive doch spontan verschoben hat. Man will ja auch seine Vielseitigkeit nicht verlieren. Klar relativiert sich das dann, wenn man seine Bachelor-bedingten Pflichtkurse aus dem aktuellen Modul berücksichtigt. Und natürlich kommst du auch nicht in alle Kurse einfach so rein. In die meisten Vorlesungen aber z. B. schon.

Überhaupt gibt es so viel zu sehen und zu entdecken: Die Stadt hat tausend Nebengässchen und Fahrradwege. In der Umgebung kann man Wandern und Skifahren. Und wer hätte gedacht, dass das Ruhrgebiet so viele gute Theater hat? Auf einmal findet man Gefallen an Geocaching, und erst das Ausland: Es ist erstaunlich, wie schnell man jemanden findet, der genauso begeistert ist von der Idee, im Sommer vier Wochen auf Bio-Bauernhöfen in Schweden zu jobben – für Kost und Logis. Und wer wollte nicht schon immer mal für ein halbes Jahr nach Australien? Da kann man ja schließlich auch studieren.

Außerdem kannst du jeden Tag unzählige Vorträge, Events und Lesezirkel besuchen. Guck dir einfach richtig viel an, auch wenn du dir überhaupt nicht vorstellen kannst, was unter phänomenologischer

Psychologie eigentlich zu verstehen ist. Und sogar eine Physikvorlesung kann deinen Horizont erweitern. Immer hilfreich sind Freunde, die mit ihrer Begeisterung für ihr Fach ansteckend sind. Aber auch in deinem Fach lernst du natürlich merklich dazu und das merkt auch dein Umfeld: Bald erhöht sich die Anzahl der Anrufe panischer Verwandter, die einen komischen Ausschlag oder ein Ziehen im Knie beim Aufstehen haben und nun von der zukünftigen Nobelpreisträgerin für Medizin – dir – bestätigt haben möchten, dass sie in den nächsten drei Monaten nicht einer tödlichen Krankheit erliegen werden. Und du weißt Bescheid (äh, naja, oder eben auch noch nicht so recht).

Freunde

Und mit wem teilt man das alles? Wer nicht so weit wegzieht, um zu studieren oder gar zusammen mit dem besten Kumpel nach Berlin geht, der kann auf alte Schulfreunde zurückgreifen. Aber nicht alle Schulfreunde studieren oder studieren dasselbe. Auf einmal macht man ganz unterschiedliche Erfahrungen und kann sich nicht mehr stundenlang darüber unterhalten, wie langweilig der Englisch-LK oder wie furchtbar schlecht die Kunstlehrerin angezogen war. Oder man sieht sich eben nur noch alle drei Monate und ist dann ausschließlich damit beschäftigt, dem Gegenüber zum fünften Mal zu erklären, was man im Studiengang „Computerlinguistik" denn nun genau macht. Und wenn man dann das nächste Mal nach Hause kommt, verbringt man vielleicht lieber mehr Zeit damit, sich von Papa bekochen zu lassen.

Am Anfang des Studiums hast du sowieso nicht mehr so viel Zeit. Denn das Telefonbuch ist voller neuer Nummern und die Woche voller Verabredungen zum Bier im Stadtpark oder zur Pizza in der Altstadt. In den ersten drei Monaten ist fast jeder Kommilitone ein potenzieller Freund, schließlich hat man durch die Wahl des Studienfachs schon mal ähnliche Interessen und genügend Gesprächsstoff. Da werden schnell Zweckbündnisse geschlossen. Nach der anfänglichen Euphorie über die vielen Kontakte merkt man aber schnell, wer wirklich zu einem passt und mit wem man sich über mehr unterhalten kann als den Speiseplan der Mensa. Und wenn das nur einer in der Vorlesung ist: Für den Anfang ist das doch schon mal was! Und falls die Sehnsucht nach deinen Freunden aus alten Schultagen zu groß wird, dann mach in den Semesterferien statt Urlaub doch eine „Wiedersehenstour" und klapper alle deine Freunde ab. Das spart auch gleich noch Übernachtungskosten.

Manchmal wirst du dich aber auch einsam fühlen. Wenn z.B. jemand aussieht wie der Doppelgänger eures Fußballtrainers mit stilechtem Vokuhila. Und du kannst es niemandem sagen, weil niemand es verstehen würde. Dass man neu anfangen kann, ist das Schöne an der Uni. Dass auf einmal niemand mehr weiß, was man mit fünfzehn so alles erlebt hat, ist ungewohnt und kann nerven. Aber je mehr man sich an der Uni ein- und seine Interessen auslebt, desto mehr Leute wird man finden, die man wirklich mag. Und auf einmal hat man einen richtigen Freundeskreis. Und der erlebt so einiges zusammen. Und wahrscheinlich ist da irgendwo mindestens eine(r) dabei, mit der/dem du auch am liebsten alleine Kaffee trinken gehst ...

Kaffee

Überhaupt: Kaffee! Zum Kaffee hat man zu Schulzeiten eine feste Meinung. Die einen gehen seit der zehnten Klasse in jeder Freistunde zum Bäcker und holen sich das Überlebenselixier. Die anderen haben nie damit angefangen und werden es auch nicht tun. Zu bitter, man kriegt Mundgeruch etc. pp. Zum Frühstück lieber Tee oder Kakao und für danach gibt's ja auch Cola.

Im Studium aber werden die Karten noch einmal neu gemischt. Bei der ersten Hausarbeit etwa: Wenn man eine Woche vor Abgabetermin gerade mal die Literaturliste zusammen hat, hilft alles nichts und die Nacht wird zur wertvollen Arbeitszeit. Tee trinkt man besser mit Muße und von zu viel Cola oder Energy-Drinks kriegt man einen Zuckerschock. Also inspiziert man die WG-Kaffeemaschine und schon hängt man am Tropf.

Aber selbst ein vorbildlicher Student, der jeden Tag von acht bis sechs in der Bib sitzt und sein Praktikumsprotokoll schreibt, bis es eben fertig ist, der muss doch sehnsüchtig zuschauen, wie die anderen immer wieder eine Pause machen. Ihm schwant: Nur wer Kaffee trinkt, darf auch

Kaffeepause machen. Und das nächste Mal geht man dann mit und trinkt einen Kaffee. Und hängt am Tropf.

Das Schöne ist: Mit der neu entdeckten Liebhaberei befindet man sich in guter Gesellschaft. Fast alle fangen spätestens jetzt damit an. Nur ein paar Wenige verzichten weiter darauf. Wenn man mit denen in den Urlaub fährt, nehmen sie sich extra ein riesiges Paket Kakaopulver mit. Und der Milchverbrauch steigt rapide. Denn der Kakaokonsum fällt pro Kopf noch intensiver aus als der von Kaffee. Diese Menschen hängen nämlich schon seit der Kindheit an ihrem Tropf.

Kochen lernen

Allerdings kann man sich nicht nur von koffeinhaltigen Flüssigkeiten allein ernähren, zumindest nicht auf Dauer. Und die Mensa hat zu große Portionen vom Falschen und frittiert einfach alles – zumindest gefühlt! Da lockt an vorlesungsfreien Tagen der heimische Herd. Man kann ja auch klein anfangen. Schließlich hat man zu Hause, wenn die Eltern weg waren, auch Miracoli gekocht. Und den Kartoffelsalat musste man schon mal zum Grillen mitbringen. Das war's dann aber auch schon mit der bisher erlernten Kochkunst.

Nur, wenn man schon mal dabei ist, sich neue kognitive Fähigkeiten anzueignen, warum bei der Nahrungsaufnahme aufhören? Praktischerweise hat man von der Patentante zum Auszug schon die „StudentInnenküche" geschenkt bekommen und den ersten Selbstversuch muss man ja niemandem verraten. Kochen hat zudem einen entscheidenden Vorteil gegenüber dem Backen: Man kann immer wieder probieren: Ob die Nudeln schon durch sind oder die Soße noch ein bisschen Salz vertragen könnte zum Beispiel. Und die Nase ist ein zuverlässiger Ratgeber, ob ein Gewürz passt oder man es lieber weglassen sollte.

Wirst du zu einem gemeinsamen Kochabend eingeladen, obwohl du dich noch nicht reif fühlst, mit deinen Künsten andere Gaumen zu beglücken, nur keine Scheu. Meistens sind viele dabei und es kann ja eh nur einer im Topf herumrühren. Denjenigen dürfen die anderen dann beim obligatorischen Glas Rotwein bespaßen. Und Paprikawürfel schneiden ist ja auch eine ehrenvolle Aufgabe. Danach kann man dann zugucken und lernen. Und fragen. Das überhaupt jeden. Familie zum Beispiel. Die freuen sich nämlich, wenn man die heimische Küche so vermisst, dass man sie im neuen Zuhause nachkochen will. Und das Internet kann ganz anonym so profane Dinge beantworten, wie man Möhren am besten zubereitet oder was in Béchamel-Soße gehört. Da muss man sich auch vor niemandem schämen.

Wem das jeden Tag zu aufwändig ist, der kann immer noch auf die Tütensuppe oder Tiefkühlpizza zurückgreifen. Und bei entsprechender Abwechslung verzeiht einem der Gaumen auch den Besuch in der Mensa.

Das wilde Leben

Nie wieder hast du einen so flexiblen Terminplan, nie wieder so viel Zeit und nie wieder kommst du mit so wenig Schlaf aus. Beste Voraussetzungen also, das Leben in vollen Zügen zu genießen – und das solltest du auch tun!

Partys

Nie wieder finden so viele Partys statt, auf die du gehen kannst. Hast du dir eine echte Studentenstadt ausgesucht, so bist du nicht nur durch Fachschafts-, Wohnheim- und Privatfeten immer gut versorgt, sondern jede Kneipe und jeder Club mit jungem Publikum gibt Erstsemesterevents, Semestereröffnungs- und -abschlussfeiern und hat mindestens einen Studententag in der Woche, an dem das Bier nur 1,50 € kostet. Wer zu faul ist, das Haus zu verlassen, kann einfach eine eigene Party schmeißen. Da geht der Alkohol dann auch nie aus, denn jeder bringt was mit und die Tankstelle ist nicht weit entfernt; die günstigste Variante ist es damit auch – die werten Nachbarn sollte man allerdings zumindest informieren.

Mit wem man dann Party machen möchte, hängt natürlich von der eigenen Mentalität und Stimmung ab. Willst du eher tanzen als trinken, dann solltest du dir jemanden suchen, der genauso tanzbegeistert ist. Ist eher der günstige Schnaps der Beweggrund, das Haus zu verlassen, und schwebt dir die Theke als dauerhafter Aufenthaltsort vor, soll-

test du dir ein paar alte Mathestudenten suchen – nein, ist natürlich nur ein Klischee!

Wer solchen Aktivitäten unter der Woche frönt, dem kann am nächsten Morgen siedendheiß einfallen, dass eine Klausur oder ein Referat drohen. Bestenfalls hat man vorher gelernt. Dann hilft nur: so lange schlafen wie möglich, kalt duschen, bei unempfindlichen Magen Kaffee trinken, und auf jeden Fall ein gutes Katerfrühstück – keine Angst vor der Tiefkühlpizza! Danach musst du es nur schaffen, für ein bis zwei Stunden wach und konzentriert zu bleiben. Anschließend einfach nach Hause gehen und weiter schlafen.

Keine Verpflichtungen

Endlich bist du nur noch dir selbst Rechenschaft schuldig und wenn du befindest, dass die Vorlesung des Bundesverfassungsrichters heute mal ausfallen muss, weil das Wetter einfach zu gut ist und das Freibad um zehn so schön leer, dann ist das eben so. Die Uni kann auch mal warten. Vielleicht gibt's ja auch keine Anwesenheitskontrolle oder jemand organisiert dir ein Skript – oder eben auch nicht. Und im schlimmsten Fall kann man den Schein ja auch nächstes Semester noch machen ...

Eine Woche genüsslich im Bett liegen bleiben, sich von Ravioli aus der Dose ernähren und das Bett mit Chips vollkrümeln? Herrlich! Dumme Sachen im Fernsehen gucken oder gute Bücher lesen? Am besten gleichzeitig. Wer soll sich denn beschweren? Man hat ja keinen Chef. Und Mutti ist ganz weit weg. Da stellt sich unmittelbar das kribbelige Gefühl von Freiheit ein. Ist man in dieser Zeit sogar zu faul zum Abwasch, dann sollte man die dreckigen Teller aber im eigenen Zimmer stapeln. Und zu einer Sache sollte man sich doch aufraffen: dem WG-Dienst. Denn die Mitbewohner verärgert man besser nicht. Wer gerade eine Woche vor Abgabetermin der Masterarbeit ist, möchte nicht auch noch für den verlotterten Zweitsemester das Klo putzen.

Am wenigsten Konsequenzen für solche Phasen der Untermotivation muss man während der Semesterferien befürchten. Fünf Monate im Jahr, in denen man nicht mal mehr einen Stundenplan in der Küche hängen hat und ohne schlechtes Gewissen jeden Tag bis zwölf Uhr schlafen kann – was für eine tolle Erfindung! Und die paar Hausarbeiten, die man schreiben muss, die kann man ja auch noch um vier Uhr anfangen.

Allerdings verflüchtigt sich dieses wohlige Gefühl der Freiheit irgendwann – und das hat dann meistens was mit Abgabefristen zu tun. Dann wird einem wieder bewusst, dass die Semesterferien keine Ferien, sondern „vorlesungsfreie Zeit" sind. Da arbeitet man dann eben auch mal tagsüber und noch die Nächte durch. Und schade ist es im Nachhinein um die lange ungenutzte Zeit ja schon auch irgendwie. Denn man würde ja auch gerne mal nach Ungarn fahren. Und dieses Praktikumsangebot von der Pinnwand hörte sich auch verdammt interessant an.

Unvernunft

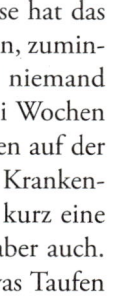

Ja, das alles ist nicht besonders vernünftig. Glücklicherweise hat das im Studium aber oft nicht so richtig schlimme Konsequenzen, zumindest solange man seine Prüfungen trotzdem schafft. Und niemand kriegt's mit. Vor allem, wenn man seine Eltern einfach drei Wochen nicht anruft, obwohl die schon dreißig panische Nachrichten auf der Mailbox hinterlassen haben. Wenn sie schon die örtlichen Krankenhäuser abgeklappert haben, solltest du aber vielleicht mal kurz eine Nachricht schicken, dass es dir gut geht. Das reicht dann aber auch. Man muss ja nicht immer auf dem neuesten Stand sein, was Taufen der Kusinenkinder oder ähnliches angeht. Und dann fragt einen die Mutter auch nicht, ob man genug Gemüse isst. Tut man nämlich vermutlich nicht. Schnellrestaurants, Mensa-Essen, Tiefkühlware für zu Hause, so sieht der Speiseplan aus. Dass es so viel Spaß macht, unvernünftig zu sein, ist eines der großen Rätsel der Menschheit.

Und dann ist da ja auch noch das andere Geschlecht, die Wahnsinns-Frau auf der Party neulich oder der charismatische Typ in der Marx-Vorlesung zum Beispiel. Eines ist sicher: die Uni ist neben all der Wissenschaft auch eine riesige Flirt-Veranstaltung. Die eigenen (Miss-)Erfolge dabei wird man später unter Lebenserfahrung verbuchen. Spannend ist es auf jeden Fall. Ganz im Gegensatz zum Grundkurs in Vorderasiatischer Archäologie. Vor allem, weil man entdeckt hat, dass man sehr gut Gitarre spielen kann und vielleicht besser mit

der neuen Band seinen Lebensunterhalt verdienen sollte. Das wäre auch im Hinblick auf den eigenen Biorhythmus vorteilhaft, denn der diktiert Schlaf zwischen vier Uhr nachts und zwei Uhr mittags. Und da sind die Vorlesungen meist leider schon vorbei.

Ein paar Wochen macht das nichts. Meistens erinnert man sich auch daran, dass das Hauptseminar dieses Semester eigentlich super interessant war und man froh sein konnte, noch einen Platz bekommen zu haben. Und die Klausur in Bio, die wird nur einmal im Jahr angeboten und die braucht man, um für den Master zugelassen zu werden. So schnell ist man wieder auf dem Boden der Tatsachen und der Wecker klingelt um acht.

Reisen

Wer während des Semesters gebührend vernünftig war, kann sich in den Semesterferien mal etwas gönnen: Urlaub! Das machen normale Arbeitnehmer schließlich auch. Allerdings bekommen die übers Jahr auch ein bisschen Geld für ihre Mühen. Der gemeine Student aber nicht, der häuft im Zweifel Schulden an. Aber wann wird man im Leben nochmal drei Monate am Stück frei haben? Da könnte man eigentlich wie zu Schulzeiten ein paar Wochen am Fließband stehen und sich danach drei Wochen Spanien leisten. Wer vor den Ferien Geburtstag hat, kann einen Reisekostenzuschuss ganz nach oben auf die Wunschliste setzen. Zumal Reisen auch günstig sein kann: Mit (zugegebenermaßen unökologischem) Billigflug oder Mitfahrgelegenheit und Übernachten in Mehrbettzimmern von Selbstversorger-Hostels spart man eine Menge. Wer kontaktfreudig ist und auch gerne Gastgeber, der kann auch mal Couchsurfen ausprobieren.

Schwieriger wird da schon die Frage, ob du alleine reisen willst oder in Gesellschaft. Wer alleine reist, kann tun und lassen, was er will. Aber zu mehreren kann man auch mehr erleben und fühlt sich nicht so einsam. Nur ist nicht gesagt, dass ein guter Freund auch ein guter Reisegefährte ist. Am einfachsten ist es mit alten Schulfreunden, mit denen man noch die Abifahrt in schönster Erinnerung hat: Es funktioniert und man weiß, worauf man sich einlässt. Allerdings melden auch die neugewonnenen Freunde Ansprüche auf deinen auswärtigen Orientierungssinn an. Da heißt es überlegen.

Plant ihr einen Spezialurlaub (Skifahren, Wandern, Surfen) ist es meist kein großes Problem, denn man hat schon mal einen gemeinsamen Nenner und der Stress ist reduziert. Einigt man sich aber schwammig auf Strandurlaub mit ein bisschen Kultur, ist Vorsicht geboten: Schläft die Person genauso gerne und lange wie du oder steht sie auch am Sonntag um acht Uhr auf? Will sie soviel sehen wie du oder wird sie den ganzen Tag den Hintern nicht vom Liegestuhl bekommen?

Wer schon am Freitagabend stundenlang über die Abendplanung diskutiert, um dann schlussendlich doch zu Hause zu bleiben, ist keine gute Begleitung für jemanden, der auch mal spontan über den nächsten Programmpunkt entscheiden möchte. Denn die Menschen werden nicht grundlegend anders im Urlaub, im Gegenteil: Ihre unliebsamen Seiten lassen sich nicht mehr so einfach verstecken, wenn ihr 24 Stunden lang dieselbe Luft atmet. Allerdings sind sie entspannter und deswegen oft kompromissbereiter. Wer also gerne um acht Uhr aufsteht, hat so wenigstens Ruhe fürs Lesen oder die Morgensonne am Strand, bis die anderen um zwölf Uhr aufstehen und man einträchtig etwas unternehmen kann.

Wer allerdings lieber das wahre Leben woanders kennenlernen und sehen möchte, wie die Kanadier leben, arbeiten, ausgehen und lernen, der sollte ein Auslandssemester oder Praktikum in Betracht ziehen. Dann kommt man nicht nur als Tourist und kann auch länger bleiben. Ein nicht zu vernachlässigender Nebeneffekt: Die Auslandserfahrung macht sich auch gut bei zukünftigen Chefs. Und ein studienbezogener Ausflug in die Ferne wird auch mal fremdfinanziert: Von den stolzen Eltern oder vom lieben DAAD zum Beispiel (s. „Auf und davon", S. 248).

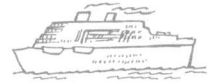

Am Anfang deiner neuen Lebensphase steht eine ganz simple und doch sehr schwierige Frage: „Was will ich überhaupt?" Denn genau darum geht es ab jetzt: Du folgst nicht mehr den eingeschränkten Bahnen von Mathe, Deutsch und Latein, sondern kannst endlich, endlich, endlich selbst bestimmen, womit du dich in Zukunft befassen willst. Und nun lass dir das Gefühl von Freiheit und Selbstbestimmung mal so richtig schön auf der Zunge zergehen. Vor dir liegen nun unendlich viele Möglichkeiten – aber das ist gleichzeitig genau dein Problem. Wenn einem alle Wege offenstehen, wie bitteschön soll man sich da für den richtigen entscheiden?

Vielleicht weißt du schon, in welche Richtung du gehen willst, dann hast du Glück und kannst gleich damit anfangen, die entsprechenden Studienfächer und Unis genauer unter die Lupe zu nehmen. Aber wahrscheinlicher ist, dass du zu denen gehörst, die sich einfach noch nicht so richtig sicher sind. Das muss dich aber auch nicht gleich zur Verzweifelung treiben! Sieh es einfach als Chance, denn in deinem bisherigen Schuluniversum und deinem direkten Umfeld hast du garantiert erst von einem Bruchteil der vielen, vielen Studienfächer gehört, die es in Deutschland so gibt. Umschauen und Stöbern ist also auf jeden Fall ratsam: Nur so kannst du überhaupt entdecken, was alles möglich wäre.

Solltest du allerdings absolut keinen Schimmer haben, wohin die Reise für dich gehen soll, dann geh am besten etwas systematischer an die Sache ran:

Die wichtigste Frage: Was interessiert mich eigentlich?

Diese Frage kannst du jetzt ruhig einmal wörtlich nehmen: Blatt und Papier raus oder Textprogramm angeworfen und eine Liste machen!

Versuche, nicht gleich zu stark zu ordnen oder dich selbst zu korrigieren, schreib erstmal einfach alles so auf, wie es dir einfällt: was dir Spaß macht, was dich besonders interessiert und was du gerne machen würdest. Beziehe ruhig Freizeit und Hobbys mit ein. Gibt es ein Thema, zu dem du auch den längsten Zeitungsartikel gerne liest und das dich immer wieder packt? Letztlich bedeutet ein Studium ja, dass du dich eine ganz schön lange Zeit mit einem Fachbereich, seinen Themen und Methoden auseinandersetzen wirst.

Oder du machst gleich ein Mindmap, in dem du die einzelnen Punkte gruppierst. Du schreibst dazu das zentrale Thema in die Mitte, etwa „Meine Interessen" oder „Was interessiert mich wirklich?" und positionierst davon ausgehend die Unterthemen, also deine groben Interessen. Mit Hilfe dünner Ästchen, die von den großen Ästen ausgehen, kannst du immer weiter differenzieren, kommst so deinen Wünschen und Interessen näher und erhältst damit gute Anknüpfungspunkte, die dir bei der weiteren Suche nach deinem Studiengang helfen.

Zum Schluss musst du das Ganze nochmal kritisch hinterfragen: Was davon interessiert dich jetzt so richtig? Sicher sind es nicht alle 20 Dinge, die du aufgeschrieben hast, sondern vielleicht 2 oder 3 davon, die dich wirklich packen. Und genau hier solltest du dann weiterdenken: Welche Studienfächer würden zu deinen Interessen passen. Bei welchem Fach könntest du dich endlich den ganzen Tag mit dem befassen, was dich so richtig fasziniert.

Wenn dich das jetzt überfordert und du einfach nicht darauf kommst, was dich wirlich interessiert, lass bloß keine Frustration aufkommen. Die Frage „Was will ich überhaupt?" bereitet vielen, vielen Menschen Kopfzerbrechen, und das auch immer wieder aufs Neue – du bist also mit deinem Problem in guter Gesellschaft.

Zum Glück gibt es deswegen auch eine ganze Reihe an Literatur – gute, schlechte, seriöse, eher zweifelhafte – die sich mit diesem Thema beschäftigt und dir ganz unterschiedliche Anleitungen präsentiert, um deine Interessen zu erforschen. Oft geht diese Interessenserforschung mit der Suche nach dem Traumjob einher. Das ist praktisch, denn aus dem Ergebnis lässt sich dann auch leicht ableiten, welche Studiengänge infrage kommen.

So ein Test ist natürlich nur dann gut, wenn er richtig viel Arbeit macht – in 15 Minuten zum Traumjob wäre irgendwie auch unseriös, oder? Ein umfangreiches, von der Stiftung Warentest ausgezeichnetes und wirklich empfehlenswertes Buch zum Thema kommt von Angelika Gulder. Es trägt den Titel „Finde den Job, der dich glücklich macht". Hier findest du mit Hilfe des „Karriere-Navigators" heraus, was dich erfüllt und wie du zu deinem Traumjob gelangst. Das macht richtig Spaß und du erfährst sehr viel über dich selbst. Das Buch ist übrigens auch zur Planung für die Zeit nach dem Studium sehr hilfreich. (s. auch das Kapitel „Erste Schritte ins Berufsleben", S. 272)

Buchtipp:

Angelika Gulder: Finde den Job, der dich glücklich macht. Von der Berufung zum Beruf. Campus Verlag 2007, 19,90 €

Was ist nun aber der richtige Studiengang für mich?

Diese Frage hat es doppelt in sich. Schließlich weißt du jetzt zwar, in welche Richtung es gehen soll, aber vermutlich noch nicht, was dich in den entsprechenden Studiengängen an Themen und Methoden erwartet. Und hinzu kommt, dass es in den meisten Fällen ja nicht unbedingt eine Entsprechung von Studienfach und späterem Beruf gibt. Anders gesagt: Mit den meisten Fächern kannst du später sehr viele unterschiedliche Berufe ergreifen. Und das ist auch gut so, denn so bist du nicht auf einen einzigen Job festgelegt, nur weil du dich für ein bestimmtes Studium entschieden hast. Wenn du aber einen konkreten Traumjob hast, kannst du also zunächst recherchieren, was die Menschen, die diesen Beruf ausüben, so studiert haben. Dann hast du ungefähr die Fächer, unter denen du wählen solltest.

In einem solchen Fall hilft dir z.B. die lokale Vertretung der Arbeitsagentur (www.arbeitsagentur.de --> Partner vor Ort). Aber auch Berufsverbände oder Gewerkschaften aus dem jeweiligen Berufsfeld können dir wertvolle Tipps geben.

Geht es dir allerdings zunächst nicht um einen ganz genauen Traumberuf, sondern um dein Traum-Studium, dann stellt sich eher die Frage: Was verbirgt sich hinter den jeweiligen Studienfächern? Denn erst, wenn du das weißt, kannst du die richtige Wahl treffen. Für diesen Fall gibt es wirklich gute Informationsquellen. Das ist auch nötig, schließlich gibt es beinahe unendlich viele verschiedene Studiengänge an unzähligen Universitäten und Fachhochschulen.

Die „offizielle" und jährlich aktualisierte Übersicht aller Studiengänge an staatlichen Hochschulen bietet dir das Heft „Studien- & Berufswahl" von der Bundesagentur für Arbeit und der Kultusministerkonferenz (s. „Bücher, die helfen"). Aber auch online bekommst du schnelle und aktuelle Infos, meist verbunden mit praktischen Suchmaschinen-Optionen (s. „Studienwahl online"). Dabei erhältst du aber nicht mehr als einen ersten Eindruck. Um mehr Details zu den einzelnen Studiengängen zu erfahren, solltest du die Homepages einiger Universitäten besuchen, die den Studiengang anbieten. Dort findest du dann Kurzbeschreibungen zum Studienfach und ausführliche Darstellungen der Studieninhalte, -schwerpunkte und Methoden des Faches.

Willst du noch mehr wissen? Dann kontaktiere am besten gleich die Studienberatungen einiger Unis. Dort hilft man dir gerne und schickt dir entsprechendes Infomaterial zu. Nur keine Zurückhaltung – das ist deren Job!

Bücher, die helfen

Jedes Jahr aufs Neue erscheint das Standardwerk zur Studiengangwahl und es kommt direkt von den zuständigen Ministerien:

Studien- & Berufswahl 2012/2013 (42. Auflage); Bundesagentur für Arbeit, Kultusministerkonferenz (Herausgeber), 9,80 € im Buchhandel (gibts aber in der Regel kostenfrei in den Berufsinformationszentren der Arbeitsagentur oder über deine Schule).

Hier findest du alle Studiengänge an staatlichen Hochschulen, die es in Deutschland gibt, mit kurzen inhaltlichen Beschreibungen, den Universitäten, die den Studiengang anbieten, möglichen >>>

Berufsbildern und weiteren Infos. Ideal für das erste Reinschnuppern, um überhaupt eine Idee davon zu bekommen, was es so gibt und als Grundlage für die Uni-Suche. Außerdem gibt das Buch Tipps zur Studienwahl und liefert jede Menge hilfreicher Kontakt- und Beratungsadressen.

Vom AutorInnenduo **Dieter Herrmann/Angela Verse-Herrmann** gibt es gleich mehrere unterschiedliche Ratgeber zum Thema – allerdings überschneiden sich diese inhaltlich deutlich, es reicht also vermutlich, wenn du eins davon durcharbeitest.

1000 Wege nach dem Abitur: So entscheide ich mich richtig. Stark 2010, 16,95 €

Studieren, aber was? Die richtige Studienwahl für optimale Berufsperspektiven. Stark 2010, 17,95 €

Der große Studienwahltest: So entscheide ich mich für das richtige Studienfach. Stark 2010, 14.95 €
Hier findest du aufeinander aufbauende Selbst-Tests mit knapper Beratung. Ausbildung oder Studium? Uni oder Fachhochschule? Was sagen deine Schulleistungen aus? Die richtige Fächergruppe und das richtige Fach finden. Das ganze funktioniert natürlich nur recht grob, aber wenn du vorher keinerlei Ideen hattest, dann kommst du hier vielleicht auf eine.

Denis Buss/Anke Tillmann: Aus dir wird was!: Alles zur Studien- und Berufswahl. Einstieg 2012, 10,00 €
Die Stärke des eher dünnen Buches liegt in den allgemeinen und nicht unmittelbar Fach-bezogenen Tests zu Beginn. Hier geht's erstmal darum, deine Fähigkeiten aufzuspüren – und nicht einfach nach deinen besten Schulnoten auszuwählen. Es werden nicht nur Sprachfähigkeiten, sondern auch räumlich-visuelles, technisch-physikalisches und logisch-mathematisches Denken getestet und auch deine Kreativität spielt eine Rolle. Nach diesen Tests folgt die konkretere Fachsuche mit den üblichen Hinweisen zu Anlaufstellen und Hochschulen.

Studienwahl online

Natürlich hält auch das Internet ein großes Spektrum an Hilfestellungen zur Wahl deines zukünftigen Studienfachs bereit. Zahlreiche Online-Portale versprechen unkomplizierte und schnelle Orientierung im Studienfach-Wirrwarr mit Hilfe von Tests. Allerdings ist der Zeitaufwand nicht zu unterschätzen: Manche Tests erfordern zwei Stunden Hochkonzentration, wobei du aber Pausen einlegen kannst und deine Daten für einen gewissen Zeitraum abgespeichert werden.

Die Tests gliedern sich im Allgemeinen in Interessentests (Wie sehr interessiert es mich beispielsweise Computernetzwerke einzurichten?) und Fähigkeitstests, vergleichbar mit IQ-Tests. Hier musst du dein Können in sprachlichem, rechnerischem und räumlichem Denken unter Beweis stellen. Am Ende erhältst du eine Auflistung mit den für dich idealen Studienfächern und bist im besten Fall schlauer als vorher. Generell gilt die Faustregel: Je zeitintensiver und ausführlicher der Test, desto genauer lässt sich das passende Studienfach für dich bestimmen. Also: Ran an die Tasten! Hier ein paar empfehlenswerte und natürlich kostenfreie Portale für dich:

Entscheidungshilfen im Internet

www.was-studiere-ich.de
Ein Orientierungstest des baden-württembergischen Ministeriums für Wissenschaft, Forschung und Kultur. Du solltest dir für diesen sehr umfangreichen Test etwa 1 ½ Stunden Zeit nehmen. Deine Ergebnisse werden nach jedem Teil-Test gespeichert und du kannst Sie mit Hilfe einer TAN aufrufen, um den Test fortzusetzen. Wenn du alle Teile bearbeitet hast, werden dir Studienfachempfehlungen und Studienorte angezeigt. Allerdings ist dieses Portal auf baden-württembergische Hochschulen beschränkt. Über www.hochschulkompass.de erfährst du aber, wo du das vorgeschlagene Fach noch studieren kannst.

www.borakel.de
Hinter dieser Adresse verbirgt sich das Studien-„Orakel" der Ruhr-Universität Bochum. Hier musst du zu Beginn ausführliche Angaben über deine Abi-Noten (sofern die schon bekannt sind) machen. Zeugnis also parat halten! Falls dir schon ein konkretes Studium vorschwebt, kannst

du das im Vorfeld angeben. Am Ende erfährst du dann, ob du auch tatsächlich dafür geeignet bist – ohne Gewähr, versteht sich! Neben den Noten fließen auch noch außerschulische Interessen und Fähigkeiten mit in die Bewertung ein. Der Test nimmt etwa 30 Minuten in Anspruch. Gleich nach Abschluss erhältst du eine Auflistung der passenden Studienfächer mit einer kurzen Beschreibung des Inhalts und sogar mit Erfahrungsberichten von Studierenden des jeweiligen Fachs. Kleines Manko: Der Test deckt nur die Studienfächer der Uni Bochum ab.

www.studienwahl.de

Von der Kultusministerkonferenz und der Bundesagentur für Arbeit gibt's hier alle Infos zur Studienwahl. Letztlich entspricht das Angebot einer abgespeckten Version des jährlich erscheinenden Buches „Studien- & Berufswahl" (s.o.) – allerdings nerven die äußerst vielfältig eingebundene Werbung und die Unübersichtlichkeit der Seite etwas. Der eigentlich praktische Studiengangfinder spuckt leider nicht nur aktuelle, sondern auch längst aufgelöste Studiengänge aus, da muss man also hinterher etwas aussortieren.

Spielst du vielleicht mit dem Gedanken, Lehrer zu werden? Dann gibt es für dich einen extra Online-Test. Beim „Career Counselling for Teachers" kannst du Fragebögen zum Studium auf Lehramt bearbeiten, die dir zeigen, ob du das Zeug zum Lehrer hast. Außerdem kannst du auch eine „geführte Tour" durchs Lehramtsstudium und den späteren Berufsalltag machen. Am Ende spuckt dir die Seite dann aus, ob das Lehramt etwas für dich sein könnte. Übrigens: der Test ist anscheinend so gut, dass die Teilnahme in einigen Bundesländern sogar als Zugangsvoraussetzung fürs Lehramt-Studium vorgeschrieben ist. Entwickelt wurde das Ganze von Wissenschaftlern der Unis Klagenfurt und Lüneburg. www.cct-germany.de

Persönliche Beratung

Du hast schon x Online-Tests gemacht und bist trotzdem noch nicht schlauer? Immer noch kein Grund zu verzweifeln! Es gibt noch andere Möglichkeiten, sich Orientierung zu verschaffen. Und manchmal ist ein persönliches Gespräch besser als ein anonymer Test. Sowohl die

Unis als auch die Agentur für Arbeit bieten eine Studienberatung an. Vereinbare einfach einen Termin und lass dir von hilfsbereiten Profis auf die Sprünge helfen.

Hier findest du Beratung:

Arbeitsagentur: www.arbeitsagentur.de --> Bürgerinnen und Bürger --> Studium --> Studienberatung

Studienberatung: Die findest du über die Homepage der jeweiligen Uni, meist unter Studium --> Studienberatung.

Und wozu hat man eigentlich Familie und Freunde? Frag doch einfach mal die Menschen um Rat, die dich am besten und längsten kennen. Manchmal sehen die bei dir noch ganz andere Talente und Fähigkeiten als du selbst. Und eventuell gibt es ja auch Menschen in deinem Umfeld, die etwas studieren oder studiert haben, das dich auch schon lange interessiert. Dann frag sie nach ihren Erfahrungen, Informationen aus erster Hand sind oftmals die wertvollsten.

Andere Kriterien der Fachwahl

Natürlich gibt es auch noch andere Vorgehensweisen bei der Studiengangwahl. Das wichtigste Kriterium ist für dich vielleicht nicht unbedingt deine Interessenslage, sondern etwas ganz anderes. Denn eventuell ist es dir einfach wichtig, später eine Menge Geld zu verdienen oder einen krisensicheren Job zu haben. Diese Kriterien sind nicht unbedingt eine gute Entscheidungsgrundlage, um absolute Erfüllung zu finden, spielen bei einigen aber dennoch eine größere Rolle – und das ist natürlich legitim. Auch bei Eltern sind „handfeste" Entscheidungsgrundlagen natürlich gerne gesehen, da heißt es dann oft: „Kind, studier doch bitte wenigstens was Anständiges!" Und was ist anständig? Klar, die Fächer, mit denen man später einen soliden Job findet, bei dem man ordentlich verdient und der darüber hinaus noch ein hohes Ansehen genießt. Also, wenn du es nun einmal wissen willst:

Wie viel verdient man später mit welchem Studienfach?

Wer diese Frage mit einer genauen Zahl beantwortet, betreibt natürlich Wahrsagerei der übelsten Sorte. Die Gehälter von Berufseinsteigern unterscheiden sich je nach Firma bzw. öffentlichem Arbeitgeber und dem Stellenzuschnitt deutlich. Hinzu kommen Schwankungen aufgrund der wirtschaftlichen Entwicklung. Nicht zuletzt spielt auch das Verhandlungsgeschick bei der Vertragsunterzeichnung eine Rolle. Gehaltstabellen können also nur eine grobe Orientierung bieten, was man im statistischen Durchschnitt erwarten kann. Dein persönliches Gehalt kann später viel höher, aber auch viel niedriger sein.

Letztlich kannst du mit jedem Fach gutes Geld verdienen, wenn deine Leistungen stimmen und du dir einen gutbezahlten Job angelst, du engagiert bist und die nötige berufliche Flexibilität bzw. Durchsetzungsfähigkeit mitbringst. Statistisch gesehen liegen aber Juristen, Ingenieure und Mediziner bei den Einstiegsgehältern vorne. Am anderen Ende der Skala liegen die frisch gebackenen Geisteswissenschaftler.

Gehaltstabellen zum Stöbern und für die Vorfreude aufs gefüllte Portemonnaie

www.sueddeutsche.de/thema/Gehälter/Gehältervergleich (Gehaltsvergleich nach Berufen und durchschnittliche Einstiegsgehälter für Absolventen)

www.spiegel.de/thema/gehaltsreport (regelmäßig neue Berichte zu Gehältern in bestimmten Berufen und für Berufsanfänger)

www.staufenbiel.de --> Ratgeber-Service --> Gehalt (regelmäßig aktualisierte Gehaltstabellen nach Branchen und für Uni-Absolventen)

Welche Berufe sind gesellschaftlich besonders angesehen?

An die Götter in Weiß kommt man als Journalist oder PR-Manager einfach nicht ran. Ja, das Prestige mancher Berufe ist – natürlich meistens zu Unrecht – unendlich viel größer, als das der anderen. Ehrlich gesagt besitzen heute viele Berufe aber überhaupt kein Prestige, allein aus dem Grund, dass diese neuen Berufsbilder noch kaum einer kennt. Der Stellenmarkt ist außerdem deutlich komplexer geworden. Früher musste man sich nur entscheiden, ob man bei der Post, der Sparkasse oder als Lehrer arbeitet, man konnte vielleicht auch noch an der Uni bleiben oder bei einer Zeitung anfangen. Heute wird man aber auch schon mal Key-Account-Manager, Marketing-Spezialist oder Web Producer. Da kommt die öffentliche Meinung nicht mehr mit. Wenn das Prestige aber trotzdem eine Rolle spielen soll, hier kurz zusammengefasst die Berufe „mit" bzw. „ohne":

Ärzte – klar! – genießen unter den Akademikern das höchste Ansehen in der Bevölkerung, und zwar mit Abstand. Bei den weiteren Berufen unterscheiden sich die Umfragewerte der letzten Jahre teils erheblich. Ganz gut stehen aber immer Richter und Hochschulprofessoren da – der Vorteil bei letzteren: Das Fach ist dabei relativ egal, Hauptsache der Titel stimmt. Ebenfalls gute Karten bei Schwiegereltern und Co. hast du als Ingenieur. Bis vor einigen Jahren waren Pfarrer auch ganz vorne mit dabei, aber dank der vielen Skandale der letzten Jahre ist das Image ruiniert – so schnell kann's gehen!

Ganz schlecht ist übrigens das Ansehen von Akademikern, die in der Werbung oder der Politik arbeiten. Dank Finanz- und Euro-Krise gilt das in letzter Zeit aber auch für Banker und Manager.

Was studieren die meisten?

Was so viele andere machen, kann nicht falsch sein, oder? Die beliebtesten Fächergruppen der letzten Jahre waren die Rechts-, Wirtschafts- und Sozialwissenschaften. Es folgen die Sprach- und Kulturwissenschaften und knapp dahinter die Ingenieurswissenschaften. Die beliebtesten Einzel-Fächer im WS 2010/2011 findest du in der Infobox auf der nächsten Seite.

Schaut man auf die statistischen Vorlieben der Geschlechter, entschieden sich die meisten Frauen in den letzten Jahren für die Studienfächer BWL, Germanistik und Jura. Bei den Männern hingegen waren es BWL, Maschinenbau und Informatik.

Mit deinen Interessen und Vorlieben hat das aber natürlich nicht unbedingt etwas zu tun. Kommt dir jemand mit ollen Klischees über „typische Männer-/Frauenfächer", vergiss es einfach und studiere das, was du willst!

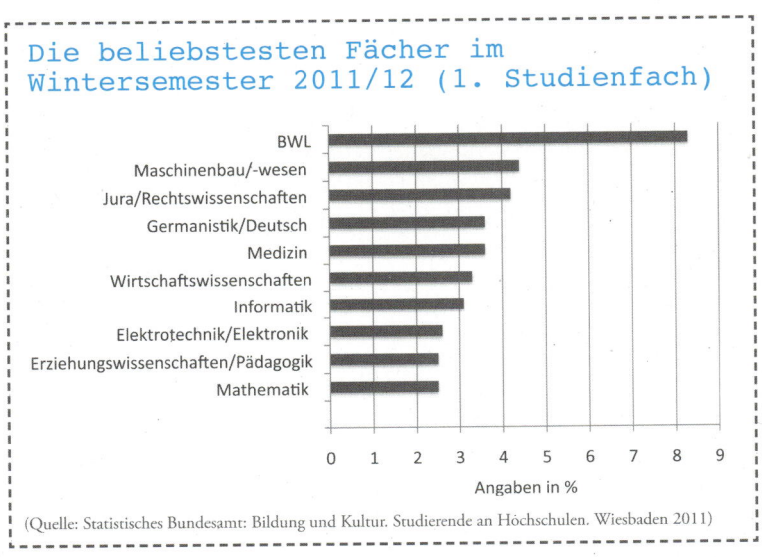

Die beliebstesten Fächer im Wintersemester 2011/12 (1. Studienfach)

Angaben in %

(Quelle: Statistisches Bundesamt: Bildung und Kultur. Studierende an Höchschulen. Wiesbaden 2011)

Und was studiert sonst kaum jemand?

Auch das kann eine Motivation sein: Du willst möglichst der einzige sein, der sich auskennt? Du schätzt engen Kontakt mit den Dozenten und wünschst dir eine beinahe familiäre Studien-Atmosphäre? Dann schau dich doch einmal bei den eher entlegenen Disziplinen um. Zu den sogenannten „Kleinen Fächern" oder auch „Orchideenfächern" mit den wenigsten Studierenden und Professuren zählen z.B. Frisistik (da geht's um Friesisch!), Christlicher Orient, Provinzialrömische Archäologie oder auch Klinische Linguistik.

Unter www.kleinefaecher.de stellt die Arbeitsstelle Kleine Fächer der Uni Potsdam eine Suchmaschine und eine interaktive Deutschland-Karte zur Verfügung, über die du auch das exotischste Fach findest – und die Uni, die es anbietet. Für Kaukasiologie geht's beispielsweise in jedem Fall nach Jena.

Wo habe ich die besten Noten?

Das ist zur Abwechslung eine ganz simpel zu beantwortende Frage. Steht ja im Zeugnis. Du bist in sprachlichen Fächern der Beste? Deine Rechenkünste machen selbst die Mathe-Lehrerin sprachlos? Bei Versuchen in Physik und Chemie kneifen dich deine Mitschüler immer, weil du so vertieft bist, dass du nicht mitbekommst, wenn die Stunde vorbei ist? Tja, dann wäre da ja vielleicht etwas dabei, das du im Studium weiterentwickeln könntest. Aber lass dir auch nichts einreden: Nur weil dein Religionslehrer oder deine Geschichts-Lehrerin von dir begeistert sind, musst du ja noch längst nicht Theologe oder Historiker werden. Denn eins ist sicher: die Fächer an der Uni haben oft nur wenig mit den Schulfächern zu tun, wie du sie kennst.

Für deine Chancen auf einen Studiengang, der zulassungsbeschränkt ist, spielt aber der Numerus clausus (NC) eine große Rolle: Hier geht's um deine Abi-Note insgesamt und um spezifische Fächernoten noch dazu (s. „Bewerbungsverfahren", S. 56).

Und, schon entschieden?

Keine Panik. Wenn du dir nicht absolut sicher bist, ob nun das EINE Studienfach wirklich das richtige ist, besteht immer noch die Möglichkeit eines Praktikums im entsprechenden Bereich oder, falls du etwas mutiger bist: Der Sprung ins kalte Wasser! Das Studium gibt dir Zeit, dich auszuprobieren. Keiner verlangt von dir, dass du gleich auf Anhieb weißt, welches Studium du mindestens drei Jahre lang durchziehen willst. Denn oft entpuppt sich das superinteressant klingende Sinologie-Studium dann doch als ziemlich langweilig und viel zu arbeitsintensiv. Außerdem bist du dank Zwei-Fach-Bachelor auch nicht auf ein einziges Studienfach beschränkt: Kunstgeschichte im Hauptfach? Und als Ausgleich BWL im Nebenfach? Kein Problem, vorausgesetzt, deine Hochschule bietet diese Kombination an.

Studienabschlüsse

Bachelor, Master und der kleine Rest

Seit der Bologna-Reform ist Studieren in Europa einfacher geworden ... nunja, zumindest war das das Ziel. Und es gibt – immerhin auf den ersten Blick und größenteils – einheitliche Abschlüsse: den Bachelor und den Master. Der Bachelor ist dabei der grundlegende Studiengang. Diesen Abschluss musst du also machen, bevor du überhaupt einen Master-Studiengang beginnen kannst.

Die einzelnen Abschlüsse tragen je nach fachlicher bzw. methodischer Ausrichtung ergänzende Bezeichnungen. Einen guten Überblick bietet dir die Infobox.

Bachelor- und Master-Abschlüsse

Sprach- und Kulturwissenschaften, Sozial-, Sport- und Kunstwissenschaften
• Bachelor of Arts [B.A.]
• Master of Arts [M.A.]

Gestalterische und künstlerische Studiengänge
• Bachelor of Fine Arts [BFA]
• Master of Fine Arts [MFA]

Naturwissenschaften, Mathematik, Agrar-, Forst- und Ernährungswissenschaften
• Bachelor of Science [B.Sc.]
• Master of Science [M.Sc.]

Wirtschaftswissenschaften
Je nach Ausrichtung des Studiums existieren zwei Abschlüsse:
• Bachelor of Arts [B.A.]
(qualitative Methoden, anwendungsbezogen)
• Bachelor of Science [B.Sc.]
(quantitative Methoden, forschungsbezogen)   >>>

- Master of Arts [B.A.]
- Master of Science [M.Sc.]

Ingenieurwissenschaften
- Bachelor of Engineering [B.Eng.]
- Master of Engineering [M.Eng.]

Rechtswissenschaften
- Bachelor of Law [LL.B.]
- Master of Law [LL.M.]

Wie das aber bei großen Reformen so ist, hat das mit der Umsetzung nicht immer ganz reibungslos geklappt. So gibt es nicht nur an einigen Unis bzw. in einigen Studiengängen immer noch das gute alte Staatsexamen, sondern die Unis nutzen die neuen Studiengänge auch gerne dazu, sich mit eigener Ausrichtung und eigenen Schwerpunkten zu profilieren. Das führt leider dazu, dass Bachelor (selbst wenn er gleich heißt) nicht gleich Bachelor ist, weil er an Uni B eben einen ganz anderen Schwerpunkt hat. Oh, und denke ja nicht, dass du mit einem Bachelor, beispielsweise in Politik, später jeden Master in Politik machen kannst.

Während deiner Entscheidungsfindung VOR dem Studium, was du in welcher Form an welcher Uni studieren willst, musst du also einiges an Selbstständigkeit mitbringen und viel recherchieren. Da nützt es dir nichts, dass das B.A/M.A.-Studium an sich verschulter und klarer strukturiert ist als früher. Aber keine Panik, das bekommst du schon hin! Für den ersten Überblick gibt es hier erst einmal eine Einführung in die Welt der Uniabschlüsse.

Der Bachelor

Kurz-Info Bachelor

Studiendauer: 6 bis 8 Semester, also 3 bis 4 Jahre
Studienaufbau: thematische Module, aufeinander aufbauend
Zu erreichende Credits (Leistungspunkte/Credit Points) nach dem European Credit Transfer System (ECTS): 180 - 240

Die genaue Bezeichnung des angestrebten Studienabschlusses richtet sich nach dem Studienfach. Grob gesagt erwirbt man in den Geisteswissenschaften den Bachelor of Arts und in den Naturwissenschaften den Bachelor of Science (Details s. Infobox, S. 36/37). Gleich ist allerdings immer der Aufbau des Studiums: In der Studienordnung/Prüfungsordnung des Studiengangs festgelegte Module, die sich aus verschiedenen, thematisch bzw. methodisch verwandten Kursen zusammensetzen, müssen zum Erwerb ausreichend vieler Credit Points erfolgreich absolviert werden. Aber was heißt das denn jetzt genau?

Credit Points

$$E = m \times c^2$$

Ein Credit Point steht für eine bestimmte Arbeitsbelastung (auch „Work Load" genannt) und entspricht – zumindest theoretisch – 30 Arbeitsstunden. Gezählt werden Anwesenheitszeit im Kurs, Vor- und Nachbereitungszeit sowie die zur Prüfungsvorbereitung oder Anfertigung einer Hausarbeit benötigte Zeit. Das heißt: Wenn hinter dem Namen eines Kurses steht, dass man 10 Credit Points für diesen Kurs bekommt, sollte man damit rechnen, dass man mehr eigenen Aufwand in den Kurs stecken muss als in einen Kurs, für den man nur 6 Credit Points bekommt. Die Stundenzahl, die den Punkten entsprechen soll, ist aber natürlich nur eine geschätzte Angabe, die fernab der Unis mal irgendwann erdacht wurde. In der Praxis kann man zwar davon ausgehen, dass mehr Punkte = mehr Zeitaufwand sind, ob ein Punkt aber wirklich 30 Stunden entspricht, sei mal so dahingestellt. Zum Abschluss eines Bachelorstudiums muss man, je nach Vorgabe des eigenen Studiengangs zwischen (meist) 180 und (eher selten) 240 dieser Punkte sammeln. Rechnet man das auf eine Regelstudienzeit von 6 bzw. 8 Semestern herunter, dann kommt der Durchschnitts-Student heute alleine mit den Pflichtveranstaltungen auf eine 35-Stunden-Woche.

Ein-Fach- oder Zwei-Fach-Bachelor

Einige Bachelor-Studiengänge bestehen, anders als früher die Diplom- oder Magister-Studiengänge, nur noch aus einem Fach, „Ein-Fach-Bachelor" genannt. Wenn in den Informationen zum Studienfach hingegen „Zwei-Fach-Bachelor" steht, müssen ein Haupt- und ein Nebenfach oder zwei Hauptfächer/Kernfächer gewählt werden. Eine pauschale Information dazu, wo was zutrifft, gibt es leider nicht, hier helfen nur die Websites der Universitäten weiter. Das ist wirklich ärgerlich, denn hinter dieser Aufteilung steckt für dich als Studierender viel mehr, als man zuerst denken könnte:

Du kennst dich in einem Fach hinterher am besten aus, wenn du einen spezialisierten Ein-Fach-Bachelor machst. Wenn du das entsprechende Fach in einem Zwei-Fach-Bachelor mit einem Nebenfach kombinierst, geht die Zeit/Credit-Zahl des Nebenfachs von der Gesamtsumme des Bachelors ab. Im Bachelor mit zwei Kernfächern belegst du dann noch weniger Veranstaltungen für das entsprechende Fach. Es gibt also z.B. unter Menschen mit Bio-Bachelor ein großes fachliches Gefälle. Das hat nicht nur für die spätere Jobsuche Konsequenzen – auch wenn du vielleicht mal die Uni wechseln möchtest, kann das schwer werden: Bietet die neue Uni keine Zwei-Fach-Bachelor mit zwei Kernfächern, sondern nur mit Haupt- und Nebenfach an, dann hast du an deiner alten Uni in einem Fach wahrscheinlich zu viel und im anderen dafür zu wenig gemacht. Da wird's dann schwer mit der Anerkennung der Leistungen! Das nervt vor allem, weil du für dieses idiotische Durcheinander am wenigsten kannst.

Am besten also: Vorbeugen! Vergleiche einige Unis und schau genau, wie deine Wunsch-Fächer dort kombinierbar sind. Gibt es die gleichen Kombinationen an mehreren Unis, macht das dein Studium/deine Leistungen vergleichbarer – und einen Wechsel später eher möglich. Wenn aber deine Traum-Uni nun mal eine ganz eigene Kombination gewählt hat, dann kannst du dort zwar nicht so schnell weg, aber dafür hat dein Studien-Profil vielleicht einen ganz eigenen Charakter.

Die Abschlussnote

Wichtig zu wissen ist, dass sich die Abschlussnote eines Bachelorstudiums aus allen im Studium erbrachten Leistungen errechnet. Das klingt erst mal ganz schlimm, so als ob die ganze Abschlussnote ruiniert ist, wenn man mal einen schlechten Tag während einer einzigen Prüfung hatte ... zur Beruhigung sei aber gesagt: Normalerweise macht eine einzelne Note nie mehr als 1/10 der Abschlussnote aus, meist sogar noch viel weniger. Und das Gute: Eine riesige, alles entscheidende Abschlussprüfung, auf die du eine Ewigkeit lernen musst, gibt es nicht.

Die Abschlussarbeit

Das Bachelor-Studium endet mit dem Verfassen einer schriftlichen Bachelor-Arbeit innerhalb eines vorgegebenen Zeitrahmens. In der Bachelor-Arbeit wird vom Studi erwartet, grundlegende Techniken des wissenschaftlichen Arbeitens zu beherrschen und selbstständig eine wissenschaftliche Fragestellung zu bearbeiten. Aber keine Sorge, das klingt schlimmer, als es dann wirklich ist! Außerdem steht dir immer ein Betreuer zur Seite (in der Regel ein Prof oder ein erfahrener Dozent aus dem Fachbereich), mit dem du dein Thema, deine Methoden und eventuelle Probleme besprechen kannst. Und bis dahin hast du ja auch schon eine Weile studiert und weißt daher, was du zu tun hast.

Die Aufgabenstellung kann in Bachelor-Arbeiten je nach Fach sehr unterschiedlich sein – der Umfang ebenfalls. Dementsprechend bekommst du für deine Arbeit auch irgendetwas zwischen 6 und 12 (in Ausnahmen bis zu 20) ECTS-Punkten. Somit fällt auch der Anteil an der Abschlussnote kleiner oder größer aus. Details erfährst du bei der Studienberatung, den entsprechenden Fachschaften, Fachberatern oder mit 100%iger Garantie in der Prüfungsordnung des entsprechenden Fachs. Letztere ist in der Regel über die Homepage der Uni abrufbar.

Was bedeutet das Bachelor-System für deinen Uni-Alltag?

Klar ist, dass das Bachelorstudium anders ist als die alten Diplom- oder Magister-Studiengänge. Das Studium läuft heute „verschulter" ab, mit klar festgelegten Modulen in einer bestimmten Reihenfolge, mit der engen Kontrolle der Leistungen in jedem einzelnen Kurs, mit der Verrechnung aller erbrachten Leistungen für die Abschlussnote und einem festen Semesterverband, mit dem man sein Studium beginnt und durch die gesamte Studienzeit viele Kurse gemeinsam haben wird. Die große Freiheit der Kurswahl und die Individualität in der Studiengestaltung sind also eingeschränkt worden. Das muss aber nicht unbedingt nur ein Nachteil sein. Denn im alten System konnte man schnell verloren gehen. Es stellte sich häufig das Gefühl ein, dass sich keiner dafür interessiert, was man so macht und ob man überhaupt noch an

der Uni auftaucht. Jetzt ist eine Struktur vorhanden, an der man entlang geführt wird. Wahlfreiheiten und Möglichkeiten, einen Schwerpunkt zu setzen, bestehen außerdem weiterhin. Nur eines ist sicher: Der Leistungsdruck ist insgesamt höher geworden.

Bei allem Studien-Druck, solltest du dich aber nicht verrückt machen. Auch im Bachelor-System beenden viele das Studium nicht in den 6 Semestern Regel-Studienzeit. Achte bei der Studienplanung auf jeden Fall darauf, dass du dich nicht dauerhaft überlastest. Kein Arbeitgeber wird hinterher krumm schauen, wenn du dir ein Semester, mehr Zeit nimmst. Vor allem dann nicht, wenn du noch etwas Platz lässt für Engagement, spannende Hobbys oder Praktika, also Dinge, die dich interessieren und weiterbringen. Denn so frei wie im Studium ist man davor und danach trotz allem nie wieder im Leben. Man muss nur den Mut haben, diese Freiheiten im Bachelor-System auch wahrzunehmen. Also engagiere dich, mische überall ein bisschen mit und nutze die Möglichkeiten, über den Tellerrand zu schauen – z.B. mit einem Auslandssemester oder Praktikum. Dann bist du sicher zufriedener und im Vorstellungsgespräch gibt's später schon ein paar spannende Anknüpfungspunkte.

Alles anders?
Lehramt, Jura, Medizin

Lehramt

Auch wenn du Lehrer werden möchtest, studierst du heutzutage in der Regel einen Bachelor-Master-Studiengang, egal, ob du eine Haupt-, Real-, Gesamtschulkarriere oder Gymnasial-Laufbahn planst. Fast alle Hochschulen haben inzwischen auf dieses System umgestellt. Daneben gibt es aber auch immer noch einige Unis, die das Lehramt mit dem Abschluss Staatsexamen anbieten, allerdings dann oft ebenfalls modularisiert. Das heißt: Module hat man trotzdem, am Ende studiert man aber durchgängig einen Studiengang statt erst einen Abschluss zu machen und dann noch einen hinterher. Wo das der Fall ist, sagen einem die Websites der Uni – eine Nachfrage bei den Studienberatungen deiner Traum-Unis ist aber in jedem Fall ratsam, damit du weißt, welches System genau auf dich wartet. Für den schnellen Überblick schau doch mal unter www.studis-online.de/Studinfo/studieren.php. Hier musst du nur noch den Lehramtsabschluss eingeben und dein gewünschtes Fach und du bekommst mit einem Klick eine Übersicht, wo du dein Fach unter welchen Bedingungen studieren kannst.

In der Regel ist es so, dass du in einem Bachelor-Master-System, wie die anderen Bachelor-Studierenden auch, Module absolvierst, die das Studium strukturieren. Häufig studierst du im Bachelor dann zunächst nur deine späteren Unterrichtsfächer, erst im Master kommt das pädagogische Wissen dazu. Das hat den Vorteil, dass du deinen „normalen" Bachelor-Kommilitonen fachlich in nichts nachstehst und nach dem Bachelor und einem eventuellen Sinneswandel auch einen Master ohne Schulbezug beginnen kannst. Der Nachteil: Ob Didaktik dir liegt, erfährst du dann eben erst im Master. Manche Unis gliedern das Studium aber auch etwas anders. Auch hier ist also Vergleichen der Studienordnungen angesagt.

Denn es gibt da auch noch den Bachelor of Education [B.Ed.]. Da studierst du von Anfang an 2 Fächer und irgendwas mit Bildung/Didaktik auf Bachelor und machst anschließend den Master of Education [M.Ed.]. Nur mit dem B.Ed. kannst du nämlich kein Lehrer werden.

Ja, es ist kompliziert ... Grundsätzlich gilt aber: Für deinen Studiengang wählst du von Anfang an zwei Fächer aus, die du später unterrichten möchtest. Hier gibt es zwar viele Kombinationsmöglichkeiten, aber ganz frei bist du bei der Wahl nicht. Die Details sind da von Bundesland zu Bundesland unterschiedlich. Wieder ein Punkt, den du vorab klären musst. Auf der Seite des Zentrums für Lehrerbildung und Bildungsforschung der Universität Rostock findest du eine erste Übersicht über die Fächerkombinationsmöglichkeiten in den unterschiedlichen Bundesländern. www.zlb.uni-rostock.de --> Lehrerbildung --> Studium --> mögliche Fächerkombinationen in anderen Bundesländern

Darüber hinaus solltest du dich aber trotzdem noch an deiner Uni erkundigen – alleine, deswegen, weil nicht an jeder Uni jedes Fach angeboten wird. In ganz Deutschland existieren immerhin rund 250 Studiengänge, die für das Lehramt qualifizieren – da ist also viel mehr drin, als du vielleicht aus deiner Schulzeit kennst. Viele speziellere Fächer werden schließlich nur an wenigen Schulen angeboten. Das schmälert zwar die Zahl potentieller Schulen für die spätere Lehrer-Karriere, dafür könntest du mit einer seltenen Fächerkombination später umso händeringender gesucht werden. Englisch-Geschichte machen eben sehr viele ...

Und was du noch wissen solltest: Wenn du Lehrer werden willst, musst du deinen Master immer mit einer staatlichen Prüfung abschließen, das ist dann letztlich doch so etwas wie das frühere Staatsexamen. Hierzu stellt das entsprechende Landesprüfungsamt externe Prüfer, die zumindest innerhalb des Bundeslandes einheitliche Standards garantieren sollen.

Jura

Wie schon erwähnt, gibt es durchaus den ominösen Abschluss LL.B., Bachelor of Laws und den korrespondierenden Masterstudiengang. Aber was hat es damit auf sich? Dieser Abschluss entspricht von der Wertigkeit her etwa den alten Wirtschaftsrecht-Diplomstudiengängen, darf aber nicht mit dem juristischen Staatsexamen verwechselt werden! Wer Anwalt, Notar oder Richter werden möchte, muss weiterhin das juristische Staatsexamen machen und danach zum zweijährigen Referendariat antreten.

Der Staatsexamens-Studiengang dauert in der Regel 4 bis 5 Jahre und schließt mit dem ersten Staatsexamen ab. An das Referendariat schließt sich das zweite Staatsexamen an. Die Staatsexamensprüfungen in Jura sind wegen ihres Marathon-Charakters und des hohen Drucks berüchtigt.

Medizin

Das Fach, das sich bisher am erfolgreichsten gegen jegliche „Angriffe" aus Bologna gewehrt hat, ist Medizin. Hier bleibt erstmal alles beim Alten und daran wird sich so schnell auch nichts ändern.

Medizin studierst du in Deutschland weiter auf Staatsexamen. Insgesamt liegt die Regelstudienzeit bei 6 Jahren, das ist ein wirklich langer Weg. Das Studium gliedert sich in einen ersten Abschnitt, der meist 4

Studiensemester und eine große Prüfung (1. Staatsexamen) beinhaltet. Dann folgt der zweite Studienabschnitt mit weiterer 6 Studiensemestern und einem Jahr praktischer Arbeit in der Klinik (unterteilt in drei Phasen in unterschiedlichen Bereichen). Die Aufteilung der Studienphasen/Semester oder Trimester ist je nach Bundesland unterschiedlich. Das macht leider einen Bundesland-Wechsel im Studium oft nicht so ganz leicht. Zum krönenden Abschluss kommt aber immer das zweite Staatsexamen – bezeichnenderweise von Medizin-Studierenden meistens nur „Hammer-Examen" genannt. Erst danach darfst du dich dann Arzt nennen. Für den Dr. auf dem Namensschild musst du selbstverständlich noch eine Doktorarbeit verfassen.

Sonderfälle

Es gibt sie noch immer, die wehrhaften, kleinen gallischen Dörfer ... nein, falsch: die letzten Bastionen der alten Abschlüsse. Ab und an kannst du tatsächlich noch auf Diplom studieren, dann z.B., wenn du dir Theologie oder etwas Künstlerisches als Studienfach aussuchst. Ob das aber beim Diplom bleiben wird, steht in den Sternen. Wichtig für dich: Solltest du dich für einen solchen Studiengang bewerben, frag unbedingt nach, ob hier bald auf Bachelor/Master umgestellt wird; das kann nämlich große Auswirkungen auf die Organisation deines Studiums haben.

Berufseinstieg oder Master machen?

Man liest es immer wieder: Mit dem Bachelor kannst du nichts anfangen, damit bekommst du keinen Job, du musst unbedingt noch einen Master dranhängen, usw. Teilweise trifft das auch zu – ein B.Ed. alleine bringt nicht viel, da zur Ausübung des Lehrerberufs der Master of Education notwendig ist. In den meisten anderen Fächern heißt es aber, erst mal tief durchatmen und die eigenen Ziele prüfen. Benötigst du einen Master für deine angestrebte Position? Hast du überhaupt Lust, noch länger an der Uni zu bleiben?

Fakt ist nämlich auch, dass es dank Zugangsbeschränkungen den „Master für alle" in Deutschland nicht gibt und wohl auch in Zukunft nicht

geben wird. Das heißt: Es werden immer mehr Bachelor-Absolventen die Universitäten verlassen und auf den Arbeitsmarkt strömen. Immerhin ist der Bachelor ja auch ein berufsqualifizierender Abschluss – und die Arbeitgeber werden sich schon daran gewöhnen!

Wer einen Master machen möchte, sollte früh anfangen, sich über die Möglichkeiten zu informieren. Wer keinen machen kann oder will, wird auch ohne auf dem Arbeitsmarkt Fuß fassen! Außerdem besteht auch die Möglichkeit, nach einigen Jahren im Beruf immer noch mal einen Master zu machen – dann hat man schon ein bisschen Praxisluft geschnuppert und weiß vielleicht noch genauer, was man machen möchte. Für einige Master-Programme ist Berufserfahrung sogar Voraussetzung.

Der Master

Möchtest du mehr als den Bachelor, dann führt kein Weg am Master vorbei. Er ist auch die erste Vorraussetzung, wenn du später mal promovieren, also einen Doktor-Titel erwerben möchtest. Beim Master unterscheidet man zwischen konsekutiven, nicht-konsekutiven Masterstudiengängen und weiterbildenden Mastern. Für letztere brauchst du Berufserfahrung. Der Klassiker unter den weiterbildenden Mastern ist der Master of Business Administration. Eine Übersicht der wichtigsten weiterbildenden Master-Programme findest du in der Infobox (S. 46). Wichtig zu wissen: Die große Mehrheit dieser Programme kostet einiges an Studiengebühren.

Die meisten Master sind aber „konsekutiv" angelegt. Das bedeutet im Klartext: Man studiert das weiter, worin man den Bachelor gemacht hat. Die Abschlüsse und ihre Namen orientieren sich deshalb auch an den Bachelor-Abschlüssen. Bio-B.Sc. = Bio-M.Sc.

Und dann gibt es da noch Master-Programme, die interdisziplinär (also Fächer-übergreifend) oder spezialisierend angelegt sind. Da kommt man dann schnell in den Bereich der nicht-konsekutiven Masterstudiengänge. Natürlich brauchst du auch hier einen Bachelor-Abschluss, der muss aber oft nur in einem für den Master „relevanten" Studienfach absolviert worden sein. Für Environmental Governance wäre das z.B.

Forstwirtschaft, Politik, Jura, Umweltmanagement, Wirtschaft oder Ökologie.

Die Dauer der Masterstudiengänge variiert zwischen 2 und 4 Semestern. Grob gilt für konsekutive Studiengänge: Wenn der Master an ein 6-semestriges Bachelor-Studium anschließt, dauert er 4 Semester und verkürzt sich entsprechend bei längeren Bachelor-Studiengängen (Bachelor 7 Semester -> Master 3 Semester, Bachelor 8 Semester -> Master 2 Semester). Die Gesamtzahl der zu erwerbenden Credit Points aus Bachelor und Master zusammen wird dabei 300 in der Regel nicht übersteigen. Bei nicht-konsekutiven Mastern gibt es Abweichungen von diesem System.

Weiterbildende Master-Programme

- Business Administration [M.B.A.]
- Business Law [M.B.L.]
- Civil Engineering [M.C.E.]
- Engineering [M.Eng.]
- Ethical Management [MeM]
- European Administrative Management [M.E.A.M.]
- International Business [M.I.B.]
- Master für Personalwesen und Arbeitsrecht [M.P.A.]
- Mediation [M.M.]
- Public Administration [M.P.A.]
- Public Health [M.P.H.]
- Public Management [M.P.M.]
- Public Policy [M.P.P.]

Generell solltest du wissen, dass das Masterstudium auf deutlich höherem Niveau stattfindet. Hier wird eigenständiges Arbeiten verlangt und gute Fähigkeiten im wissenschaftlichen Arbeiten werden vorausgesetzt. Häufig brauchst du auch einen überdurchschnittlichen B.A.-Abschluss, um überhaupt zugelassen zu werden.

Auch die Leistungsprüfungen sind im Master meist anspruchsvoller und umfangreicher. Den Abschluss bildet eine Master-Arbeit, die 15 bis max. 40 ECTS-Punkte wert ist. Meist sind es 30 Credits und du bekommst 6 Monate Bearbeitungszeit dafür. In dieser Zeit wirst du auch tatsächlich zu wenig anderem kommen – da wartet also eine Menge Arbeit. Wenn du zusätzlich eine mündliche Abschluss-Prüfung ablegen musst, fällt der Umfang der Master-Arbeit normalerweise entsprechend geringer aus.

Promotion

Wer nach dem Master immer noch nicht die Nase voll von der Uni hat, kann sich mit entsprechend gutem Abschluss und Interesse am Fach an die Promotion wagen. Wenn du die Uni gar nicht mehr verlassen möchtest, also die klassische „Uni-Karriere" anstrebst, solltest du diesen Weg einschlagen, denn sonst hast du kaum Chancen auf vernünftige Stellen. Nach dem Dr. käme dann noch die Habilitation und dann – irgendwann mit Glück – „der Ruf" für eine Professur an einer Uni. Ein langer und steiniger Weg.

Zu viel auf einmal?

Das ganze Abschluss-Wirrwarr und die komplexen Regeln im B.A./M.A.-System klingen zunächst wirklich abschreckend und vielleicht brummt dir auch ganz schön der Kopf, wenn du dieses Kapitel gelesen hast. Lass dich davon nicht entmutigen. Letztlich hast du dich für ein Fach entschieden und suchst nun ein paar Städte bzw. Unis aus, die du in Betracht ziehst. Dann wird die Auswahl gleich überschaubarer und der Vergleich der Abschlüsse ist halb so wild.

Unidorf oder Metropole

Wo willst du studieren?

Egal, ob du dich nun auf ein Studienfach festgelegt hast, oder einfach nur weißt, DASS du studieren willst. Früher oder später musst du dich für eine Stadt und eine Hochschule entscheiden. Dabei warten einige Fragen auf dich: Praxisorientierte FH oder doch lieber die gute alte Uni? Bleibst du deiner Stadt treu oder zieht es dich in die Ferne? Metropole oder doch lieber die gemütliche Studentenstadt? Natürlich hast du es leichter, wenn deine Fachwahl schon steht. Einige Unis (und damit auch Städte) scheiden da schon von ganz alleine aus. Wenn die Auswahl dann aber immer noch zu groß ist, musst du nach deinen eigenen Kriterien auswählen. Eine Entscheidungshilfe für dichkönnen beispielsweise die regelmäßig veröffentlichten Hochschulrankings sein. In diesen Rankings werden Lehre, Forschung, Ausstattung und noch einige andere Dinge anhand eines Kriterienkatalogs bewertet. Das bekannteste umfassende Ranking in Deutschland ist das Ranking des Centrums für Hochschulentwicklung. www.das-ranking.de

Wichtiger ist für dich aber vielleicht noch die Stadt, denn hier findet dein gesamtes Leben neben der Uni statt. Brauchst du ein großes kulturelles Angebot oder reicht dir das Kino in der Innenstadt? Soll dein neuer Wohnort schön und gemütlich sein oder willst du lieber eine pulsierende Großstadt? Fährst du gerne U-Bahn oder kommt für dich nur das Fahrrad in Frage? Ein nicht zu verachtender Faktor sind außerdem die Lebenshaltungskosten, die von Stadt zu Stadt stark schwanken können. Eine große Hilfe ist hierbei der „Lebenskostenrechner" von UNICUM. Er schlüsselt dir genau auf, wie viel du z. B. für eine Tasse Kaffee oder den Freibadbesuch in der jeweiligen Stadt hinlegen musst. www.unicum.de/studienzeit/service/lebenskostenrechner

Ob nun Unidorf, klassische Studentenstadt oder Großstadtmoloch. Alles hat seine Vor- und natürlich auch seine Nachteile. Hier bekommst du den Überblick!

Uni und Kleinstadt — mehr sein als nur eine Matrikelnummer!

Ruhe, viel Natur drum herum und ausreichend Stille, um sich auf das Studium zu konzentrieren. Die Kleinstadt mit angeschlossener Universität bzw. die Hochschule mit ein wenig Stadt drum rum, gibt es in so ziemlich jedem Bundesland. Direkt nach dem Abitur wirkt so ein Bild auf dich vielleicht wie ein Albtraum, schließlich willst du die angesagten Clubs besuchen, in einem der bekannten Szeneviertel leben und generell viel mehr erleben als in einer Kleinstadt überhaupt möglich ist – das geht vielen so.

Dennoch entscheiden sich einige Abiturienten gezielt für ein Studium an einer Kleinstadt-Uni, etwa in Greifswald, Jena, oder Eichstätt. Denn solche „Uni-Dörfer" bieten ihren Studierenden oft unschlagbare Vorteile. Einer davon sind die niedrigen Numerus-clausus-Schwellen – denn so viele wollen dann eben doch nicht dahin. Wer also mit einem nicht ganz so guten Abitur ein beliebtes Studienfach studieren will, sollte sich auf jeden Fall auch in kleinen Universitätsstädtchen bewerben.

Und dann ist da noch die sehr persönliche Betreuung, die man hier genießt. Viele kleinere Universtäten legen großen Wert darauf, dass ihre Studienanfänger von fachkundigen Tutoren begleitet werden. Hinzu kommt, dass bei überschaubarer Größe der Fachbereiche, Professoren und Studierende einen viel direkteren Umgang miteinander haben. Hier kennt der Professor dich sogar mit Namen, was natürlich wiederum Vor- und Nachteile hat: Denn bei Seminargrößen von weniger als zehn Personen wird das Studium plötzlich richtig intensiv; ob es einem gefällt oder nicht, in so ziemlich jeder Sitzung muss man auch etwas sagen. Auf der anderen Seite hast du aber das Glück, dass man dir richtig zuhört und nicht nur jede Meldung abhakt, um dann schnell zur nächsten überzugehen. Auch Fragen können weit intensiver besprochen werden.

Studenten, die von so einer Hochschule an eine andere Uni wechseln, bemängeln an der neuen Uni oft, dass es so schwierig sei, Kontakt zu seinen Kommilitonen zu knüpfen und sich nur wenige Lerngruppen

zusammentun. Wer in einem „Uni-Dorf" studiert und gut mit seinen Kommilitonen klarkommt, der lernt hingegen selten allein.

Da zugegebenermaßen die Kulturangebote in Kleinstädten eher überschaubar sind, geben sich viele „Uni-Dörfer" richtig Mühe, dich als Student zu gewinnen: Begrüßungspakete und niedrige Semestergebühren sind keine Seltenheit. Kommt dann noch eine gute Ausstattung der Universität hinzu, macht Studieren in der Kleinstadt richtig Spaß. Unterkünfte in Wohnheimen lassen sich meist problemlos finden und auch die Kosten für ein Zimmer halten sich in vielen Kleinstädten in Grenzen, ganz einfach, weil die Nachfrage nicht so groß ist wie in den typischen Studentenstädten.

Doch was tun, wenn die Uni vorbei ist und die Tanzfüße jucken? Ja, das „Uni-Dorf" bietet einem nicht gerade eine riesige Auswahl an Clubs und Bars und das Nachtleben versteckt sich ziemlich gut. Aber bevor jetzt Horrorvorstellungen von einsamer Langeweile aufkommen, solltest du nicht vergessen, dass neben dir auch noch eine Menge anderer Studenten vor dem gleichen Problem stehen. Und die Lösung für alle lautet dann: Privatparty! Die hat den Vorteil, dass man sie auch einfach mal selbst veranstalten kann. In jeder Universitätsstadt, sei sie auch noch so winzig, wirst du außerdem zumindest einen Studentenclub finden. Hier finden vielfältige Veranstaltungen statt, vom Quiz- bis zum Abtanz-Abend, und alles zu studentenfreundlichen Preisen. Studentenwerke bieten dir auch an kleineren Unis eine abwechslungsreiche Mischung aus Sport und Kultur. Außerdem hast du das Stadtgebiet schnell hinter dir gelassen und kannst so richtig die Natur genießen, ein Vorteil gegenüber der Großstadt, in der die wenigen Badeseen oft schon um 10 Uhr morgens überlaufen sind.

Die Studentenstadt — Ein Rad ist Pflicht!

In der typischen „Studentenstadt" liegen die Fachbereiche und angrenzenden Institute oft mitten in der Stadt, und wenn nicht, ist der Campus auf jeden Fall gut mit öffentlichen Verkehrsmitteln oder dem Rad erreichbar. Fahrräder gibt es hier überhaupt sehr viele. Und, was noch

erwähnt werden sollte: Die Städte sind oft ganz hübsch anzusehen. Es gibt eine schöne Innenstadt, Altbauten, viel Grün und die Lebensqualität ist generell ziemlich hoch.

Studenten haben hier oft einen großen Anteil an der Gesamtbevölkerung und prägen das Stadtbild sehr. Die Universitäten in den klassischen Studentenstädten wie beispielsweise Freiburg, Münster oder Göttingen bieten ihrer Studentenschaft eine große Auswahl an Studiengängen. Die Bibliotheken sind hervorragend ausgestattet und in vielen Fachbereichen arbeiten renommierte Wissenschaftler. Die Studentenwerke betreiben gleich mehrere Mensen und Cafés – trotzdem solltest du aufgrund der Masse der Studierenden Stoßzeiten vermeiden. Nichts ist blöder, als mit leerem Magen in einer Schlange zu stehen.

Der Uni-Alltag in einer Studentenstadt könnte so gemütlich sein, wäre da nicht der viele Freizeit-Stress. Es gibt dauernd irgendwo eine Party, viele, viele Kneipen, gemütliche Cafés, die natürlich noch bis abends Frühstück anbieten und überall besondere Angebote für Studenten, denn die ganze Stadt ist auf die Masse an Studenten eingestellt. So kommst du billig ins Theater, ins Kino, in Clubs, in Museen und das Bier gibt es zum Spottpreis.

Als Kinofan hast du die Möglichkeit, in einem der vielen Programmkinos Filmkunst im Original zu sehen und Gast eines der zahlreichen Filmfestivals zu sein – natürlich werden aber auch die obligatorischen Blockbuster angeboten. Für den Sportfan lässt sich immer ein passendes Angebot im Katalog des Hochschulsports finden und bei gutem Wetter tummeln sich Studenten in Scharen am Badesee oder auf der Wiese im Park.

Das große Manko einer Studentenstadt ist der Wohnungsmarkt. Doch wenn du erstmal eine Wohnung hast und nicht mehr Ersti bist, wird es leichter. Denn dann kennst du viele andere Leute vor Ort und man schustert sich gegenseitig die Zimmer zu. Trotzdem musst du damit rechnen, dass du auch für ein kleines WG-Zimmer ein bisschen mehr hinlegen musst.

Großstadtuni — Alles, aber das auch auf einmal!

Wer in einer richtigen Großstadt, also sowas wie Hamburg, Köln, Berlin oder München einen Studienplatz bekommen hat, wird zunächst vielleicht etwas überfordert sein, denn die Hochschulen in Deutschlands Großstädten sind oft richtige Massen-Unis. Zwischen 25.000 und 45.000 Studierende sind hier alleine an einer Uni eingeschrieben. In den meisten Großstädten existieren darüber hinaus noch andere Hochschulen, eine Musik- oder Kunsthochschule, mehrere Fachhochschulen oder eine auf technische Studiengänge spezialisierte Universität. Bei einer solchen Häufung kommt schnell eine ganze Menge Studenten zusammen. Die prägt das Stadtbild trotzdem nicht sonderlich, denn dafür sind es dann, gemessen an der Größe der Stadt, doch wieder zu wenige. In jeder Großstadt gibt es aber einige Viertel, in denen sich Studenten vorzugsweise niederlassen und da sieht man sie dann auch.

Hast du dich an deiner Uni so langsam zurechtgefunden, wartet die Stadt darauf, von dir erkundet zu werden. In einer Stadt wie Berlin wird es selbst dem mobilsten Studenten nicht gelingen, sich einmal alle Ecken anzusehen. Oft beschränken sich Ortskenntnisse nur auf den eigenen Stadtteil und einige Ausschnitte der restlichen Stadt. Apropos mobil: Ohne ein Semester-Ticket geht gar nichts. Das Semester-Ticket ermöglicht es dir, stark vergünstigt den öffentlichen Nahverkehr zu nutzen. Ein überlebenswichtiger Vorteil für Studenten, denn ein reguläres Monatsticket kostet einen ganzen Haufen.

Fahrradfahrer sieht man hingegen eher selten auf den Straßen, vielleicht von Fahrradkurieren mal abgesehen, aber die machen das ja schließlich als Job. Das große Überangebot an Taxiständen lässt dafür die Preise fallen, so dass du dir auch mit kleinem Geldbeutel diesen Luxus zwischendurch mal leisten kannst.

Sparen kannst du aber auch an anderer Stelle, nämlich beim Essen. Die Mensen in Großstädten sind zahlreich, oft ganz gut und so groß, dass du selbst zu Stoßzeiten noch einen Sitzplatz finden kannst. Und kennst du dich dann in deinem Bezirk richtig aus, wirst du schnell die Knei-

pen finden, die dich mit gutem Essen zu bezahlbaren Preisen versorgen und sonst gibt's da ja auch noch den Döner für 1,50 €, zumindest in Berlin.

Teurer wird es dann wieder es dann aber oft bei der Wohnungssuche. Wohnungen in den Szenevierteln sind grundsätzlich kaum zu erschwinglichen Preisen zu ergattern. Aber das hängt natürlich auch wieder von der Stadt und deinem Glück bei der Wohnungssuche ab. Ansonsten gibt es ja auch noch die Plattensiedlungen, etwas heruntergekommene Altbauten, alternative Wohn-Formen und jede Menge Randbezirke.

Hast du es schließlich geschafft und bist eingezogen, kannst du dich in das vielfältige kulturelle Leben stürzen. Und hier ist wirklich für jeden etwas dabei: Unzählige Kneipen, Bars und Clubs, Theater und Konzerte warten auf dich und mindestens genauso viel wird dir tagsüber geboten. Neben etlichen Museen und unendlich vielen Cafés sind da auch noch eine Latte an Schwimmbädern und der Zoo.

Wenn es dir nicht leicht fällt, eine Einladung auszuschlagen und du zu den Menschen gehörst, die nicht unbedingt sehr konsequent ihrer Arbeit nachgehen, kann die Großstadt aber auch zur Falle werden. Denn das Gefühl, das reichhaltige Angebot nie richtig nutzen zu können und immer irgendwie die tollste Party zu verpassen, lässt einen nur zu gern die kommenden Prüfungen oder das Referat, das bis Montag fertig sein muss, vergessen.

Und dann gibt es da noch ...

Klar, natürlich fällt nicht jede Stadt in eine der genannten Kategorien. Es gibt also noch das große Sammelbecken der Bielefelds, Hannovers, Stuttgarts, Dortmunds, Halles usw: Nicht so richtig Großstadt, aber auch nicht so richtig Studentenstadt, sondern irgendwo dazwischen – außerdem meist mittelhübsch und mittelinteressant. Also vielleicht das richtige für dich, wenn dir Kleinstädte Angst machen, dir Studentenstädte immer noch zu kuschelig und phlegmatisch sind, Großstädte aber einfach ... nun ja, zu groß.

Unidorf oder Metropole

Das Fernstudium — Studium ja, Campus nein!

Eine Alternative, die in den letzten Jahren immer größeren Zulauf gefunden hat, ist das Studium an einer Fernuniversität. Im Gegensatz zu einem normalen Studium findet das Studium hier größtenteils fernab der Uni statt. Du sitzt zu Hause an deinem Schreibtisch, bearbeitest Unterlagen, tauschst dich in Foren mit anderen aus und musst nur für bestimmte Klausuren und mündliche Prüfungen mal deine vier Wände verlassen.

Fernuniversiäten und -fachhochschulen gibt es einige. Die größte und außerdem die einzige staatliche ist die Fernuni Hagen. www.fernuni-hagen.de. Daneben gibt es noch viele private Hochschulen mit spezialisiertem Angebot. Hier muss man allerdings einiges berappen, bis man zum Abschluss kommt.

Die Studienangebote sind sehr vielfältig. Unterschieden wird zwischen einem Fernstudium, durch das du einen Bachelor- oder einen Masterabschluss erlangst und Fernunterricht, der nicht mit einem akademischen Abschluss endet. Die Zugangsqualifikationen gleichen an den meisten Fernunis denen an einer „normalen" Universität oder Fachhochschule. Du brauchst eine allgemeine Hochschulreife oder eine fachgebundene Hochschulreife, je nach Studiengang. Daneben hast du noch die Möglichkeit, über eine fachgebundene Zugangsprüfung ein Studium zu beginnen.

Das Fernstudium ist für viele eine „Nebenbeschäftigung", die neben dem Job abends und am Wochenende läuft. Da wartet dann eben nicht die Couch, sondern ein Buch. Die Arbeitsbelastung ist also insgesamt sehr hoch und nur mit viel Disziplin und der Breitschaft, auf einiges zu verzichten, gelingt es, so „nebenbei" einen Studienabschluss zu erwerben. Wenn du also mit dem Gedanken spielst, ein Fernstudium zu beginnen, musst du dir klar machen, dass es in etwa so viel Arbeitszeit in Anspruch nimmt wie ein reguläres Studium auch. Es ist ganz und gar nicht die leichte Freizeitbeschäftigung, die man mal so nebenbei erledigt, wie es manche Werbung verspricht.

Ein Fernstudium ist natürlich überhaupt nicht vergleichbar mit einen Studium an einer „richtigen" Universität. Den Großteil der Zeit bist du auf dich selbst gestellt. Es gibt zwar die Möglichkeit, einen Dozenten mal anzurufen oder ihm eine Mail zu schicken, doch Fragen werden nie so unmittelbar beantwortet wie in einem Hörsaal. Und dann fehlen natürlich die Kommilitonen und alles, was sonst die Lebensphase Studium zu etwas ganz Besonderem macht.

Hast du dich dennoch für ein Fernstudium entschieden – in bestimmten Lebensumständen kann das natürlich sehr sinnvoll sein oder vielleicht sogar die einzige Möglichkeit, zu studieren –, kannst du dich oft via Internet einschreiben. Schon nach ein paar Tagen erreicht dich dann ein dickes Paket mit Materialien. Und dann kannst du auch schon loslegen. Nachdem du eine bestimmte Zahl an Lektionen oder Unterrichtseinheiten bewältigt hast, kommen die ersten Tests auf dich zu. Die werden von dir auf speziellen Einsendebögen innerhalb eines festgelegten Zeitraums bearbeitet, bei Prüfungen bist du auf einen Internetanschluss angewiesen oder musst eben zu einem Prüfungszentrum kommen. Zusätzlich werden dir zu Übungszwecken Selbstkontrollaufgaben angeboten, die du freiwillig bearbeiten kannst.

Bewerbungs-verfahren

Dein Weg an die Uni

Voraussetzungen

Leider kann nicht jeder, der es möchte, einfach so losstudieren. Zuerst einmal muss gesichert sein, dass der eigene Schulabschluss auch zum angestrebten Studium passt. Hast du die fachgebundene Hochschulreife, kannst du nämlich bei Weitem nicht an jeder Universität alles studieren. Wenn du die allgemeine Hochschulreife (das Abitur) in der Tasche hast, scheint es auf den ersten Blick nur noch eine Frage von Durchschnittsnote und Wartezeit zu sein, ob du einen Studienplatz zu deinem Traumstudium bekommst. Aber ganz so einfach ist es manchmal selbst mit Abi nicht. Bei vielen Fächern, vor allem im sprachlichen und künstlerischen Bereich sowie bei Sport musst du eine Aufnahmeprüfung bestehen oder im Vorfeld schon bestimmte Eignungsbelege vorlegen.

Aufnahmeprüfungen finden normalerweise zu einem bestimmten Termin statt – wer krank ist, hat oft Pech gehabt, denn Nachtermine gibt es nicht immer! Und auch sonstige Nachweise, wie zum Beispiel über Sprachkenntnisse oder die berühmte Mappe, mit der du dich beim Kunststudium bewirbst, müssen erst beschafft oder erstellt werden. In manchen Fächern sind sogar Praktika vor Studienbeginn nachzuweisen, Motivationsschreiben zu verfassen oder Auswahlgespräche zu überstehen.

Hier heißt es vor allem: Frühzeitig informieren, einfach damit noch genug Zeit bleibt, sich um alles zu kümmern! Genauere Infos findest du auf der Internetseite deiner Wahl-Uni, oft dort, wo die unterschiedlichen Studienfächer vorgestellt werden, direkt auf der Seite der jeweiligen Fakultät oder bei der allgemeinen Studienberatung. Wir geben dir hier aber schon einmal die wichtigsten Eckdaten mit auf den Weg:

Bewerbungsverfahren an der Uni

Am Anfang jedes Studiums steht, direkt nach der Auswahl der richtigen Universität(en), die Bewerbung. Aber wie geht man da eigentlich vor, was muss man beachten und kann man sich eigentlich parallel für mehrere Fächer an verschiedenen Unis bewerben?

Fristen

Um wirklich an deinen Wunschstudienplatz zu kommen, musst du zuerst herausfinden, wie du dich bis zu welchem Termin bewerben musst. Die Bewerbungsfristen für zulassungsbeschränkte Studiengänge sind oft schon früher, als du vielleicht denken würdest: für das Wintersemester häufig bereits im Juli, für das Sommersemester im Januar. Wer sich hingegen auf Studiengänge bewirbt, die nicht zulassungsbeschränkt sind und bei denen es auch keine Aufnahmeprüfung gibt, der hat in der Regel viel mehr Zeit, oft sogar bis kurz vor Studienstart. Die genauen Bewerbungsfristen musst du aber unbedingt auf der Internetseite deiner Uni bzw. unter www.hochschulstart.de nachschauen. Wichtig: Wer sein Abitur nicht im Jahr der Hochschulbewerbung gemacht hat, muss andere Fristen einhalten als frisch gebackene Abiturienten, und die sind meist noch früher!

Grundsätzliches

Egal, ob du dich nun über hochschulstart.de oder direkt bei der Uni bewirbst, ein paar Dinge gibt es immer zu beachten:

Der erste Schritt der Studienplatzbewerbung ist in 90% der Fälle das Ausfüllen eines Online-Formulars. Zusätzlich dazu muss es eventuell noch ausgedruckt und innerhalb der Frist per Post an die Universität oder eben an hochschulstart.de geschickt werden. Manche Unis bitten darum, diese Unterlagen aufgrund des größeren Verwaltungsaufwands nicht per Einschreiben zu senden – wenn dies der Fall ist, solltest du dich unbedingt daran halten. Ein Einwurf-Einschreiben genügt ja vielleicht auch zur Nerven-Beruhigung. Was du aber so gut wie immer tun kannst, um sicher zu gehen, dass die Unterlagen angekommen sind, ist, eine frankierte und an dich selbst adressierte Postkarte beizulegen,

die dann an dich zurückgeschickt wird. Eine telefonische Auskunft darüber, ob die eigenen Unterlagen wirklich angekommen sind, ist nämlich definitiv nicht möglich!

Darüber hinaus solltest du rechtzeitig anfangen, deine Unterlagen zusammenzusammeln. Jede Universität wird, entweder schon mit den Bewerbungsunterlagen oder zur Annahme des Studienplatzangebots, eine beglaubigte Kopie deines Abiturzeugnisses verlangen. Kopien, die du vielleicht von der Schule mit dem Original bekommen hast, mit so einem netten Schulstempel und der Unterschrift vom Schulleiter drauf, zählen meist nicht! Beglaubigte Kopien kannst du im Rathaus/Bürgerbüro/Bürger-Servicecenter der Stadt oder beim Notar gegen eine geringe Gebühr anfertigen lassen. Auch das Anfordern von Passfotos ist keine Seltenheit, also kannst du die auch gleich schon mal machen, während du dich auf die Bewerbung an der Universität vorbereitest.

Des Weiteren solltest du dir auch Gedanken darüber machen, wie du während des Studiums krankenversichert sein möchtest. Sobald nämlich das Studienplatzangebot der Universität eintrudelt, musst du eine Krankenversicherungs-Bescheinigung vorlegen, die dann für das gesamte weitere Studium gültig ist. Sich erst nach der Immatrikulation eigentlich doch noch für/gegen die private Krankenversicherung zu entscheiden, kann schwierig werden (s. „Besser gut versichert!", S. 76)! Außerdem brauchst du zur finalen Immatrikulation eine Kopie deines Personalausweises oder Reisepasses. Also besser schon mal frühzeitig kontrollieren, ob das Ding überhaupt noch gültig ist ...

hochschulstart.de

Die Stiftung für Hochschulzulassung vergibt die Studienplätze für Medizin, Tiermedizin, Zahnmedizin und Pharmazie zentral, das bedeutet also: Du bewirbst dich für ein Fach, gibst deine Wunsch-Uni oder auch mehrere an und alles andere übernimmt dann die Stiftung für Hochschulzulassung. Wer sich für eins dieser Fächer bewerben möchte, sollte aber trotzdem vorher auf den Websites der Wahluniversitäten nach Besonderheiten im Zulassungsprozess suchen. Die Zulassung läuft nämlich so ab, dass 20% der Studienplätze direkt von der Stiftung für Hochschulzulassung per Notendurchschnitt vergeben werden, weitere 20% ebenfalls direkt nach Wartezeit und die restlichen 60% der Studienplätze durch die Unis selbst. Kriterien hierbei können beispielsweise der Notendurchschnitt sein, eine besondere Gewichtung von einzelnen Noten, vorherige Praxiserfahrungen oder das Abschneiden bei Tests oder Auswahlgesprächen.

Außerdem solltest du dich vorher darüber informieren, ob du für irgendeine Art von Extra-Wurst infrage kommst. Das betrifft zum Beispiel die Landesbesten nach Abiturschnitt, die eine bevorzugte Behandlung bei der Zulassung beantragen können. Aber auch aus familiären und wirtschaftlichen Gründen oder wenn besonderes öffentliches Interesse an deiner Präsenz an einem bestimmten Ort besteht (z.B. als gewähltes Gemeinderatsmitglied), kannst du einen Sonderantrag stellen.

Darüber hinaus ist es außerdem sinnvoll, sich auch dann über hochschulstart.de schon einmal für einen Studienplatz zu bewerben, wenn man plant, vorher noch ein FSJ oder ähnliches zu machen. Dies ist nämlich bei erfolgter Zulassung ein Rückstellungsgrund der Zulassung, der dazu führt, dass man garantiert nach dem FSJ wieder einen Studienplatz bekommen wird, egal wie sich der Zulassungsschnitt in der Zwischenzeit verändert. Und wenn es vor dem FSJ nicht klappen sollte mit der Zulassung, hat man im nächsten Jahr weniger Arbeit: Die Daten bleiben gespeichert und die FSJ-Zeit wird als Wartezeit anerkannt.

Eine frühe Bewerbung über hochschulstart.de hat übrigens einen besonderen Vorteil: In einem Onlinedatenblatt kann man nach der Bearbeitung der eingesendeten Unterlagen sehen, ob alles da ist, was da sein soll, und gegebenenfalls noch fristgerecht fehlende Unterlagen nachreichen. Wenn man sich erst spät bewirbt und dann versäumt, fristgerecht alle Unterlagen einzureichen, hat man ansonsten einfach Pech, weil das zur Disqualifikation führt!

Hochschulintern zulassungsbeschränkt

Wenn ein Studiengang nicht in den Zuständigkeitsbereich von hochschulstart.de fällt, muss das nicht automatisch heißen, dass auch jeder, der dieses Fach studieren möchte, zugelassen wird. Neben der deutschlandweiten Zulassungsbeschränkung kann nämlich jede Uni selbst da-

rüber entscheiden, welches ihrer Fächer sie in der Zulassung beschränken möchte. Auch hier gilt, sich rechtzeitig zu bewerben und darauf zu achten, dass alle Unterlagen vollständig sind und alle Voraussetzungen erfüllt werden. Die Bedingungen im Uni-internen Zulassungsverfahren können von Semester zu Semester sehr stark schwanken, darum sollte man sich zur Sicherheit immer an mehreren Unis bewerben, um die Chance auf einen Platz zu erhöhen.

Der Ablauf der Bewerbung ist im Kern der gleiche wie bei einer Bewerbung über hochschulstart.de. Statt auf der Website der Stiftung wird in diesem Fall die Bewerbung meist direkt auf der Uni-Website ausgefüllt und die Unterlagen müssen in vielen Fällen anschließend eingeschickt werden. Und dann? Dann wird gewartet ...

Zulassungsfreie Studiengänge

Diese Studiengänge stehen jedem offen, der alle Zulassungsvoraussetzungen erfüllt. Es gibt also nicht, wie bei zulassungsbeschränkten Studiengängen nur eine bestimmte Anzahl an Studienplätzen, sondern es werden so viele Studienplätze bereitgestellt, wie Studienplatzbewerbungen eingehen. Wenn das Wunschfach zu diesen Fächern gehört, ist das natürlich sehr praktisch!

Die Annahme, dass nur „doofe" Fächer, für die sich keiner interessiert, zulassungsfrei sind, ist falsch. An manchen Unis ist es eher eine politische Entscheidung, ein Fach zulassungsfrei anzubieten, als eine praktische – mitunter zum Nachteil derjenigen, die dieses Fach ernsthaft studieren möchten und bei großem Ansturm dann unter schlechter Betreuung und überfüllten Hörsälen zu leiden haben.

Alles abgeschickt, was nun?

Jetzt heißt es warten. Auch wenn es schwer fällt, nicht alle paar Wochen in der Uni anzurufen und nachzufragen. Das führt wirklich nicht dazu, dass die eigene Bewerbung schneller bearbeitet wird. Je mehr Studienbewerber auf eine Universität kommen, desto länger dauert das Verfahren der Studienplatzvergabe. Dass einige Wochen lang keine Post von der Uni kommt, heißt erst mal noch gar nichts! Nicht mal, dass auf das eigene Studienfach zum aktuellen Semester besonders viele Bewerber kommen und den Durchschnitt hoch treiben. Es kann auch ein ganz anderes Fach sein, das die Bearbeitungszeiten verlängert!

Wichtig zu wissen ist allerdings, dass man, sobald ein positiver Bescheid ins Haus flattert, meist nur ein oder zwei Wochen Zeit hat, den angebotenen Studienplatz auch wirklich anzunehmen. Dafür ist es notwendig, diverse Unterlagen einzureichen und den Semesterbeitrag zu zahlen. Die Fristen sind dabei unbedingt einzuhalten, denn nach dem ersten Zulassungsverfahren wird nach Ablauf der Immatrikulationsfrist ein zweites Verfahren mit allen nicht angenommenen Plätzen für diejenigen gestartet, die im ersten Verfahren leer ausgegangen sind. Wenn du also zu spät dran bist, bist du raus! Längere Urlaube solltest du also nicht unbedingt in die Wartezeit auf den Studienplatz legen oder du solltest dann zumindest jemanden zu Hause haben, der regelmäßig für dich die Post überprüft und die Formalia der Einschreibung regeln kann. Schreib auf jeden Fall eine Vollmacht!

Chancen auf Zulassung

Die Realität an den Universitäten ist knallhart: Manche Fächer sind extrem beliebt, während die Kapazitäten stark begrenzt sind – das treibt den NC gnadenlos nach oben. Bevor du also nur eine einzige Bewerbung für einen Studienplatz abschickst, solltest du kritisch deinen eigenen Abi-Schnitt mit den NC-Werten vorangegangener Semester vergleichen und immer auch bedenken, dass dieser Wert sich zu jedem Semester durch die Anzahl der Bewerber ändern kann. Der NC wird nämlich nicht vorab von der Uni festgelegt, sondern ergibt sich aus dem Verhältnis von Studienplätzen und Bewerbern. Der aktuelle NC ist damit die Note des schlechtesten, noch zugelassenen Bewerbers. Je nachdem, wie viele sich nun auf die vorhandenen Plätze bewerben und wie deren Notendurchschnitt aussieht, kann der NC also schwanken. Bewerben sich in einem Semester für ein Fach sehr viele Abiturienten mit einer 1 vor dem Komma, steigt der NC unter Umständen massiv an.

Es gibt aber natürlich Mittel und Wege, doch recht sicher zu gehen, dass man zumindest irgendeinen Studienplatz fürs kommende Semester bekommt, auch wenn es nicht ein Platz an der Wunsch-Uni werden sollte.

Zuerst sollte man sich bei mehreren Universitäten bewerben und darauf achten, dass man frühe Zusagen gegebenenfalls auch früh annimmt, um sicher zu gehen, dass man am Ende nicht ohne dasteht. Wenn man dann doch noch ein besseres Angebot bekommt, kann man von einer schon erfolgten Immatrikulation nämlich wieder zurücktreten und erhält schon gezahlte Gebühren ebenfalls zurück! Achtung: Man kann sich parallel bei so vielen Universitäten bewerben wie man möchte, an den meisten Universitäten jedoch jeweils nur für einen Studiengang!

Die Chance auf den Wunschstudienplatz steigt ebenfalls durch Wartesemester. Jedes Semester, in dem man seit dem Abitur nicht an einer deutschen Hochschule immatrikuliert war, zählt dazu. Die Geschichte, dass Wartesemester den eigenen Abi-Schnitt verbessern würden, ist allerdings leider im Bereich der Märchen anzusiedeln. Die Zulassung per Abi-Schnitt und per Wartesemester sind zwei unterschiedliche Verfahren, für die jeweils ein bestimmter Prozentsatz an Studienplätzen zur Verfügung steht. Auch wenn du eine für den Studiengang relevante, abgeschlossene Berufsausbildung vorzuweisen hast, ein Praktikum in dem Bereich absolviert hast oder ein FSJ bzw. einen Bufdi gemacht hast, verbessert das in vielen Fällen deine Chancen. Zum einen bekommst du so Wartesemester angerechnet, zum anderen wirkt sich dies an vielen Unis neben deinem Abi-Schnitt direkt auf den Zulassungsrang aus, den du unter den Bewerbern einnimmst. Welche Ausbildungen oder Praktika relevant sind, findest du bei den Zulassungskriterien des Studienganges auf der jeweiligen Universitätsseite.

Keinen Platz bekommen?

Hast du keinen Studienplatz bekommen, solltest du den Kopf nicht hängen lassen. Es gibt verschiedene Möglichkeiten, auf anderem Wege doch noch einen Platz zu ergattern oder die Zeit bis zur nächsten Bewerbungsphase sinnvoll zu überbrücken. Zum einen kannst du erstmal etwas Zulassungsfreies studieren. Vielleicht gibt es da ja ein verwandtes Fach, so dass später ein Quereinstieg möglich ist, oder das eine oder andere Fach hat dich vielleicht auch immer schon interessiert – Plan B kann sich schließlich auch als Master-Plan entpuppen!

Oder ... du versuchst dich in den Studiengang einzuklagen. Mit dieser Möglichkeit machst du dich allerdings bei der Uni nicht gerade beliebt und riskierst horrende Anwaltskosten, die von so gut wie keiner Rechtsschutzversicherung getragen werden. Eine Garantie auf einen Studienplatz hast du dann aber immer noch nicht – dass man mit einer Klage auf jeden Fall genommen wird, ist ein Gerücht! Wer sich diesen Schritt dennoch überlegt, sollte einen unverbindlichen Beratungstermin bei einem Anwalt ausmachen und dann noch einmal ganz genau darüber nachdenken, ob man das „verlorene" (Halb-)Jahr bis zum nächsten Versuch nicht doch so sinnvoll nutzen könnte, dass man sich den Stress und das Geld sparen kann.

So kann man sich beispielsweise einen Job suchen, ein FSJ im Ausland machen oder den Bufdi absolvieren und damit wie oben beschrieben Wartesemester sammeln. Oder man kann die Zeit nutzen, durch eine studienrelevante Ausbildung oder ein Praktikum seine Chancen bei der nächsten Bewerbung zu verbessern.

Finanzierung
Und wer zahlt's?

Im neuen Lebensabschnitt „Studium" kommt einiges auf dich zu, denn ab jetzt stehst du auf eigenen Füßen. Und das gilt nicht nur für Wohnung und Lebensstil, sondern auch mehr oder weniger für den Inhalt deines Geldbeutels.

Wer einmal ausgezogen ist, wird merken: Das Leben ist teuer. Auf einmal brauchst du Scheuermilch und Waschmittel, zahlst deine Miete selbst und kaufst ohne Ende Bücher, Stifte und Blöcke und (hoffentlich nur) einen Laptop. Das Deutsche Studentenwerk hat errechnet, dass der durchschnittliche Bedarf eines Studierenden, der nicht mehr bei seinen Eltern wohnt, bei ca. 762 € (inklusive Freizeit-Finanzierung) im Monat liegt.

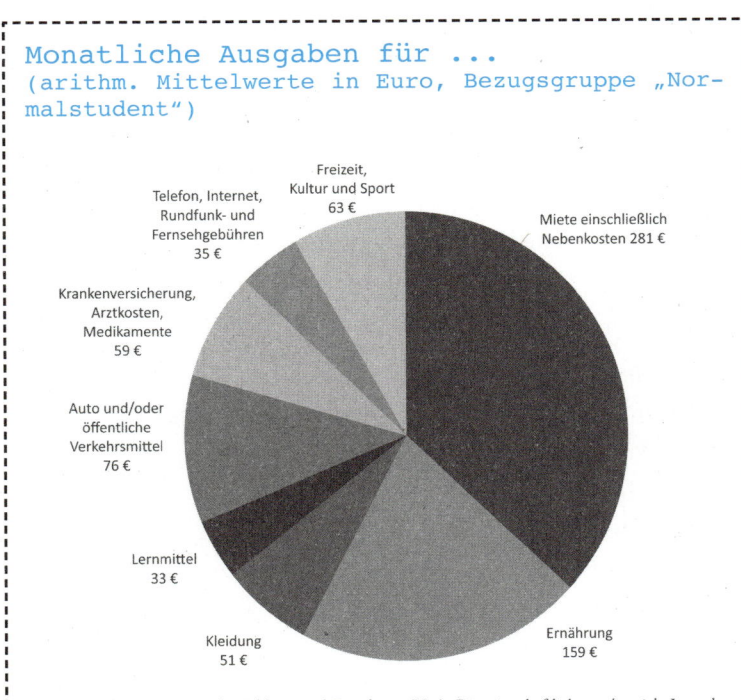

Monatliche Ausgaben für ...
(arithm. Mittelwerte in Euro, Bezugsgruppe „Normalstudent")

Freizeit, Kultur und Sport 63 €

Telefon, Internet, Rundfunk- und Fernsehgebühren 35 €

Miete einschließlich Nebenkosten 281 €

Krankenversicherung, Arztkosten, Medikamente 59 €

Auto und/oder öffentliche Verkehrsmittel 76 €

Lernmittel 33 €

Kleidung 51 €

Ernährung 159 €

(Quelle: Bundesministerium für Bildung und Forschung (Hg.): Die wirtschaftliche und soziale Lage der Studierenden in der Bundesrepublik Deutschland 2009. 19. Sozialerhebung des Deutschen Studentenwerks)

BAföG wird allerdings nur bis zu einem Höchstsatz von 670 € gewährt (Stand 2012) und auch der Unterhalt, zu dem Eltern gegenüber ihren ausgezogenen, erwachsenen Kindern für ein Studium verpflichtet sind, liegt dementsprechend auch nur bei 670 Euro. Mehr Informationen dazu findest du beim Bundesministerium für Bildung und Forschung unter www.bafoeg.bmbf.de --> Förderungsarten/-höhe --> Welche Bedarfssätze sieht das Bafög vor?

Daneben gibt es aber auch positive Nachrichten: Dein neu erworbener Studentenausweis ist Gold wert, denn auf dich wartet ein Haufen Vergünstigungen. Das kostenlose Girokonto, weiter über Mama oder Papa familienversichert sein (leider nur bis zur Vollendung des 25. Lebensjahres) und günstigerer Eintritt in Museen, Theater und Kino, billiges Essen in der Mensa, verbilligte Nahverkehrstickets usw.

Aber auch das „kleine" Geld muss erstmal erwirtschaftet werden. Nur wie?

Eltern

Die naheliegendste Möglichkeit, zumindest einen Teil des neuen, selbständigen Lebens zu stemmen, sind die werten Erzeuger. Und so stammt beim Durchschnitts-Studi auch der größte Batzen Geld von den Eltern, nämlich ca. 50 %. Wie viel die Eltern zahlen können, hängt natürlich von ihrem Einkommen ab. Wie viel sie zahlen wollen, ist bei manchen eine ganz andere Geschichte. Einige möchten ihrem Nachwuchs das Studentenleben versüßen, verzichten selbst auf manches und geben mehr als sie müssten. Andere wiederum geben weniger. Warum, ist deinem Vermieter erst einmal egal.

Rechtlich sind deine Eltern dazu verpflichtet, dir bis zur Beendigung der ersten Ausbildung Unterhalt zu leisten. Allerdings muss im Gegenzug das Studium zügig durchgezogen werden. Man darf dafür zwar länger als die Regelstudienzeit brauchen, aber nicht viel. Bist du aufgrund notorischer Interessenvielfalt also nicht dazu in der Lage, dein Studium vor dem 16. Semester zu beenden, hast du keinen Anspruch mehr auf die elterliche Unterstützung.

Wenn du wissen willst, wie viel dir deine Eltern genau „schuldig" sind, dann stell am besten einen Antrag auf BAföG, selbst wenn du glaubst, keinen Anspruch zu haben. Erstens kann man auch von Behörden mal positiv überrascht werden und 50 Euro Zuschuss vom Staat sind besser als gar nichts. Zweitens rechnen sie aus, was deine Eltern aufgrund ihres Einkommens an dich weiterzugeben imstande sind. Bestenfalls einigt ihr euch aber auf einen vernünftigen Betrag.

Sollte es hart auf hart kommen und deine Eltern sind einfach nicht bereit, dich zu unterstützen – sei es, weil sie ein Studium unsinnig finden, mit deiner Fachwahl unzufrieden sind oder ihr Geld lieber für sich behalten –, kann man sich den Gang zum Gericht überlegen. Natürlich klagt niemand gern gegen die eigenen Eltern, aber man muss abwägen, ob es im individuellen Fall nicht angesichts der sonstigen Optionen (Kreditaufnahme, arbeitsreiche und zeitintensive Eigenfinanzierung und ständige finanzielle Nöte) notwendig ist.

Verpflichtet bist du übrigens nicht, nebenher zu arbeiten und wenn du es dennoch tust, darfst du das ganze Geld als „überobligatorische Einnahme" behalten. Dein Gewissen könnte da natürlich anderer Meinung sein.

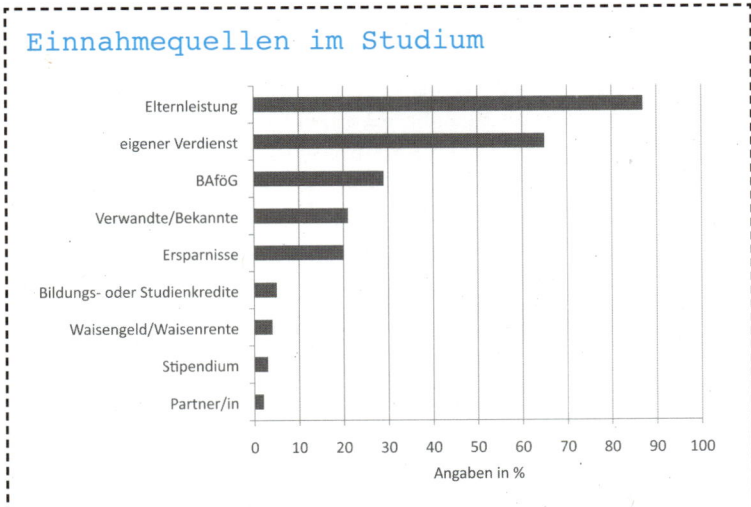

Einnahmequellen im Studium

(Quelle: Bundesministerium für Bildung und Forschung (Hg.): Die wirtschaftliche und soziale Lage der Studierenden in der Bundesrepublik Deutschland 2009. 19. Sozialerhebung des Deutschen Studentenwerks)

Nebenjob

Da sich die Forderung nach „Reiche(n) Eltern für alle" politisch noch nicht durchgesetzt hat und das Geld eben oft knapp ist, muss so mancher in die Teil- oder Eigenfinanzierung einsteigen, sobald die Uni losgeht. Wobei auch bei großzügigen ehemaligen Erziehungsberechtigten der Wunsch nach Entlastung oder mehr Unabhängigkeit den Impuls für die entlohnte Tätigkeit außerhalb des Studiums geben kann. Angebote gibt es viele. Man findet sie bei der Jobbörse des Studentenwerks, im örtlichen Kleinanzeigenblättchen oder auf Aushängen an der Uni. Hast du dir erst einmal ein Freundesnetzwerk in der neuen Stadt aufgebaut, kommst du dann auch in den Genuss der Vetternwirtschaft: Viele Jobs werden über E-Mail-Verteiler von ausscheidenden studentischen Arbeitnehmern propagiert und manche HiWi-Stellen werden sogar nur durch Mund-zu-Mund-Propaganda und auf persönliche Empfehlung vergeben.

Bei der Wahl der studentischen Nebentätigkeiten solltest du dir Folgendes überlegen: Willst du einen Gegenpol zum hauptberuflichen schreibtisch- oder laborlastigen Leben? Dann solltest du nach dem Kellner-Job in der Lieblingskneipe greifen, im Sommer Erdbeeren und Spargel verkaufen oder morgens die Menschen mit Brötchen beglücken, je nach eigenem Tagesrhythmus.

Oder möchtest du voll aufgehen in der Welt deines Studienfachs? Hier gibt es dann zwei Möglichkeiten: Reinschnuppern in die Wissenschaft und das bürokratische Konstrukt Universität durch einen HiWi-Job beim Lieblingsprof oder eine praxisbezogene Tätigkeit mit Blick auf deine beruflichen Perspektiven. Bei letzterem sollte man nach Aushilfsjobs bei Nichtregierungsorganisationen, im Krankenhaus, bei Unternehmensberatungen, in Anwaltskanzleien oder was dir sonst so vorschwebt Ausschau halten. Hier wissen oft die älteren Semester einen guten Tipp. Und auch die Universität selbst muss laufen: Bibliotheksaufsichten, Tutoren für Austauschstudenten, EDV-HiWis und Essensausgeber werden ständig gesucht. Was natürlich auch immer geht und womit viele schon während der Schulzeit Erfahrung gemacht haben: Nachhilfe geben.

Die zweite Frage, die du dir stellen solltest: Wie viel und in welchem Zeitraum möchte ich arbeiten? In den meisten Jobs arbeitet man dauerhaft mit einer bestimmten Stundenzahl. Die Weinernte, der Biergartenjob und die Skilehrer-Anstellung sind aber saisonbedingt und können geschickt in den Semesterferien angesiedelt werden. Dabei kann man auch mal so viel Geld verdienen, dass es für das ganze Jahr reicht. Allerdings muss man, wenn der monatliche Verdienst über 400 € beträgt, Steuern zahlen – zumindest erstmal. Bleibst du im gesamten Jahr unter dem Grundfreibetrag (8.004 € (8.130 €) im Jahr 2012 (2013), soll in Zukunft jährlich steigen) plus Werbungskostenpauschale von nochmal 1.000 Euro, bekommst du alle gezahlten Steuern mit der Einkommenssteuererklärung zurück.

Apropos Steuern: Hat man den Wunschjob erst einmal ergattert, darf man den Papierkram nicht vergessen: Du brauchst auf jeden Fall eine Steuer-Identifikationsnummer und solltest überprüfen, wie sich dein Verdienst auf deine anderen Geldquellen auswirkt: Das BAföG-Amt z.B. möchte nicht, dass du mehr verdienst als 4800 € brutto im akademischen Jahr und für die Familienversicherung gilt das gleiche. Bei der studentischen Krankenversicherung lautet die Ansage: Die Höhe des Einkommens ist egal, man soll sich aber bitte auf sein Studium konzentrieren, d.h. man darf während des Semesters nicht mehr als 20 Stunden pro Woche arbeiten. Aber zumindest in Sachen Kindergeld musst du dir keine Gedanken machen: Die Einkommensgrenze hierfür wurde zum 01. Januar 2012 abgeschafft.

BAföG

BAföG ist der Inbegriff der deutschen Studienfinanzierung. Es ist eine Sozialleistung und soll die Chancengleichheit im Bildungswesen erhöhen. Zur Hälfte wird es als „Geschenk" gewährt und zur Hälfte als unverzinstes Darlehen. Wenn du besonders schnell oder besonders gut durch die Uni gekommen bist, musst du sogar weniger als die Hälfte zurückzahlen. Und keine Sorge: Die Raten, die du später begleichen musst, sind an dein Einkommen angepasst und werden dich finanziell nicht an deine Grenzen bringen. Außerdem trudelt die Forderung nach Rückzahlung erst fünf Jahre nach Ende der Förderungshöchstdauer ein und kann auf Antrag noch weiter aufgeschoben werden, wenn du unter einer bestimmten Einkommensgrenze bleibst. Die Rückzahlung erfolgt wie gesagt in Raten. Wenn du allerdings den ganzen Batzen auf einmal aufbringen kannst, solltest du das tun: Dafür bekommt man nämlich einen Erlass von – je nach Rückzahlungsbetrag – nochmal bis zu 50 %.

Im Jahr 2010 bezogen nach einer Statistik des Bundesministeriums für Forschung und Bildung nur 25,8 % der Studierenden BAföG. Allerdings lag die Zahl derer, die Anspruch auf Förderung hatten, viel höher: 2010 wären das laut BAföG-Bericht nämlich stolze 71,2 %. Den BAföG-Rechner zu füttern lohnt sich also – selbst wenn du es nicht erwartest, springen ja vielleicht ein paar Euro dabei raus.

BAföG-Recher

www.bafoeg-rechner.de/Rechner
www.studentenwerk-goettingen.de
--> Studienfinanzierung --> BAföG --> BAföG-Rechner

Einen Anspruch auf BAföG hat jeder, der einen ersten grundständigen Studiengang an einer staatlichen Hochschule besucht (keine Angst, der Master gehört dazu) und dessen Eltern für den Lebensunterhalt nicht vollständig aufkommen können. Gerechnet wird mit deren Einkommensteuerbescheid von vor zwei Jahren. Sollte sich die finanzielle Situation der Familie aber substanziell verschlechtert haben, z.B. durch Arbeitslosigkeit eines Elternteils, so wird das auf Antrag berücksichtigt.

Apropos Antrag: Du musst alles belegen: Mietvertrag, Immatrikulationsbescheinigung, Kontoauszüge aller (!) Konten etc. Das steht aber auch in den Merkblättern, die es vom BAföG-Amt gibt. Nimm dir Zeit, den Antrag auszufüllen und frage gegebenenfalls bei dem für dich zuständigen Studentenwerk nach, die haben nicht umsonst Telefon- und Sprechzeiten. Alle Antragsformulare und Infos dazu findest du unter www.bafög.de --> Antragstellung

Wer schließlich alles zusammen hat, sollte auf Folgendes gefasst sein: Die Mühlen des BAföG-Amtes mahlen langsam. Wer zu den Stoßzeiten (also kurz vor Semesterbeginn) seinen Antrag einreicht, der muss mit einer Wartedauer von bis zu drei Monaten rechnen, bevor das erste Geld auf dem Konto eintrudelt.

Das BAföG muss jedes akademische Jahr neu beantragt werden und auch für die nachfolgenden Semester gilt: Der frühe Vogel fängt den Wurm und kann sich den nahtlosen Geldsegen sichern. Und nicht wundern: Den Bescheid erhältst du erst, wenn das Geld schon friedlich auf deinem Konto schlummert.

Grundsätzlich zahlt der Bund nur für die Dauer der Regelstudienzeit deines ERSTEN Studiengangs. Ausnahme: Wenn du bis spätestens zum Beginn des 3. Semesters den Studiengang wechselst, wird von vorne gezählt und du bekommst deine Förderung für die gesamte Regelstudienzeit des neuen Studiengangs. Zu Beginn des 4. Semesters musst du dann einen „wichtigen", danach sogar einen „unabweisbaren Grund" haben, um weiterfinanziert zu werden. Wenn du also merkst, dass Molekulare Medizin doch nichts für dich ist und die historische Anthropologie dich mehr reizt, dann solltest du dich zügig entscheiden. Denn bei allen späteren Wechseln werden die bisherigen Semester angerechnet. Mehr Infos gibt's hier: „Irren ist menschlich", S. 174.

Selbst wenn man aber bei einem Fach bleibt, kann es leicht passieren, dass man etwas länger braucht als vorgesehen. Das hat die unterschiedlichsten Gründe, aber bei manchen ist der Gesetzgeber großzügig und gewährt Verlängerung. So zum Beispiel bei Kinderbetreuungszeiten, Behinderung oder Mitarbeit in Uni-Gremien. Gehörst du nicht zur privilegierten Klientel, kannst du immer noch einen Studienabschlusskredit beantragen. Der wird ausgezahlt, wenn du innerhalb der nächsten zwölf Monate dein Studium abschließt – das musst du dir von der Uni bestätigen lassen. Dieser Kredit macht allerdings seinem Namen alle Ehre: Im Gegensatz zum normalen BAföG fallen hier Zinsen an – wenn auch relativ geringe – und man muss den Betrag komplett zurückzahlen.

Ein kleines Bonbon hat Vater Staat aber auch noch zu bieten: Gehst du während des Studiums, z.B. für einen Erasmus-Aufenthalt, ins Ausland, so bekommst du natürlich weiter BAföG. Aber vor allem bekommst du mehr: Es gibt einen Zuschuss für Hin- und Rückreise, für notwendig anfallende Studiengebühren, erhöhte Lebenshaltungskosten und eine Auslands-Krankenversicherung. Das heißt auch: Ein Antrag lohnt sich selbst für diejenigen, die sonst keinen Anspruch haben.

Stipendium

Etwa 3 % aller Studierenden in Deutschland werden laut der 19. Sozialerhebung des Studentenwerks durch ein Stipendium gefördert. Das klingt wenig, ist aber kein Grund, es nicht zu versuchen. Vor allem, weil man das gestiftete Geld komplett „geschenkt" bekommt.

Die besten Stipendien-Suchmaschinen

Die Suchmaschine des Bundesministeriums für Bildung und Forschung: www.stipendienlotse.de

Du lässt lieber suchen? Dann probiers auf www.mystipendium.de (kostenfrei und seriös, finanziert über Werbung)

Relativ neu und prominent beworben ist das „Deutschland-Stipendium". Es wird vom Bundesministerium für Bildung und Forschung vergeben, in Kooperation mit den Hochschulen und privaten Förderern, und soll irgendwann einmal 8 % der Studierenden zugute kommen. Die Förderung beträgt derzeit 300 Euro im Monat (einkommensunabhängig und wird nicht beim BAföG angerechnet!) für mindestens 2 Semester und höchstens bis zum Ende der Regelstudienzeit. Um in den Genuss dieser Zahlungen zu kommen, sollten von dir „herausragende Leistungen in Studium und Beruf" zu erwarten sein. Die Bewerbung und Vergabe laufen direkt über deine Uni, sofern sie sich am Programm beteiligt. www.deutschland-stipendium.de

Die meisten Stipendiaten werden jedoch von Stiftungen gefördert. Die Stiftungen, die man als erstes findet, sind natürlich die großen. Hier bilden sich jeweils politische und gesellschaftliche Strömungen ab. Es gibt parteigebundene Stiftungen, konfessionelle, eine gewerkschaftliche sowie die Stiftung der deutschen Wirtschaft. Diese Stiftungen verlangen verständlicherweise einen gewissen Identifikationsgrad mit dem eigenen Weltbild, allerdings muss man nicht jahrelang Messdiener oder Parteimitglied gewesen sein, um eine Chance zu haben. Ausschlaggebend ist bei allen die „Begabung", also der Erfolg in Studium oder Schule, und die Selbstpräsentation im Bewerbungsverfahren.

Die größten Stiftungen in Deutschland

Gemeinsame Seite der großen Stiftungen: www.stipendiumplus.de

Studienstiftung des deutschen Volkes : www.studienstiftung.de

Die Partei-nahen
SPD --> Friedrich-Ebert-Stiftung: www.fes.de
CDU --> Konrad-Adenauer-Stiftung: www.kas.de
CSU --> Hans-Seidel-Stiftung: www.hss.de
Grüne --> Heinrich-Böll-Stiftung: www.boell.de/studienwerk
Die Linke --> Rosa-Luxemburg-Stiftung: www.rosalux.de
FDP --> Friedrich-Naumann-Stiftung: www.freiheit.org

Die mit religiösem Bezug
Für die Katholiken: Cusanuswerk – Bischöfliche Studienförderung
www.cusanuswerk.de

Für die Protestanten: Evangelisches Studienwerk Villigst
www.evstudienwerk.de

Jüdische Begabtenförderung: Ernst Ludwig Ehrlich Studienwerk
www.ELES-studienwerk.de

Außerdem:
Stiftung des DGB: Hans-Böckler-Stiftung www.boeckler.de
Stiftung der Deutschen Wirtschaft www.sdw.org

Bewerbungsverfahren

Das Bewerbungsverfahren ist bei den meisten Stiftungen ähnlich aufgebaut. Man bewirbt sich mit Lebenslauf, Zeugnissen, einem Motivationsschreiben und gegebenenfalls auch einem unabhängigen Bericht zum ehrenamtlichen Engagement. Anschließend wird man zu einem Gespräch mit einem Dozenten eingeladen und es endet mit einem Auswahlworkshop. Ausnahme ist die Studienstiftung. Hier kann man sich nicht selbst bewerben, sondern wird vorgeschlagen. Natürlich kann man sich aber darum bemühen, vorgeschlagen zu werden.

Ist man genommen, erwartet einen je nach ökonomischer Lage der Eltern ein Zuschuss zum Lebensunterhalt (der orientiert sich an den BAföG-Sätzen) und/oder Büchergeld. Letzteres ist nicht zu verachten und man bekommt es auf jeden Fall: Betrug es in früheren Jahren noch 80 Euro im Monat, sind es jetzt schon 150 und in Zukunft soll es schrittweise bis zu einem Betrag von 300 Euro erhöht werden. Trotz des akademischen Namens erhält man das Geld aber zur freien Verfügung, man kann damit also auch mal den Kühlschrank füllen. Gefördert wird wiederum analog zum BAföG über die Dauer der Regelstudienzeit. Allerdings ist es in den Stiftungen wesentlich leichter, eine Verlängerung zu bekommen, wenn man sie gut begründen kann.

Neben der finanziellen Förderung liegt den großen Stiftungen auch am ideellen Gewinn. In regelmäßig zu den unterschiedlichsten Themen stattfindenden Seminaren kann man munter diskutieren und hilfreiche Netzwerke knüpfen. Einige sind Pflicht, an anderen kannst du freiwillig teilnehmen.

Welche Anforderungen die kleineren Stiftungen stellen, ist sehr unterschiedlich. Hier kann der Studienort, das -fach, die soziale Situation oder der Geburtsort entscheidend sein. So gibt es zum Beispiel an der Uni Mannheim ein Stipendium für Waisen. Solche kleinen Stiftungen zu finden, deren Kriterien man erfüllt, ist natürlich schwer. Man sollte sich fragen, ob man irgendeinen „Sonderstatus" hat und entsprechend suchen. Im Übrigen gilt, was auch sonst im Leben nicht verkehrt ist: Augen und Ohren offenhalten und die Chance ergreifen, wenn sie sich bietet.

Ist die Bestreitung des Lebensunterhaltes gesichert, kann man trotzdem mal in die Bredouille kommen, ein bestimmtes Projekt oder einen Auslandsaufenthalt finanzieren zu müssen. Dafür gibt es spezielle Förderungsmöglichkeiten. Ist man einmal in eine Stiftung aufgenommen, bezuschussen die in der Regel auch Auslands- oder gar Forschungsaufenthalte. Hiervon unabhängig ist aber für Auslandsaufenthalte immer der Deutsche Akademische Austauschdienst (kurz DAAD) eine gute Adresse. Will man sich in der Endphase des Studiums nicht auch noch mit anstrengenden Jobs herumschlagen, sollte man sich schlau machen, ob nicht das Thema der Abschlussarbeit jemanden zur Unterstützung bewegen kann – auch für diesen Fall gibt es spezielle Stipendien.

Kredit

Der letzte Rettungsanker der Studienfinanzierung ist der Kredit. Können oder wollen deine Eltern dich nicht unterstützen, du hast aber auch keinen Anspruch auf BAföG (zum Beispiel weil du erst spät das richtige Studienfach für dich entdeckt hast), willst dir nicht den Rücken krumm arbeiten oder brauchst endlich mal Zeit für deine Hausarbeiten, solltest du dich schlaumachen.

Ein Kredit ist natürlich nicht ohne, denn er bedeutet erstens Rückzahlungsverpflichtungen und zweitens Zinsen. Du musst also in jedem Fall mehr zurückzahlen, als du bekommst. Die entsprechende Bank verdient an deiner Ausbildung mit und du gehst ein finanzielles Risiko ein. Wie immer, wenn man Geld verplant, das man nicht hat, sollte man vorsichtig zu Werke gehen.

Angebote für Studien- und Bildungskredite gibt es genug. Am weitesten verbreitet sind die der staatlichen KfW-Bank. Die vergibt sowohl einen Bildungskredit (läuft über maximal zwei Jahre) als auch einen Studienkredit (maximal sieben Jahre) und garantiert einen bestimmten Höchstzins für die nächsten 15 Jahre. Die Kredite der KfW-Bank werden von fast allen Studentenwerken und von vielen Banken vermittelt. Deutschlandweit sind auch die Deutsche Bank und die DKB sowie Bildungsfonds (hier zahlt man nicht die Darlehenssumme zurück, sondern einen bestimmten Prozentsatz seines Gehaltes) am Markt vertreten. Bei diesen Anbietern sind die Konditionen teilweise flexibler, so dass man höhere monatliche Auszahlungen bekommen kann oder auch mal einen ganzen Batzen zum Beispiel für einen Laptop.

Es gibt aber auch regionale Anbieter. Einige Sparkassen oder Universitäten könnten bei euch vor Ort das beste Angebot bereithalten. Umso mehr gilt: Konditionen vergleichen! Besonders hilfreich ist dabei der jährlich aktualisierte CHE-Studienkredit-Test. Das aktuelle Dokument kannst du hier downloaden: www.che-consult.de/studienkredittest

Auch bei Studienkrediten hat man eine Schonzeit, bevor man das Geld wieder zurückzahlen muss, die dauert aber nur zwischen 6 und 24 Monate. Und man kann mit diesen Krediten auch nicht unbedingt seine gesamten Lebenshaltungskosten decken. Beim Vergleich solltest du neben dem Zinssatz und der Höhe der monatlichen Auszahlung unbedingt die zusätzlichen Gebühren, die Karenzzeit (Zeit bis Rückzahlungsbeginn nach der letzten Auszahlung), die Rückzahlungsdauer und die Möglichkeit einer einkommensabhängigen Rückzahlung beachten.

Für die Spätberufenen unter euch: Du darfst bei Antragstellung deinen 31. Geburtstag noch nicht gefeiert haben und noch kein Studium abgeschlossen haben, sonst bist du gleich raus aus dem Spiel.

Generell ist zu raten, vorher das gesamte Spektrum an alternativen Finanzierungsmöglichkeiten auszuschöpfen. Denn es kann dir bei einem Studienkredit am Ende durchaus passieren, dass du 30.000 € bekommen hast und 45.000 € an die Bank zurückfließen.

Wohnen für Hilfe

Statt bei den Einnahmen aufzustocken, kann man auch versuchen, die Ausgaben zu drücken. Den größten Posten im studentischen Budget macht die Miete aus. Zum Glück gibt es das Projekt „Wohnen für Hilfe". Das existiert inzwischen in vielen Städten und wird organisiert vom örtlichen Studentenwerk oder Wohnungsbauamt.

Hier können Studierende bei älteren Leuten, Familien oder Menschen mit Behinderung einziehen, die Hilfe im Alltag benötigen und zahlen dadurch weniger oder keine Miete. Mehr Infos im Kapitel „Deine eignen vier Wände", S. 82 und unter www.wohnenfuerhilfe.info.

Besser gut versichert!

Mit Beginn des Studiums stehst du endlich auf eigenen Füßen. Das bedeutet aber auch, dass du Verantwortung für dich selbst trägst. Viele Versicherungen, die du zu Hause über deine Eltern „mitgenutzt" hast, musst du nun selbst abschließen. Aber dennoch besteht keine Notwendigkeit, gleich ein dutzend Verträge zu unterschreiben. In diesem Kapitel erfährst du, welche Versicherungen du auf jeden Fall abschließen MUSST und welche darüber hinaus vielleicht eine gute Idee sind.

Bevor du eine Versicherung abschließt ...

- Prüfe zuerst, welche Versicherungen du bereits hast! Das sind nämlich mehr, als du vielleicht denkst.

- Vergleiche die Tarife gründlich bezüglich Kosten und Leistungen. Eine gute Unterstützung dabei sind die unabhängige Beratung der Verbraucherzentralen und Tarifvergleiche von Stiftung Warentest.

Vermutlich bist du in einigen Fällen noch über deine Eltern mitversichert, auch wenn du nicht mehr zu Hause wohnst. Am besten, deine Eltern prüfen ihre aktuellen Versicherungsunterlagen und fragen kurz bei der jeweiligen Versicherung nach, ob der Schutz auch für ihr studierendes Kind gilt.

An der Uni bekommst du außerdem mit der Zahlung eines Sozialbeitrags für jedes Semester ein ganzes Paket an Versicherungen. In der Regel sind das eine gesetzliche Unfallversicherung und eine Haftpflichtversicherung in Zusammenhang mit deinen Tätigkeiten als Student an der Uni, aber auch eine Hausratsversicherung für Wohnheimbewohner, eine Garderoben- und Fahrradversicherung oder eine Freizeit-Unfallversicherung können dazugehören. Was an deiner Uni im Sozialbeitrag drinsteckt, erfährst du direkt beim Studentenwerk vor Ort.

Die Pflicht: Krankenversicherung

Die gesetzliche Kranken- und Pflegeversicherung ist in Deutschland eine Pflichtversicherung. Das bedeutet, jeder Bundesbürger muss bei einer Krankenkasse versichert sein – und du damit natürlich auch. Als Student, selbst mit eigenem Wohnsitz, bist du bis zur Vollendung des 25. Lebensjahres über deine Eltern kostenlos in der Familienversicherung mitversichert, sofern diese gesetzlich versichert sind. Allerdings darfst du neben dem Studium nicht mehr als 375 € im Monat (400 € bei geringfügiger Beschäftigung) verdienen und regelmäßig nicht mehr als 20 Stunden pro Woche arbeiten.

Sind deine Eltern Beamte, selbständig oder aus anderen Gründen privat versichert, musst du dich noch vor deiner Einschreibung an der Universität entscheiden, ob du in die gesetzliche Krankenversicherung wechseln oder privat versichert bleiben möchtest. Diese Entscheidung ist für dein gesamtes Studium bindend.

Wenn du in deiner privaten Krankenversicherung bleiben möchtest, musst du dich innerhalb der ersten drei Monate des Studiums von der Versicherungspflicht befreien lassen. Der Vorteil ist: Das Leistungsspektrum ist „dank Zweiklassenmedizin" deutlich größer und einen großen Teil der Beiträge zahlt die Beihilfe. Der Nachteil: Die Beiträge sind natürlich immer noch höher als bei der gesetzlichen Krankenkasse. Außerdem wird es nach dem Studium schwierig, denn in die gesetzliche Kasse wechseln kannst du erst dann, wenn du sozialversicherungspflichtig beschäftigt bist – und nach dem Studium kann schon mal einige Zeit vergehen, bis du einen Job findest. Dann sitzt du da mit deiner Privatversicherung, dein Versicherungsbeitrag wird neu bemessen und plötzlich zahlt keine Beihilfe mehr den Großteil davon. Also, überleg es dir gut.

Ab deinem 26. Geburtstag musst du dich aber auch als bislang Familienversicherter selbst versichern. Dann wirst du von deiner Krankenkasse automatisch in die studentische Krankenversicherung übernommen. Der Beitrag, den du monatlich entrichten musst, liegt derzeit (Stand: März 2012) bei 64,77 € und für die Pflegeversicherung bei 11,64 €. Dieser Satz wird jährlich neu angepasst und ist für alle gleich, egal bei welcher Kasse du bist. Eventuell bieten dir einige Kassen aber Vorteile, Prämien- oder Bonussysteme an, bei denen du Rückzahlungen erhältst. Andere Kassen erheben Zusatzbeiträge – nicht unbedingt im Sinne deines Portemonnaies.

Lässt du dir extra lange Zeit oder beginnst dein Studium erst zu einem späteren Zeitpunkt, musst du als zuvor gesetzlich Pflicht-Versicherter in eine freiwillige gesetzliche Krankenversicherung wechseln: Ab dem 14. Fachsemester bzw. dem 30. Lebensjahr fällst du nämlich aus der studentischen Krankenversicherung heraus. Deine Beiträge steigen dadurch deutlich, weil dann ein fiktives Einkommen von aktuell 851, 67 € bei der Beitragsbemessung zugrunde gelegt wird.

Die Kür

Private Haftpflichtversicherung

Irgendetwas passiert immer. Ob das die Schramme im Auto des Nachbarn ist, der Rotweinfleck im neuen Flokati deiner Mitbewohnerin oder die Flugeinlage des Kommilitonen-Laptops bei der Referatsvorbereitung.

Damit ein blödes Missgeschick nicht auch noch schmerzhaft teuer wird, solltest du unbedingt eine private Haftpflichtversicherung besitzen. Die übernimmt die Kosten, wenn du aus Versehen einen Schaden verursachst. Das gilt nicht nur für das Eigentum anderer, sondern auch, wenn jemand verletzt wird. Gerade in diesem Fall können die Schadens-Summen und Behandlungskosten riesig werden. Eine Haftpflichtversicherung sollte man deshalb unbedingt haben. Kümmere dich also um deinen Versicherungsstatus!

Die Tarife liegen für Studierende meist zwischen 40 und 90 Euro im Jahr, je nach Leistungsumfang.

Hausrats- und Fahrradversicherung

Klar ist dein Krempel alles, was du hast. Trotzdem sollte man genau überlegen, ob sich eine Hausratsversicherung lohnt. Häufig bist du sowieso über das Wohnheim oder deine Eltern noch mitversichert. Eine eigene Police abzuschließen ist nur dann ratsam, wenn deine Besitztümer nicht nur emotionalen Wert haben. Wenn dein brandneues Mountainbike plötzlich weg ist, ist die Verzweiflung doch deutlich kleiner, wenn dir eine Versicherung zumindest den Kaufwert erstattet. Wertvoller Familienschmuck könnte auch ein Grund sein, mal ein paar Tarife zu vergleichen.

Auslandskrankenversicherung

Wenn du für einige Zeit während des Studiums im Ausland bist, für ein Praktikum, ein Auslandssemester oder einen Forschungsaufenthalt, solltest du über eine Auslandskrankenversicherung nachdenken. Liegt dein Ziel-Land innerhalb der Europäischen Union, gelten zwar Sozialabkommen, die dir eine Gesundheitsversorgung vor Ort garantieren, allerdings ist das Leistungspaket im Ausland häufig kleiner, als du es von zu Hause gewöhnt bist.

Um hohe private Zusatzkosten und Kosten für einen eventuellen Rücktransport nach Deutschland zu vermeiden, kannst du eine zusätzliche Auslandskrankenversicherung abschließen. Die Monatlichen Kosten liegen je nach Leistungsumfang zwischen 25 und 50 €.

Berufsunfähigkeitsversicherung

Eine solche Versicherung springt ein, wenn du so schwer erkrankst, dass du deinen Beruf nicht mehr ausüben kannst. Weil sich die Beiträge von Berufsunfähigkeitsversicherungen nach deinem Status/Beruf zu Versicherungsabschluss orientieren, ist das Studium ein idealer Zeitpunkt für einen Abschluss. Du bist jung und gesund und erhältst daher günstige Konditionen.

Freu dich aber nicht zu früh: Selbst das bedeutet Beiträge zwischen 300 und 1000 Euro im Jahr. Lohnen kann sich das auf lange Sicht trotzdem, denn nach Berufseinstieg steigen die Beitragssummen für Neu-Verträge enorm – du zahlst dann aber weiterhin nur den geringen Beitragssatz. Vielleicht kannst du ja deine Eltern überzeugen, dass sie die Beiträge für die Zeit deines Studiums übernehmen?

Beim Abschluss einer Berufsunfähigkeitsversicherung solltest du den Vertragstext ganz besonders intensiv prüfen. Die Versicherer versuchen nämlich, möglichst viele Fälle auszuschließen. Gute Vergleiche und Tests liefert regelmäßig die Stiftung Warentest.

Tipp:

Unter diesem Link findest du das jeweils aktuelle Testergebnis der Stiftung Warentest zu Berufsunfähigkeitsversicherungen :

www.test.de --> Suche nach „Berufsunfähigkeit Student"

Um die Daten zu bekommen, musst du allerdings 2,50 Euro berappen.

Studentisches Wohnen

Du hast das Abi in der Tasche, den Studienplatz in greifbarer Nähe
und die Koffer schon fast gepackt? Beste Voraussetzungen für den Start
ins Studi-Leben! Aber ein kleines Detail solltest du dann doch noch
regeln: Irgendwo musst du schließlich wohnen. Und da gibt es dann
gleich viele unterschiedliche Modelle, wie man wohnen kann: Alleine,
zur Untermiete, in der WG, in der Innenstadt oder am Stadtrand, im
Wohnheim oder doch lieber mit sauberer Küche?

Die zentralen Fragen bei der Wohnungssuche sind immer die gleichen:
Wo, wie und mit wem? Hierüber kannst du dir gar nicht früh genug
Gedanken machen. Bei der Entscheidung für ein „Wie?" und ein „Mit
Wem?" sollen dir die folgenden Seiten behilflich sein – schließlich
haben alle Wohnsituationen ihre Vor- und Nachteile. Denkanstöße
zum „Wo?" und mögliche Wege dorthin findest du im Kapitel „Wohnungssuche".

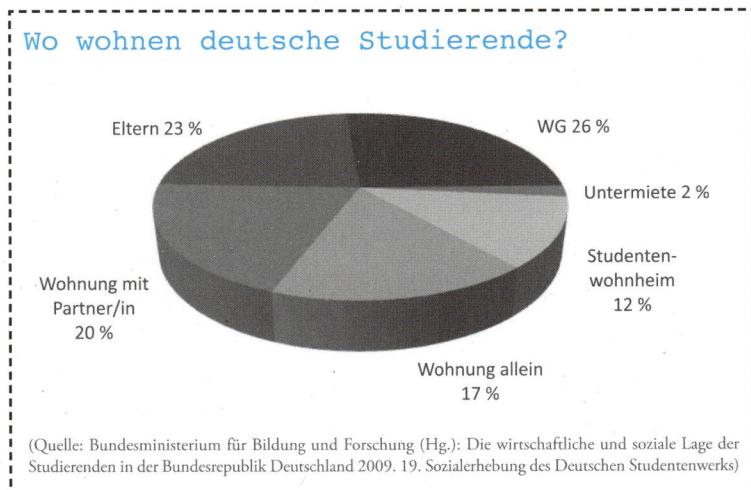

Wo wohnen deutsche Studierende?

Eltern 23 %

WG 26 %

Untermiete 2 %

Studenten-
wohnheim
12 %

Wohnung mit
Partner/in
20 %

Wohnung allein
17 %

(Quelle: Bundesministerium für Bildung und Forschung (Hg.): Die wirtschaftliche und soziale Lage der
Studierenden in der Bundesrepublik Deutschland 2009. 19. Sozialerhebung des Deutschen Studentenwerks)

Das Wohnheim

Wenn du auch außerhalb des Uni-Alltags gerne Kontakt zu deinen Kommilitonen haben möchtest oder aber gerne Leute aus anderen Fachrichtungen kennenlernen willst, das Gemeinschaftsleben magst und du auch in einer lebendigen Umgebung Ruhe zum Lernen finden kannst, dann bist du wahrscheinlich gut in einem Wohnheim aufgehoben.

Darüber hinaus bietet das Wohnheim noch diverse andere Vorzüge: Denn Wohnheim bedeutet „Flatrate-Wohnen". Die Mieten liegen oft unter denen auf dem freien Markt und beinhalten die kompletten Nebenkosten und manchmal sogar den Internetzugang. Angst vor der Nachzahlung? WG-Streit wegen der Kosten eines Vollbads im Vergleich zur Dusche? Sorge, wie man einen neuen Kühlschrank finanzieren soll? So etwas kennt der Wohnheimbewohner nur vom Hörensagen.

Allerdings verfügen auch nur die wenigsten Wohnheime über Bäder mit Badewanne. Dafür ist bei jedem größeren Problem gleich der Hausmeister zur Stelle und die meisten Zimmer sind schon möbliert oder teilmöbliert. Das spart Geld und ist äußerst praktisch – leider aber auch wenig individuell. Statt Stuck an der Decke und Parkettboden gibt's hier außerdem in der Regel PVC. Da ist der Wohnheim-Charme mitunter schnell zu farblos, die Möblierung zu eintönig, die Hausbewohner zu laut und die zusammengewürfelte Bewohnerschaft zu bunt. Denn deine Mitbewohner kannst du dir selten aussuchen.

Die Unterbringung in einem Wohnheim kann ganz unterschiedlich aussehen. Es gibt Mini-Appartements in denen die Studenten alleine leben, WGs oder Flur- bzw. Stockwerksgemeinschaften. Letzteres manchmal sogar noch mit Gruppenduschen ...

Und aufgepasst: Wohnheim ist nicht gleich Wohnheim! Viele Wohnheime werden vom Deutschen Studentenwerk (www.studentenwerke.de) betrieben, aber auch kirchliche Träger, Vereine, Verbindungen und private Anbieter bieten Plätze in Wohnheimen an. Bevor du in ein Wohnheim ziehst, solltest du mal die Ausführungen zum Leitbild des Trägers lesen, die auf den meisten Homepages der Wohnheime zu finden sind. Auch ein Blick in den Veranstaltungskalender eines Wohnheims kann dir helfen festzustellen, ob es sich hier um eine einfache Unterkunft handelt oder ob im Wohnheim Wert auf ein besonderes Gemeinschaftsleben gelegt wird – soetwas sollte dir dann schon liegen, sonst kann es in Stress ausarten.

Privater Wohnungsmarkt

Die Wohngemeinschaft

Nein, nicht alles ist zusammen schöner. Aber immerhin vieles! Das gilt auch beim Wohnen. Die WG ist neben dem Wohnheim wohl der klassischste Wohntyp für Studenten. Generell gibt es zwei Arten von WGs: Die Zweck-WG in der man halt zusammenlebt, weil es billiger ist, man aber am Abend gerne auch mal die Tür zumacht und die WG als Lebensgemeinschaft, in der man gemeinsam kocht und auch sonst seine Freizeit miteinander verbringt. Die Abstufungen dazwischen sind fließend. WGs gibt es in den unterschiedlichsten Größen, von der 1 zu 1 Situation bis zur Haus-WG mit teils unübersichtlicher Bewohnerzahl. Das WG- Leben kann eine tolle Gemeinschaftserfahrung sein, aber auch einfach nur anstrengend, je nachdem.

Aber auch, wenn nicht alle WGs unbedingt jeden Wohntraum erfüllen, so sind sie für einen Start in einer neuen Stadt doch auf jeden Fall praktisch. In eine bestehende WG einzuziehen, spart erstmal Geld, da von der Waschmaschine bis zum Eierbecher meist alles vorhanden ist. Laufende Kosten für Internet und Telefon werden gewöhnlich geteilt und auch Anbieterwahl und Anschlussprozedere hat schon jemand anderes durchlitten. Apropos Anschluss: Den findest du durch deine Mitbewohner in der neuen Stadt meist automatisch. Und die lebenswichtigen Infos zu Themen wie „der kürzeste Weg zum Supermarkt", „welches Mensaessen ist zu meiden", „wo geht abends was" usw. gibt's noch gratis obendrauf.

Klingt nach dem Land, wo Milch und Honig fließen? Vielleicht. Dann stellt sich aber die Frage, wer beides zahlt. Die meisten WGs haben dafür eine WG-Kasse, in die jeder Mitbewohner einzahlt und von der gemeinschaftlich Genutztes gekauft wird. Oft dann eben auch Milch und Honig, denn die will man schließlich nicht viermal im Regal.

Wenn du nun beides aus Solidarität zu Kühen und Bienen prinzipiell meidest, ist das zwar aller Ehren wert, zahlen wirst du's aber wohl trotzdem. Und auch, wenn du lieber Öko-, statt Atom-Strom willst, gern eine Waschmaschine von nach 2000 hättest und dich nicht nachts verängstigt vom Brummen des Kühlschranks im Bett rollen möchtest – du wirst dich wohl (zunächst) mit den Gegebenheiten abfinden müssen. Denn wer sich ins gemachte Nest setzt, muss auch erstmal damit klarkommen, wenn's hier und da piekst (Alles rund ums „WG-Leben" findest du ab S. 101).

Die eigene Bude

Ganz anders natürlich, wenn du dich fürs Alleine-Wohnen entscheidest. Dann wird nur gekauft, was du willst, es ist so sauber, wie du's magst (oder besser: machst), es ist Ruhe, wenn du sie brauchst und die Höhe der Nebenkosten hast du selbst in der Hand. Gesucht wird dann halt ein Appartement mit EBK (= Einbauküche!) und mit einem guten Buch wird auch der wöchentliche Ausflug zum Waschsalon zur Wellnessauszeit. Zwar ist der Aufwand ungleich höher: Angefangen bei der Wohnungsübergabe, über die Recherche günstiger Dienstleister für Strom, Internet, Telefon und TV, den Abschluss der entsprechenden Verträge und Kontrolle der Zahlungen, die Finanzierung und Beschaffung aller Möbel bis hin zum Umgang mit anfallenden Reparaturen. Dafür sparst du aber kraft- und zeitraubende Diskussionen und schaffst Gestaltungsfreiheit – zumindest in dem Maß, in dem du sie dir leisten kannst.

Apropos sich leisten können: Du solltest dir auch im Klaren darüber sein, was es im schlimmsten Fall heißt, auf 20 - 30 Quadratmetern zu leben: Wohnzimmer = Schlafzimmer = Küche = Flur, Sofa = Bett, Schreibtisch = Esstisch, der längste Weg geradeaus: 8 Meter, eher weniger. Vorteil: Verlaufen ausgeschlossen – selbst sturzbetrunken fällst du nicht am Bett vorbei. Nachteil: Willst oder musst du dich über längere Zeit in deinen tatsächlich nur 4 Wänden aufhalten, könntest du schnell das Gefühl bekommen, du drehst dich nur im Kreis. Stets mit Blick auf die Decke, die auf deinen Kopf zu fallen droht.

Demgegenüber bietet eine WG schon allein aufgrund ihrer Größe Vorteile. Zwar zahlst du auch dort nur für ähnlich viele Quadratmeter wie in einem Appartement, die gemeinschaftlich finanzierten und genutzten Räume, wie Flur, Küche und Bad, fallen aber wesentlich größer aus. Außerdem verbringst du dort sicher auch mal Zeit in den Zimmern der anderen und bekommst so eine Wohnung zum Preis eines Zimmers. Falls du anfällig für Knastkoller bist, solltest du dir also besser eine großzügige Wohnung leisten oder es eben doch mit der WG probieren.

Ob nun WG oder eigene Bude, es gibt kein Problem, das nicht zu lösen und keine Notlösung, die nicht schön zu reden wäre. Letztendlich hängt die Entscheidung also an deiner Antwort auf die alles entscheidende Frage: Die Vorstellung, du kommst nach Hause und es ist immer jemand da – ist das ein Versprechen oder eine Drohung?

WG mal anders: Hotel Mama

Alles schick, alles neu, Hauptsache frei sein und auf niemanden Rücksicht nehmen müssen! Wie? Das ist nicht deine Idealvorstellung vom Studentenleben? Unterstellungen beiseite: Natürlich ist der Durchschnitts-Student kein Soziopath. Und um gleich weiteren Vorurteilen vorzubeugen: Nicht jeder, der es vorzieht, während des Studiums im familiären Unterschlupf zu wohnen, ist ein unselbstständiger Langweiler. Wahrscheinlich ist er einfach nur clever, denn das Wohnen abseits von Studi-WG und Wohnheim bietet eine ganze Reihe von Vorteilen.

„Bei Mutti schmeckt's am besten!" Ja, Mutters Küche ist die beste. Aus studentischem Munde stimmt das fast immer, denn immerhin IST es eine Küche. Und so, wie sich Mahlzeiten unter elterlicher Obhut aus im Kühlschrank gewachsenen Lebensmitteln von selbst zuzubereiten scheinen, wandert auch die Wäsche auf geheimen Pfaden vom Fußboden in die Waschmaschine, auf die Leine und in den Schrank. Wovon der Normalstudent träumt, im Hotel Mama gehört es zum Service.

Aber auch abseits wattewolkiger Stereotype bietet das Wohnen bei den Eltern Vorteile, die Kommilitonen vor Neid erblassen lassen. Je nach Ausgestaltung zählen dazu die vergleichsweise niedrige Miete plus Nebenkosten und natürlich die Ersparnisse dadurch, dass daheim alles zu finden ist, was man zum Leben so braucht. Zudem kann das gewohnte soziale Umfeld eine wertvolle Stütze sein, wenn die erste Prüfungslawine alles unter sich zu begraben droht oder ein anderer der möglichen 1001 Notfälle eintritt.

Genau diese Vorteile können aber langfristig auch ins Negative umschlagen. Nämlich dann, wenn dir zu viel abgenommen wird: Du wirst nie mit einem Vermieter um die Rückgabe der Kaution streiten. Du wirst nie diskutieren, wie lange ein WG-Besucher bleiben kann, bevor ein Beitrag zu den Nebenkosten fällig wird. Du wirst nie rechnen müssen, ob du dir noch die Milch zum Müsli leisten kannst. Unter Mutters wachendem Auge wirst du nicht lernen müssen, dich selbst in den Hintern zu treten, wenn Schluderei in deinen Alltag einzuziehen droht und Klischees vom Studentenleben beginnen, deine Realität zu werden. Es entfallen x Schwierigkeiten, Notwendigkeiten und Kleinigkeiten, die zu beseitigen zwar Kraft und Zeit kosten, dich aber langfristig wachsen lassen. Solches Wachsen und Gedeihen ihres Sprosses erfreut wiederum auch die Eltern.

Apropos Perspektive der Eltern. Die ist – und das sei betont – bei der Abwägung des Für und Wider zu erfragen und doppelt schwer in die Waagschale zu werfen. Schön, wenn sie dich bei sich behalten, hegen und pflegen wollen. Irgendwann wirst du aber doch mal ausziehen müssen. Da ist ein Auszug auf Raten vielleicht die schonendste Variante. Andererseits kann man es Eltern nicht verübeln, wenn sie nach fast 20 Jahren beständiger Fürsorge dem Auszug des Sprosses mit einer gewissen Portion Vorfreude entgegensehen. Da solche Befindlichkeiten falsch verstanden schnell zu Unmut führen können, besprecht die Wohnungsfrage gezielt und vorbehaltlos, sobald das Studium in greifbare Nähe rückt.

Untermiete und „Wohnen für Hilfe"

Eine Alternative, die irgendwo zwischen der WG und der eigenen Wohnung steht, ist ein Zimmer zur Untermiete. Das wird oft von Familien und älteren Leuten angeboten, die entweder etwas Geld nebenbei verdienen möchten oder sich mehr Leben im Haus wünschen. Wie viel man miteinander zu tun hat, hängt vom Einzelfall ab.

Eine besondere Wohnform aus dieser Kategorie bildet das „Wohnen für Hilfe". Hier lebst du ebenfalls in einem familiären Kontext, musst aber deutlich geringere finanzielle Belastungen tragen. Dabei bieten Menschen Wohnraum an, für den keine (oder kaum) Miete gezahlt, sondern praktische Hilfe im Alltag geleistet wird. Dementsprechend kommen als Anbieter vor allem Senioren, Menschen mit Behinderung, junge Familien und Alleinerziehende in Betracht. Für dich heißt das etwa eine Stunde Hilfeleistung pro Quadratmeter pro Monat zzgl. der zu zahlenden Nebenkosten. Wenn man davon ausgeht, dass du ein Zimmer von vielleicht 15 bis 20 Quadratmetern beziehst, ist das gerade in sehr gefragten Uni-Städten ein verschwindend geringer „Preis".

Zudem erhältst du ein Stück von dem, was du zu Hause zurücklässt: ein Sozialgefüge bzw. eine Bezugsperson abseits vom Uni-Stress und den typischen Sorgen deiner Altersgenossen. Andererseits können deine Eltern beruhigt sein, weil sie wissen, dass du nicht irgendwo am anderen Ende Deutschlands in einem Zimmer versauerst oder im Gegenteil nur Partys feierst.

Den Anbietenden bringt es neben Hilfe beim Einkaufen, im Garten oder bei der Kinderbetreuung vor allem eine Bereicherung des Alltags durch deine bloße Anwesenheit. Wenn du also eigentlich nur darauf wartest, endlich mal bloß auf dich selbst gestellt, nur von dir abhängig und niemandem verpflichtet zu sein, dann ist das völlig okay. Aber dann nutz nicht „Wohnen für Hilfe", nur um an ein günstiges Zimmer zu kommen!

Sollte der Mix aus Studentenleben und „familiärer" Eingebundenheit aber etwas sein, das du dir für dich gut vorstellen kannst, erkundige dich auch hier rechtzeitig nach den Möglichkeiten in deiner gewünschten Uni-Stadt. Die Liste teilnehmender Städte ist zwar umfangreich, aber nicht allumfassend. Falls deine Stadt Partner des Projekts ist, informier dich bei den Vermittlern (i.d.R. Studentenwerk oder Stadtverwaltung) über die Modalitäten. Es werden Gespräche nötig sein, Fragebögen, eine Bewerbung, daraufhin wird ein Kennenlernen stattfinden und meist auch ein Probewohnen. Und schließlich wird auch ein Vertrag aufgesetzt werden, der die gegenseitigen Rechte und Pflichten festhält. Das alles reduziert die Risiken für beide Seiten, braucht

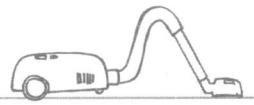

aber eben auch Zeit. Damit du am Ende nicht ganz ohne Unterschlupf ins Semester startest, erkundige dich rechtzeitig und hab nebenbei auch ein Auge auf den regulären Wohnungsmarkt. Mehr Infos zu „Wohnen für Hilfe" findest du hier: www.wohnenfuerhilfe.info

Das Verbindungshaus — die Lösung für schlaue Füchse?!

Falls dir Miete über Individualismus geht, kannst du nicht nur beruhigt ins Wohnheim ziehen, sondern auch das Leben in einem Verbindungshaus in Betracht ziehen. Dieses ist einerseits ziemlich günstig, setzt aber eben auch eine Mitgliedschaft in der entsprechenden Verbindung voraus und in vielen Fällen das männliche Geschlecht. Um erstere zu erlangen – letzteres solltest du schon mitbringen – vereinst du am besten gleich mehrere der Attribute, die der jeweiligen Ideologie der Verbindung entspringen.

Viele Verbindungen sind gelinde gesagt „konservativ", nicht wenige werden sogar offiziell dem rechten Spektrum zugeordnet. Es gibt aber auch „christliche" Verbindungen und reine Frauen-Bünde. Die ganz traditionellen Hau-drauf-Burschis findest du in den „schlagenden" Verbindungen, wo man sich für Zeitvertreib und „Ehre" mit urtümlichem Kampfgerät „Schmisse" zufügt. Häufigere Arztbesuche und eventuell sogar Krankenhausaufenthalte sind da einzuplanen – da weißt du also besser vorher, was du zu „zahlen" bereit bist.

Die Wohnungssuche

Wenn du entschieden hast, wie du wohnen möchtest, fängt der anfangs noch lustige, aber schnell sehr anstrengende Teil der Sache an: die Zimmer- bzw. Wohnungssuche.

Kurzinfo

Die Wohngemeinschaft

WG-Zimmer findest du am schwarzen Brett deiner Uni, in lokalen Zeitungen bzw. Anzeigenblättchen (am ehesten in denen mit kostenlosen Kleinanzeigen) oder im Internet:

www.wg-gesucht.de
www.wg-zimmer.de
www.studenten-wg.de
www.wg-liste.de

Zur Untermiete

Zimmer zur Untermiete findest du am besten in den Kleinanzeigen der örtlichen Lokalzeitung.

Die eigene Wohnung

Wohnungen werden im lokalen Kleinanzeiger oder auf Immobilienportalen angeboten:

www.immobilienscout24.de
www.immonet.de
www.immowelt.de
u.v.m

Tipp: auch mal bei www.wg-gesucht.de gucken! Denn hier gibt es mehr als der Name verspricht. Auch ganze Wohnungen oder gar Häuser werden angeboten.

Dein Platz im Wohnheim

Bei der Suche nach einem Platz im Wohnheim ist das lokale Studentenwerk die erste Anlaufstelle. Ein Verzeichnis aller Studentenwerke inkl. praktischer, interaktiver Deutschland-Karte findest du unter www.studentenwerke.de. Noch schneller geht es, wenn du mit „Studentenwerk" und dem Ort deiner Wahl eine Suchmaschine fütterst. Auf der Seite des jeweiligen Studentenwerks findest du normalerweise gleich einen nicht zu übersehenden Link zur Wohnungsvermittlung.

Am besten, du informierst dich schon frühzeitig: Ab wann kannst du dich bewerben? Auf welchem Weg? Und musst du für eine Bewerbung bereits immatrikuliert sein? Viele Fragen, die dir die Online-Präsenz des zuständigen Studentenwerks schnell beantworten wird. Solltest du beim ersten Versuch leer ausgehen, frag gleich, wann und wie nach Semesterstart die Zimmer verteilt werden, die zwar an andere Studenten vergeben, dann aber doch nicht in Anspruch genommen worden sind.

Auskünfte zu weiteren Wohnheimen anderer Träger erhältst du bei den Stadtverwaltungen deiner Wunsch-Städte (in der Regel gibt es Verzeichnisse auf den offiziellen Internetseiten der Gemeinde) oder direkt bei der Uni. In den Erstsemester-Info-Broschüren der Studierendenvertretungen findest du außerdem auch fast immer eine Auflistung aller Wohnheime deiner Stadt – nur bis du an dieses Heft kommst, ist es für eine aussichtsreiche Bewerbung zum ersten Semester meistens zu spät. Natürlich kannst du dich trotzdem auf die Warte-Liste setzen lassen; allerdings solltest du dann etwas für den (manchmal doch erheblich längeren) Übergang suchen.

Private Wohnungssuche

Die Möglichkeiten des freien Marktes sind vielfältig, aber manchmal sind die harten Fakten auch frustrierend. Nicht nur, dass du über unterschiedlichste Wege nach einer Wohnung oder einem Zimmer suchen kannst, auch Art und Anzahl möglicher Probleme sind hier vielfältig und immer wieder herrlich überraschend.

Eines gilt fast immer: Eine Wohnungssuche erfordert Engagement. Je nach Studienort hast du bei der Wohnungssuche nicht nur mehr oder weniger Auswahl, sondern auch mehr oder weniger Zeit. So würden sich in Leipzig vielleicht auch dann noch bezahlbare WGs in schicken Altbauten um dich reißen, wenn in Freiburg für denselben Preis auch schon die letzte Besenkammer vermietet ist. In vielen Universitätsstädten herrscht akute Wohnungsnot. Nicht dass es tatsächlich zu wenige Wohnungen gäbe, nein, es gibt nur zu wenige Wohnungen, die in ein studentisches Budget passen. Immer wieder hört man Geschichten von Studenten, die in Autos leben, in einer Garage hausen oder den örtlichen Campingplatz ihr Zuhause nennen müssen.

Damit du dein Studium aber nicht in Zelt, Wohnwagen oder einer miefigen Turnhalle beginnen musst, mach dich so früh wie möglich auf die Suche. Das ist natürlich leichter gesagt als getan, denn in der Mehrzahl der Fälle sucht sich der Nestflüchter einen Studienort, der mindestens so weit weg vom elterlichen Zuhause ist, dass man eben nicht einfach mal schnell hinfährt. Und dann muss man ja auch erst einmal wissen, ob man an der Uni überhaupt angenommen wurde. Um also möglichst wenig Zeit und Mühe an Wohnungs- bzw. Zimmer-Nieten zu verschwenden, besinne dich am besten zunächst auf die Wahl der Wohngegend:

Location, location, location!

Diese Weisheit englischer Immobiliengurus verdient durchaus Beachtung und ein Nachmittag ausgiebiger Online-Recherche oder gezielten Stadtführer-Studiums liefert erste Informationen dazu. Schau dir an, welche Stadtteile für dich wichtig sein werden – ob nun durch Uni oder Freizeitangebot. Sind deine Institute und (Fach-)Bibliotheken an einem Standort oder verstreut? Wo sind die meisten Kneipen, Clubs, die guten Sporteinrichtungen, Schachklubs oder Schrebergärten? – was auch immer für dich relevant ist. Wo bekommst du was für dein Geld – und wie sieht dieses Was aus? Welche Stadtteile haben die Szene, die zu dir passt?

Und dann brauchst du noch etwas ehrliche Selbsteinschätzung: Bus, Bahn, Auto, Rad oder gar die eigenen Füße? Was wird dich wohl am

ehesten von A nach B (und manchmal auch in die Uni) tragen? Wo findest du dafür eine günstige Anbindung?

Die Ergebnisse all dessen wirfst du zusammen und erhältst mit ein bisschen Glück und strategischem Geschick eine Auswahl passender Wohnviertel. Und mit noch ein bisschen mehr Glück und rechtzeitigem Bemühen hast du dann die Qual der Wahl.

Und was kostet das alles?

Diese Frage steht mit gutem Grund noch vor der eigentlichen Wohnungssuche. Denn du solltest vorher wissen, was du für dein Geld normalerweise bekommen kannst – und wo man dich über den Tisch ziehen will. Letzteres kann dir in WGs genauso passieren wie beim Makler. Also schnell einen neuen Begriff gelernt: „Ortsübliche Vergleichsmiete": Also, was kostet eine Wohnung/ein Zimmer bestimmter Größe und Ausstattung in deiner Uni-Stadt im Schnitt. Auskünfte erteilen die Homepages des Studentenwerks und der Stadtverwaltung. Wenn da nicht genug zu finden ist, ruf direkt beim Studentenwerk an. Oder wirf einen Blick in den Mietspiegel der Stadt (sofern es einen gibt, meist über die Homepage der Gemeinde zu finden). Diese Lektüre kann aber etwas anstrengender und komplizierter ausfallen – ein unangenehmer Vorgeschmack auf so manchen Text im Studium. Als kleine Vergleichsgrundlage findest du in unserer Tabelle die ungefähren Mieten ausgewählter Uni-Städte.

Das zahlt der „Normalstudent" für Miete und Nebenkosten in ...

München: 348 €	Münster: 281 €
Hamburg: 345 €	Kiel: 280 €
Köln: 333 €	Bielefeld: 267 €
Frankfurt a.M.: 328 €	Greifswald: 252 €
Mainz: 308 €	Leipzig: 236 €
Heidelberg: 301 €	Magdeburg: 236 €
Bonn: 298 €	Jena: 233 €
Freiburg: 294 €	Chemnitz: 210 €

(Quelle: Bundesministerium für Bildung und Forschung (Hg.): Die wirtschaftliche und soziale Lage der Studierenden in der Bundesrepublik Deutschland 2009. 19. Sozialerhebung des Deutschen Studentenwerks)

Deine eigenen vier Wände

Jetzt aber: Die Suche

Um die Auswahl an Optionen zu vergrößern (oder im schlechtesten Fall: zu schaffen), empfiehlt es sich besonders in gefragten Städten, nicht nur mit einer Strategie an die Wohnungssuche ranzugehen, sondern alle Kanäle parallel zu nutzen.

Internet-Portale

Manchmal ist das Einfachste das Beste. Diese Tatsache kommt dem gemeinen Studenten nicht nur bei der kulinarischen Selbstversorgung zupass, sondern auch bei der Wohnungssuche. Und was ist einfacher als noch im behüteten Heim den Computer anzuwerfen und bei Kaffee und Keks zu schauen, was der Markt so hergibt? Die Auswahl an entsprechenden Seiten ist groß und bietet neben den überregionalen Anbietern auch Portale, deren Portfolio nur Angebote aus einer Stadt umfasst. Um von der schieren Masse, die dir dort (hoffentlich) entgegenschwappt, nicht weggespült zu werden, solltest du dir im Vorfeld Gedanken zu einigen Eckpunkten gemacht haben, die deine Suche einschränken. Dazu zählen vor allem Wohnungstyp, Lage, Größe und Preis. Mit den Ergebnissen deiner Selbstbefragung fütterst du dann die Eingabemaske und bekommst – im besten Fall – eine Reihe passender Angebote. Klingt gut? Dann leg am besten gleich los!

DAS Portal für die Suche nach WG-Zimmer, kleiner Wohnung oder doch gleich einem ganzen Haus ist WG-Gesucht.de. Die Seite ist seit Jahren am Markt und wurde seither ausgefeilt und an die Bedürfnisse ihrer Nutzer angepasst. Hier findest du eine große Auswahl an Städten, Suchoptionen und vor allem Inseraten, die du dank eines klugen Aufbaus und leichter Bedienung ohne große Anstrengung sichten kannst. Über neue Angebote kannst du dich per Mail benachrichtigen lassen. Wissenswertes zu Themen wie Mietrecht oder Umzug gibt's noch oben drauf. www.wg-gesucht.de

Und sonst? Ja, die Liste an Portalen, die „Zimmer", „Student", „WG", „Wohnung" etc. (!) im Namen tragen, ist zwar fast endlos, damit aber auch ziemlich nutzlos. Wer ein WG-Zimmer anbieten möchte, nutzt meist WG-Gesucht.de und stellt es darüber hinaus vielleicht noch bei einem anderen Portal ein. Wiegst du Kosten und Nutzen einer Suche quer durch die Portale-Landschaft auf, kannst du daher getrost beim Marktführer bleiben. Eine Einschränkung des WG-Gesucht.de-Monopols bilden allerdings regional stark vertretene Portale. Um diese zu finden, lohnt sich eine Recherche, nachdem die Entscheidung für einen Studienort gefallen ist.

Mit etwas Glück findet deine Wohnungssuche auf diesem Weg ein rasches Ende. Aber auch eine eher beschränkte Auswahl ist bei frühzeitiger Recherche kein Grund zur Panik. Erstens rollen die großen Auszugswellen gewöhnlich erst irgendwann in den Semesterferien, zweitens kannst du immer auch deine Ansprüche anpassen und drittens gibt es auch noch weitere Recherchewege, die zwar beschwerlicher, dafür aber auch weniger ausgetreten sind.

Alte Schule ≠ Old School!

Das Prinzip Suchen/Finden wurde natürlich nicht erst fürs Netz erfunden. Schon damals, als die Telefone noch Drehscheiben hatten und Computer noch nicht ins Zimmer passten, ja, schon damals haben unsere Vorfahren ihren Mitmenschen Dinge angeboten oder welche gesucht. Einige Relikte aus dieser Zeit haben überdauert. Regionale Zeitungen und Anzeigenblätter beispielsweise haben häufig Anzeigenrubriken, in denen du auch nach Immobilien suchen kannst. Hier wird man vor allem bei Wohnungen fündig – seltener bei WG-Zimmern – und umgeht oftmals die lästigen Maklergebühren. Denn vermietet wird hier auch von privat an privat. Falls du nicht bereits in der Nähe deines zukünftigen Studienortes wohnst, schau mal online nach, denn viele Blätter haben den Sprung ins digitale Zeitalter schon geschafft.

Eine ebenfalls aus Print-Zeiten herübergerettete Nützlichkeit ist das Schwarze Brett. Solltest du also für einen Studien-Informationstag, allgemeine Formalitäten oder, auch beliebt, ein 5-Minuten-vor-Fristende-Unterlagen-Nachreichen in der Stadt deiner Wahl sein, halte Ausschau! Das Schwarze Brett findest du vor allem in Mensen, Uni-Bibliotheken, Institutsgebäuden und Gebäuden der universitären Verwaltung.

Hilfe vom Profi

In entscheidenden Phasen eines Studiums kann es passieren, dass man sich selbst nicht mehr zu helfen weiß. In solchen Situationen kann man entweder in Hysterie und Hoffnungslosigkeit verfallen oder sich Hilfe suchen. In einigen Hochschulstädten Deutschlands machen Erstis diese Erfahrung sogar schon, bevor das Studium überhaupt begonnen hat. So ist die Wohnungssuche keinesfalls nur in Städten wie Köln, Berlin oder München eine echte Herausforderung, sondern auch in Jena, Konstanz, Freiburg, Marburg, Greifswald … und so weiter. Da kann guter Rat teuer sein. So zum Beispiel der einer Maklerin.

Wenn du eine Wohnung zur Miete suchst, kann die ihr Geld aber durchaus mal wert sein … nein, das wäre vermutlich übertrieben, aber in manchen Städten ist es ohne Maklerin eben nicht besonders einfach. Und was sie in ihrem Portfolio hortet, findest du oft nirgendwo sonst inseriert. Zudem ist es ungeheuer entlastend, nicht selbst suchen zu müssen, sondern suchen zu lassen. Du sagst nur, was du dir vorstellst und erhältst (mehr oder minder) passgenaue Vorschläge in Form von Exposés. Bei Gefallen macht ihr einen Besichtigungstermin aus und danach bist du hoffentlich um eine Wohnung reicher – und um bis zu zwei Kaltmieten ärmer, denn so viel kann die Provision eines Maklers, die sogenannte Courtage, betragen.

Wenn eine solche Extrazahlung den Rahmen deiner Möglichkeiten zum Platzen bringt, erkundige dich doch mal nach Mieteigentum im Besitz der Stadt. Vermittlungsgebühren fallen dort nicht an und die Mieten sind meist auch nicht eben Wucher. Die Mieter in solchen Objekten können aber sehr gemischt sein, so dass du dir zum allseitigen Vorteil im Voraus im Klaren darüber sein solltest, ob sich dein Lebensstil mit dem junger Familien oder älterer Herrschaften verträgt.

Die Übergangslösung: Zwischenmiete

Solange du dir bei der Wohnungssuche Optimismus leisten kannst, wirst du wohl nach vier Wänden suchen, die du dauerhaft bewohnen kannst. Wenn das aber nicht klappt und die Hoffnung zu bröckeln beginnt, fasse deine Suche weiter und schau auch nach Zimmern oder Wohnungen zur Zwischenmiete. Zugegeben, beim Einzug schon den

Auszug vor Augen zu haben, steigert wahrscheinlich weder deinen Enthusiasmus noch den deiner potenziellen Mitbewohner. Dennoch sind vier Monate im Zimmer eines auf ERASMUS-Ausgeflogenen der Alternative ganz sicher vorzuziehen. Moment - welcher Alternative?

Wenn alles nichts nützt

Den Letzten beißen die Hunde ... oder die Kosten fürs Hostel. Damit du nach erfolgloser Suche nicht erst unter Obdachlosigkeit, dann unter Geldmangel und zum Schluss unter Obdachlosigkeit wegen Geldmangels leidest, hier noch zwei Last-minute-Tipps.

Die Notunterkunft

Wenn auch der letzte Strohhalm eine Niete war und das einzig verbliebene Fünkchen Hoffnung in der kalten Realität von Wohnraumknappheit und Mietwucher zu verglimmen droht, dann macht die Notunterkunft ihrem Namen alle Ehre. Leider gibt es sie nicht in jeder Uni-Stadt. Und wo es sie gibt, variieren die Konditionen erheblich. Solltest du auf einen Platz angewiesen sein, erkundige dich dazu bei deinem Studentenwerk oder der Stadtverwaltung.

... und dann gibt es ja noch Zelt und Wohnwagen

Ernst beiseite. Bevor es soweit kommt, werd nochmal selbst aktiv. Kennst du vielleicht jemanden, der jemanden kennt, der jemanden kennt ..., der ein freies Sofa oder ein Zimmer zur Zwischenmiete hat – oder wenigstens einen halbwegs sauberen Fußboden? Nutz Internetportale, Anzeigenblättchen, Regionalzeitungen und Schwarze Bretter nicht nur zur Recherche, sondern gib auch Gesuche auf. Notfalls beklebe Ampeln und Bäume oder trag deinen stummen Hilfeschrei als Text auf deinem T-Shirt. Tu alles, was nötig und nicht strafbar ist, denn besonders ein Wintersemester willst du nicht ohne vier gemauerte Wände verbringen!

Tipps, die bei der Suche helfen

Hier in aller Kürze noch ein paar Punkte, die du unabhängig vom Rechercheweg beachten solltest.

Ordnung ist die halbe Wohnungssuche

Behalte den Überblick! Es kann schon mal zu Tagen mit zehn Besichtigungen kommen. Da notierst du dir Kontaktdaten, „Merkwürdiges" und auch deinen ganz subjektiven Eindruck von Wohnung und Mitbewohnern besser sorgfältig und bewahrst all das so auf, dass du es auch dann noch findest, wenn man sich erst Wochen später bei dir meldet.

Kommunikation ist alles!

Hak nach! Du bist sicher nicht der größte Fisch an der Angel eines Maklers und WGs sind nicht eben für Ordnung und Strukturiertheit bekannt. Daher bring dich in Erinnerung. WGs vermittelt dies außerdem ernsthaftes Interesse und kann einen Gleichstand zwischen Bewerbern in einen Zuschlag für dich verwandeln.

Zeig dich!

Wenn du die Möglichkeit hast, zu besichtigen, tu's auch. Als der, den man nur über Skype kennt, hast du ziemlich schlechte Karten. Und so viel sei verraten: Unbesehen in eine WG zu ziehen, gibt zwar lustige Geschichten für die Verwandten, macht an sich aber oft keinen Spaß!

Ansprüche runter, Chancen rauf

Hohe Ansprüche bei studentischem Budget sind nahezu ein Garant für mikroskopisch kleine Chancen. Wenn du nicht mehr Miete zahlen kannst, tut's vielleicht ein kleineres Zimmer? Wenn im Zentrum nichts zu finden ist, wo gibt es etwas mit günstiger Verkehrsanbindung? Und muss es der In-Stadtteil sein oder reicht „interessant"?

Mach den Sack zu!

Wenn du dir sicher bist oder auf einem schwer umkämpften Wohnungsmarkt unterwegs, mach Nägel mit Köpfen, sobald du kannst.

Verlass dich bei WGs nicht auf mündliche Zusagen, sondern frag nach einem (Unter-)Mietvertrag. Sag, du brauchst ihn für den BAföG-Antrag oder deine Eltern für die Steuer – aber vermeide das Risiko einer Absage der Zusage, wenn alle anderen Züge schon längst abgefahren sind.

Umsonst ist nicht verloren

Wenn du schon früh mit der Suche beginnst, stößt du sicher auch auf Angebote, die verfügbar wären, bevor du umziehen möchtest. Vielleicht ist eines dabei, das es wert wäre, einen Monat umsonst zu zahlen, wenn die Alternative bedeutet, in Konkurrenz mit dem großen Ansturm zu stehen. Musst du ständig für erfolglose Besichtigungen anreisen oder letztlich die erste Zeit im Hostel überbrücken, sparst du weder Geld noch Stress.

Kleines Wohnungsanzeigen-ABC

ZKB - Wohnung besteht aus Zimmer(n), Küche, Bad. Vor dem Z steht oft eine Zahl, die die Anzahl der Zimmer zusätzlich zu Küche und Bad benennt. Steht da keine Zahl, gibt's leider nur ein Zimmer.

BLK, manchmal auch als ZKBB – es gibt einen Balkon (toll für laue Sommerabende!)

DG - Dachgeschoss (im Sommer extra warm)

EBK - Einbauküche (gut, wenn eine drin ist)

EG - Erdgeschoss (keine Treppen, aber ev. Vorhänge notwendig)

HH - Hinterhaus (i.d.R. kein Straßenlärm, aber auch wenig Licht)

KM - Kaltmiete (Nebenkosten kommen noch dazu)

KT - Kaution (das Geld siehst du bei Auszug hoffentlich wieder)

MM - Monatsmiete (in der Mehrzahl besonders gefürchtet in Verbindung mit den Worten „Provision" oder „Courtage")

NK - Nebenkosten (Heizung, Strom und eventuell noch einiges mehr)

NR - Nichtraucher (nicht immer nebensächliche Information) >>>

VHB - Verhandlungsbasis (da ist noch was drin)

Wfl. - Wohnfläche (sollte vorhanden sein)

WG - Wohngemeinschaft (steht häufig zwischen den Extremen „nicht WG-geeignet/keine WG!" und „sucht Mitbewohner")

WM - Warmmiete (inkl. Nebenkosten, trotzdem wichtige Frage: Was kommt noch dazu?). Manchmal heißt's auch Waschmaschine

Zi - Zimmer (eins, zwei, drei, vier, fünf, sechs ... wie viele dürfen es sein?)

(Alb-)Traum WG-Leben

Du hast dich durch Inserate gewühlt, Anfragen verschickt, schöne und sehr viel weniger schöne WGs besucht, literweise schlechten Kaffee getrunken und unzählige Male deinen geschönten Lebenslauf rezitiert. Oft warst du dem Aufgeben nahe. Doch dann kam er, der erlösende Anruf, die ersehnte Nachricht: die Zusage deiner WG, Glückwunsch!

Und: Klingelingeling. Aufgewacht und Augen gerieben – träumen kannst du nachts! Bei Tageslicht besehen hat nämlich jede WG auch ihre dunklen Ecken. Damit dein WG-Leben auch im Wachzustand eher traum- statt grauenhaft wird, folgt eine Zusammenstellung wahrhaft traditioneller Fehltritte, Stolpersteine und Tretminen, wie sie auf WG-Terrain flächendeckend lauern. Ein paar hoffnungsvolle Empfehlungen begleiten die Liste und sollen einen kleinen Beitrag dazu leisten, dass der gemeinsame Weg zumindest über die längeren Strecken ein Spaziergang wird.

Hauptmieter oder Untermieter?!

So, hier der trockene Keks vorneweg. Mietrecht und so. Macht selten Spaß und manchmal auch Ärger. Deshalb solltest du dir zumindest bei der Frage, ob du Haupt- oder Untermieter sein möchtest, klar sein – so sie sich denn stellt. Keinen Schimmer? Dann gibt's hier etwas Licht fürs Dunkel:

Der Hauptmieter schließt den Mietvertrag mit dem Vermieter. Das gibt ihm zunächst mal einige Rechte. Nach Genehmigung durch den Vermieter darf er Teile der Wohnung an weitere Personen untervermieten und die so entstehenden Mietverhältnisse auch wieder beenden. Andererseits ist er dem Vermieter gegenüber aber auch in der Pflicht. Und die umfasst alles: von der pünktlichen (!) Zahlung der gesamten (!) Miete über die Einhaltung der Hausordnung durch alle (!) Bewohner der Wohnung bis hin zur Haftung für Schäden. Kurz: Wenn was ist, ist er dran.

Es kann auch mehrere Hauptmieter in einer Wohnung geben. Solltest du dazuzählen wollen, nimm dir ein bisschen Zeit für das Kleingedruckte. Wer haftet wann, wie, wofür und für wen? Dies gilt insbesondere für eine eventuelle Bürgschaft deiner Eltern. Stell sicher, dass die im Notfall nicht für die Gesamtmiete einstehen müssen. Ziehst du irgendwann aus, dann tu dies auch auf dem Papier. Am besten, du gibst die Information selbst an den Vermieter weiter, und zwar schriftlich.

Die unbeschwertere Alternative ist normalerweise das Wohnen als Untermieter. Der hat den Vertrag oder eine Übereinkunft mit dem Hauptmieter. Auf diese Weise muss er sich zwar nicht mit dem eigentlichen Vermieter rumärgern, aber trotzdem mit dem Hauptmieter. Und auch das kann unter Umständen mal Schwierigkeiten bringen. Denn wo keine Pflichten sind, gibt's oft auch keine Rechte. Kündigt der Hauptmieter beispielsweise den Mietvertrag für die Wohnung, muss er den Untermieter zwar fristgerecht darüber informieren, der muss dann aber auch ausziehen – ohne auch nur den Hauch eines Anspruchs darauf, wohnen bleiben zu dürfen. Wenn's gut läuft und er beim Vermieter nicht durch irgendetwas in Ungnade gefallen ist, kann er als Hauptmieter den bestehenden Mietvertrag übernehmen oder aber mit dem Vermieter einen neuen abschließen, dann als Hauptmieter.

Kuschel- vs. Zweck-WG

In WG-Zimmer-Inseraten heißt es häufig ganz selbstverständlich: „Wir sind keine Zweck-WG". Dem folgt in der Regel eine variable, gern auch mal zweistellige Zahl von Ausrufezeichen, die dem Leser wohl geradezu allereindeutigstens signalisieren soll ... ja, was eigentlich? Dass man dort zusammenwohnt, ohne Grund, ohne zu wissen, warum und wozu? Nicht sehr vertrauenserweckend!!!!!!!!!! Und zudem wohl auch nur selten der Fall. Häufiger wird das ach so böse Bild der Zweck-WG bemüht, um zu signalisieren, dass man nicht nur des schnöden Mammons wegen eine Wohnung teilt, sondern um gemeinsam zu kochen, zu quatschen, ins Kino zu gehen und alles andere zu tun, was gute Freunde eben so machen.

Falls dir Freundschaft auf Kommando aber wider aller Erwartung nicht liegen sollte und du eigentlich „nur" eine WG mit ganz „normalen" Mitbewohnern suchst, lass dich von solchen Ausführungen nicht einschüchtern. Oft genug entspringen sie einer überhitzten Phrasendreschmaschine, sind eher sacht an die Wahrheit angelehnte Eigenwerbung oder Ausdruck momentan gänzlich unerfüllter Wünsche. Manche meinen es aber tatsächlich ernst und veranstalten dann endlose Bewerber-Castings, immer auf der Suche nach der eierlegenden Wollmilchsau, die bloß keinen Wunsch von niemandem offen lässt. Perfektion ist aber erstens schwer zu finden und zweitens ziemlich einschüchternd.

Das gilt übrigens auch umgekehrt: Wenn du dich auf die Suche nach einer WG begibst, mach dir vorher klar, was sie leisten soll und kann. Natürlich sollte die Chemie stimmen, selbstverständlich wären gemeinsame Interessen toll und ganz ohne Zweifel wäre es günstig, wenn Menschen, die sich eine Wohnung teilen, auch gern Zeit miteinander verbrächten.

Den Maßstab „Freundschaft" an einen Mitbewohner in spe anzulegen, ist aber unfair, unrealistisch und in der Mehrzahl der Fälle unbefriedigend. Mit etwas im Zaum gehaltenen Erwartungen gelingt die Entwicklung vom Mitbewohner zum Freund aber erfreulich oft. Der Weg von der (postulierten) Kuschel-WG zu einem wohlgesonnenen Nebeneinander verläuft dagegen nie reibungslos und glückt überhaupt nur selten. Überraschender und entspannter lebt es sich daher mit der Devise: Alles kann, ein Mindestmaß muss – für beide Seiten.

Mit Freunden zusammenziehen?

Hach ja. Was Paaren der Heiratsantrag, ist Freunden die Frage nach der gemeinsamen Wohnung. Sie adelt die bisherige Beziehung und verspricht, dass sie noch lange und mit Hingabe weitergeführt werden soll. Wunderbar, wenn man jemanden hat, mit dem man so etwas teilen kann!

Wie hoch war gleich die Scheidungsrate in Deutschland? Böse Zungen, schweigt! Es kann tatsächlich toll sein, mit Freunden zusammen zu wohnen. Wie manchmal für die Eheschließung, gibt es aber auch für die WG-Gründung von Freunden ziemlich zweifelhafte Motive. Und dann kann das gemeinsame Glück ein überraschend jähes Ende finden. Daher Achtung, wenn einer von euch meint, zusammenziehen zu wollen, weil …

... er glaubt, mit Freunden erspart man sich Konflikte.

Seit Jahren seid ihr Freunde, seid als eingespieltes Team durch dick, dünn und so manch anderes gegangen. Was sollte euch auseinanderbringen? Wie wär's mit Mülltürmen auf den Eimern, Bartstoppeln im Waschbecken, schon ewig herumstehendem Geschirr? Solche Probleme hast du zwar mit jedem Mitbewohner – die Diskussionen darüber laufen mit „Fremden" aber auf einer sachlicheren Ebene und sind somit schneller erledigt. Freunde reagieren häufiger emotional. Zudem bringt ihr einiges mehr an Erwartungen, Altlasten und Machtgefüge mit in euer neues Leben – und damit viel Nährboden für Konflikte, die du mit unbekannten Mitbewohnern zumindest vorerst nicht hättest.

... er Angst hat, keinen Anschluss zu finden.

Mit einem Studium beginnst du einen neuen Lebensabschnitt, zu dem es auch gehört, sich in einem neuen Umfeld zu behaupten. Darauf darf man sich freuen. Das müssen auch und besonders Freunde akzeptieren. Die Freundschaft aufrecht zu erhalten, aber in verschiedenen WGs zu wohnen, verbessert eure Chance, euch schnell einen Freundeskreis aufzubauen, da ihr durch die vielen neuen Mitbewohner gleich mehr Leute kennenlernt. Und hey, was verliert ihr denn? Zu Schulzeiten habt ihr schließlich auch nicht zusammengewohnt und seid trotzdem Freunde geworden.

... er meint, der andere erwartet das.

Wenn ihr über solche Fragen nicht offen sprechen könnt, ZIEHT NICHT ZUSAMMEN! Zeigt sich, dass der andere die WG-Gründung tatsächlich erwartet und dir bei einer Absage tödlich beleidigt den Rücken kehrt, dann lauf ihm nicht nach. Er wäre als Mitbewohner mindestens so miserabel wie als Freund.

Und damit's doch klappt?

Wenn es darauf eine Antwort gäbe, würden Scheidungsanwälte höchstens Polo fahren. Grundsätzlich ist es aber ganz zuträglich, die eigenen Erwartungen realistisch zu halten. Und realistisch heißt: Mit Freunden statt Fremden zu wohnen ist manchmal leichter und meistens schwerer.

Vom (Un-)Sinn eines Putzplans

Nein, natürlich nicht! Ihr seid da ganz anders. Organisiert, engagiert, rücksichtsvoll, zuvorkommend und umsichtig. Wozu solltet IHR einen Putzplan brauchen?! Das ist was für die anderen. Bei euch gilt „kein Gang umsonst" – jeder, der aus der Wohnung geht, schaut, ob er Müll mit nach unten nehmen kann. Und tut dies dann auch! Ihr hinterlasst stets alles so, wie ihr es vorgefunden habt. Und wenn das mal nicht klappt, räumt, wascht und putzt ihr euch auch gern mal gegenseitig hinterher; jeder dem, der gerade so fürchterlichen Stress hat. Fegen und Wischen von Flur, Bad und Küche? Das ist für euch nur die selbstverständliche Fortsetzung des Putzens im eigenen Zimmer. Ist doch eh alles ein Abwasch!

Glückwunsch! Damit seid ihr spektakulärer als ein Exemplar einer für ausgestorben gehaltenen Tierart – denn von der wusste man, dass es sie zumindest mal gegeben hat. Ihr dagegen seid der Beweis für eine bisher nur hypothetisch angenommene Erscheinung, gerade so, wie man die Existenz richtig guten Mensaessens vermutet, sie aber bisher nicht nachweisen konnte. Du als Leser hast nun die Wahl: Du kannst das Buch zur Seite legen, aus deinem wohlgeordneten Zimmer über den gewienerten Flur gehen und deine ordnungsliebenden Mitbewohner fragen, ob ihr euch in der blitzeblanken Küche auf eine Kaffeerunde mit anschließendem Abwaschen einfinden möchtet. Oder du liest weiter und lernst, womit sich – pardon – normale WGs herumschlagen.

Die Wurzel(n) des Übels

„Wenn's unordentlich ist, macht doch 'nen Putzplan!" Mit seinem Anspruch auf Allgemeingültigkeit ist dieser Vorschlag in etwa so nützlich, wie der Rat, bei Schmerzen eine Aspirin zu nehmen. Kann helfen, muss aber nicht. Um die Chancen auf Linderung tatsächlich zu verbessern, braucht's vor der Kur eine gründliche Anamnese. Bei Schmerzen macht die der Arzt. Bei Schmutz ist deine Einschätzung gefragt. Mach dich aber am besten gleich darauf gefasst, dass nicht jeder Patient kooperativ ist und du vielleicht die eine oder andere bittere Pille verteilen musst. Versucht außerdem einen kühlen Kopf zu bewahren. Zugegeben, schmutziger aus der Dusche herauszukommen, als man reingestiegen

ist, kann auf Dauer die Laune trüben. Andererseits ist über Wochen aufgestauter Ärger für eine Konsensbildung selten förderlich. Falls es hilft: Niemand macht die Wohnung schmutzig, nur um dich zu ärgern. Und falls doch, ist mangelnde Sauberkeit noch euer geringstes Problem.

Normalerweise hängt es schlicht an fehlender Koordination, mangelnder Initiative, (vermeintlichem) Zeitmangel oder wohlwollendem Ausblenden. Bei all diesen Ursachen kann ein Putzplan tatsächlich helfen. Er koordiniert die Dienste und „erinnert" an ihre Erledigung. Er bezieht jeden verantwortlich mit ein und verleiht Diskussionen über fehlende Mitarbeit eine greifbare Grundlage.

Es soll aber auch Leute geben, die, wenn's ans Putzen geht, ungeheuer faul sind. Oder solche, denen (Un-)Ordnung gänzlich gleichgültig ist. Und wieder andere haben eine Vorstellung von Sauberkeit, die man unter größtem Wohlwollen gerade noch als innovativ bezeichnen könnte. Im schlimmsten Fall vereint eine Person all diese Dinge auf sich. Im allerschlimmsten Fall wohnt sie mit dir zusammen. Und jenseits des Superlativs bist du in deiner WG der ganz und gar einzige, der in dieser Frage „noch ganz sauber ist". In diesem Fall hast du wirklich schlechte Karten.

Findet sich aber doch eine ordnungsliebende Mehrheit, könnt ihr dem Schmutzfink mit viel Empathie und rhetorischer Finesse darlegen, dass eine Wohnung so sauber sein sollte, dass sich jeder Bewohner in ihr wohlfühlt. Ihr könnt mit großem Eifer alles putzen, eine Führung veranstalten und anhand des praktischen Beispiels zeigen, was „sauber" in eurer Vorstellung bedeutet. Und ihr könnt hoffen, dass all das fruchtet. Erzwingen könnt ihr's langfristig nicht, schon gar nicht mit einem Putzplan, der von so manchem, wenn überhaupt, als Wand-Deko wahrgenommen wird.

Und damit: Zur Erstellung eines Putzplans

Regel Nr. 1 ist die einzige und wichtigste überhaupt: Erstellt ihn zusammen! Erstens stutzen die Putzunwilligen durch ihre bremsenden Einwände allzu ehrgeizige Ansprüche und machen den Plan so alltagstauglich. Und zweitens kann sich danach keiner damit rausreden, dass

er sich keinem Plan verpflichtet fühlt, den er nicht mitgestalten konnte. Für die Ausgestaltung gibt es verschiedene Varianten, die sich je nach WG-Größe und -Zusammensetzung anbieten.

Der Klassiker: Das Rotationsprinzip

Ihr macht eine Sammlung der Dienste, die in eurer Wohnung wöchentlich anfallen. Manches (Altglas, Altpapier) muss vielleicht auch nur alle 2 Wochen erledigt werden. Die Dienste verteilt ihr dann auf so viele Posten, wie die WG Bewohner hat. Dann geht's ans Basteln. Um ein Rotationsprinzip zu visualisieren, bietet sich natürlich etwas Drehbares an. Bewährt haben sich zwei runde, aufeinander liegende Pappscheiben unterschiedlicher Größe, die in der Mitte mit einer Musterklammer verbunden sind. Auf jede der Scheiben malt ihr so viele Tortenstücke, wie die WG Bewohner hat. In die Felder der einen Scheibe schreibt ihr die Namen der Bewohner, in die der anderen die Dienste. Voilá, fertig. Nun noch jede Woche eins weiterdrehen und tatsächlich putzen, schon ist der WG-Frieden ein Stück näher.

--> Gut geeignet für große WGs
--> Voraussetzung: Winkelmesser, mindestens 1 Bastelfreund

As you like it!

Wären Behauptungen wahr, nur weil sie über Generationen tradiert werden, dann würden Studenten höchstens dann mal einen Wassereimer in die Hand nehmen, um ihn sich nach alkoholreicher Nacht nebens Bett zu stellen. Das ist zwar auch ein wertvoller Tipp, um ungeliebtes Putzen zu vermeiden, insgesamt ist die Putzunfähigkeit und -willigkeit des gemeinen Studenten aber ein Klischee, für das sich durchaus auch Gegenbeispiele finden lassen. Solltest du mit ein paar solchen zusammenwohnen, unterhaltet euch doch mal, was jeder besonders (un)gern putzt. Vielleicht ergänzt ihr euch einigermaßen und schafft statt einem rotierenden Putzplan feste Verantwortlichkeiten für die einzelnen Bereiche. Zusätzlicher Vorteil: Was man gern macht, macht man auch besser. Eine gewisse Regelmäßigkeit solltet ihr dann aber doch vereinbaren, denn selbst, wer gern putzt, macht ganz viele andere Sachen bestimmt noch sehr viel lieber …

--> Geeignet für alle Größen
--> Voraussetzung: gemeinsame Standards in Sachen Sauberkeit

Für Vertrauensvolle: die Strichliste

Die Strichliste funktioniert denkbar einfach. Ihr erstellt eine Tabelle, die im Kopf eure Namen und in den Zeilen die einzelnen Tätigkeiten aufführt. Wer dann beispielsweise sieht, dass der Boden im Bad gewischt werden müsste, greift zum Mopp und gibt sich nach getaner Arbeit einen Strich bei „Bad wischen". Dröselt die Aufgaben ruhig fein auf. Wenn ein kompletter Badputz mit „Dusche", „Toilette", „Oberflächen", „Boden", „Waschbecken & Spiegel" fünf Striche wert ist und „Müll wegschaffen" einen, ist das doch einigermaßen gerecht. Aber Vorsicht: Es geht nicht darum, völlige Gerechtigkeit zu schaffen, in der keiner auch nur einen Handschlag mehr macht als der andere. Das ist ohnehin eine Zielsetzung, bei der der Frust gleich mitgeliefert wird. Ziel sollte sein, für alle eine Umgebung zu schaffen, in der sie sich wohlfühlen. Wenn sich einer also immer um den Müll kümmert und der andere lieber die Küche putzt – perfekt, so lange alles einigermaßen abgedeckt ist. Wenn einer aber dauerhaft kaum was macht, nehmt ihn für die Dienste in die Pflicht, die von euch ungern gemacht werden – vielleicht schafft das zukünftig mehr Proaktivität.

--> Geeignet für kleine bis mittlere WGs
--> Voraussetzung: Gemeinschaftsgefühl in der WG, Ehrlichkeit

Partyputzen

Ihr könnt das Putzen auch zum Event machen. Alle Türen auf, Musik an und dann auf die Möppe, fertig, los! Vorteil: zusammen macht's mehr Spaß, bzw. macht es überhaupt erst Spaß. Nachteil: Ein solcher Großeinsatz mit Discobeschallung setzt natürlich voraus, dass nicht einer gerade in seinem Zimmer über seinem Lernstoff brüten muss. Und auch sonst kann es auf Dauer schwierig werden, alle WG-Bewohner unter einen Hut zu bekommen. Und wenn ihr erst ewig nach einem Termin suchen müsst oder gar einen festen Wochentag dafür ausmacht, wird die spontane Spaßputzaktion ziemlich schnell zur nervigen Pflichtveranstaltung. Für gründliche Rundumschläge alle paar Monate ist dies aber eindeutig die unterhaltsamste Variante.

--> Geeignet für alle Größen
--> Voraussetzung: leidensfähige Nachbarn, hinreichende Überschneidung im Musikgeschmack

Die Notfallvariante: Putzen lassen

Wenn alles nichts hilft, ihr euch aber trotzdem mögt, müsst ihr a) lernen zu leben, ohne Unordnung und Schmutz zu erzeugen, b) damit klarkommen, dass ihr euch mit Freunden nur noch außerhalb eurer Wohnung treffen könnt oder c) putzen lassen. Diese komfortabelste aller Lösungen hat aber auch ihren Preis. Unter 8 Euro/Stunde wird's für eine so anstrengende Tätigkeit unfair. In teureren Gegenden bewegen sich die Stundenlöhne eher gegen 10 oder 12 Euro. Informiert euch, was üblich ist. Im Idealfall könnt ihr euch von Bekannten jemanden empfehlen lassen. Dann wisst ihr gleich, dass alles korrekt läuft, und welcher Stundenlohn euch erwartet. Wenn ihr nicht gerade jemanden von einer Firma bestellt, vergesst die Anmeldung bei der Minijob-Zentrale nicht – dann seid ihr auch rechtlich auf der sicheren Seite.

--> Bestens geeignet für einfach alle WGs
--> Voraussetzung: Einigkeit über die Finanzierung

Money, money, money

Beim Geld hört die Freundschaft auf. So heißt es und so ist es manchmal auch. Was aber, wenn sich das Finanzielle nicht gänzlich getrennt regeln lässt?

Miete und Nebenkosten

Sofern du nicht im Wohnheim wohnst, musst du dich mit deinen Mitbewohnern kurzschließen, wie Miete und Nebenkosten ihre Empfänger erreichen sollen. Die gängigste Lösung hierfür ist ein WG-Konto, das von einem oder zwei Bewohnern verwaltet wird. Darauf zahlen alle ihre Beiträge ein und von da wandern sie weiter auf das Konto von Vermieter, Telefon-Anbieter, Energieerzeuger usw. Damit eure Kontoverwalter nicht irgendwann genervt aufgeben, sollten alle Mitbewohner einen Dauerauftrag einrichten, so dass das Geld immer pünktlich überwiesen wird.

Verbrauchsgüter

Wenn drei, vier, fünf oder mehr Menschen sich eine Wohnung, eine Küche und einen Kühlschrank teilen, teilen sie meist auch ein Problem: Wohin mit dem ganzen Zeug? Da könnt ihr entweder einen zweiten Kühlschrank anschaffen, das ist dann sowohl ökologisch als auch finanziell eher ungünstig. Ihr könnt aber auch auf einen zweiten Stromfresser verzichten, wenn ihr euch die Grundnahrungsmittel teilt. So spart ihr im Idealfall nicht nur Platz, sondern – weil erfahrungsgemäß weniger verdirbt – auch noch etwas Geld.

Damit es funktioniert!

Voraussetzung 1
Eine Einigung, was alles zum WG-Einkauf zählen soll.

Voraussetzung 2
Ein Stift, um zu markieren, was mit WG-Sachen verwechselt werden könnte, aber selbst gekauft ist. (Klingt banal, soll aber schon Leben gerettet haben.)

Voraussetzung 3
Eine Einigung, wer wie wann einkauft – als Wochendienst, fester Dienst, von jedem bei Bedarf …

Voraussetzung 4
Eine Einigung über die Finanzierung.

Als Finanzierungsmodell haben sich drei unterschiedliche Varianten bewährt:

Die Kasse

Bei überschaubaren WGs und auf das Notwendigste reduzierten Einkäufen reicht oft eine einfache WG-Kasse. In die zahlen alle monatlich bzw. bei Bedarf einen Betrag ein. Wer etwas für die WG kauft, das zu den vereinbarten Dingen zählt, wird (gegen Vorlage des Bons) daraus entschädigt. Ob dafür ein Schraubglas in der Küche reicht oder einer eine tatsächliche Kasse hüten und verwalten soll, müsst ihr individuell entscheiden.

Das Konto

Bei großen WGs oder umfangreichen Einkäufen macht eine Kasse mehr Umstände als sie Vorteile bringt. Also eröffnet lieber gleich ein zweites Konto, das wie das Mietkonto von ein oder zwei Mitbewohnern verwaltet wird, und auf das alle einzahlen. Der WG-Einkauf kann dann mit Karte bezahlt werden. Nutzt dafür keinesfalls das Mietkonto! Schluderei bei der Bezahlung des Einkaufsgeldes kann sonst die Zahlung von Miete und Nebenkosten gefährden.

Die Strichliste

Den geringsten Aufwand verursacht die Strichliste. Hier erstellt ihr eine Tabelle mit euren Namen und allen Sachen, die für die WG zur Verfügung stehen sollen. Wer etwas davon kauft, macht sich dann einen entsprechenden Strich. Einigt euch besser vorher, bei welchen Produkten es Marke sein soll und bei welchen günstig gut genug ist. Vorteil: Im Gegensatz zur Kassenvariante zeigt sich so schneller, wer immer wieder was mitbringt und wer lieber mitbringen lässt.

Gebrauchsgüter

Von der Bratpfanne bis zur Waschmaschine: Die Anschaffung von Gebrauchsgütern ist immer wieder ein heikles Thema. Wirklich bewährt hat sich dafür bisher nur ein Ratschlag: Erst klären, dann kaufen! Das Schwierigere von beidem ist gewöhnlich das Klären. Aber vielleicht tut's ja schon eine der folgenden Varianten:

Meins, deins

Die einfachste Variante: Wer etwas kauft, dem gehört es auch. Kauft also jemand eine Waschmaschine, nimmt er sie beim Auszug entweder mit oder verkauft sie bei gegenseitigem Einverständnis an die WG. Voraussetzung: Alle gehen mit den Dingen so sorgfältig um, wie der Pfleglichste, der etwas beigesteuert hat. Zudem sollte man ein gutes Gedächtnis mitbringen, denn im besten Fall hält die WG ja ein paar Jahre.

Ausbezahlung mit Wertminderung

Beispiel: Ihr gründet eine WG. Zusammen kauft ihr einige Dinge, die auch bei einem Auszug einzelner Bewohner in der WG bleiben sollen.

Ihr könnt dann vereinbaren, dass ein Mitbewohner bei Auszug einen Teil seiner Anschaffungskosten erstattet bekommt. Dazu bestimmt ihr entweder von vornherein einen pauschalen Wertverfall oder nehmt, wenn's soweit ist, Anzeigen vergleichbarer Gebrauchtgeräte als Maßstab. Die Kosten der Auszahlung trägt entweder der Nachmieter und ist dann am Eigentum gleichberechtigt. Oder die verbleibende Originalbesetzung der WG zahlt den Ex-Mitbewohner aus und bestimmt allein über den weiteren Verbleib der Sachen. Das ist nicht eben die unkomplizierteste Variante, aber einigermaßen gerecht.

Um die Rechnerei nicht bis ins Lächerliche zu betreiben, kauft nach Möglichkeit akzeptable Gebrauchtware. So ergibt sich ein Betrag, auf dessen Restwert man nach 4 oder 5 Jahren der Mitnutzung ohnehin getrost verzichten kann.

Übergang in WG-Eigentum

Erlaubt ist, was gefällt. Und so funktioniert es in einigen WGs durchaus, Sachen von vornherein für die WG zu kaufen, ohne irgendwelche Ansprüche daran behalten zu wollen. Wenn du das etwa im anfänglichen WG-Optimismus avisiert, solltest du deine Ausgaben dafür aber unbedingt auf das Nötigste beschränken. Denn sollte es doch einmal zur Trennung im Streit kommen, hast du wenigstens an Geld nicht viel verloren.

Gemeinsame Räume

Ohne gemeinsame Räume ist es schwer, ein gemeinsames Leben zu gestalten. Gemeinsamkeit kann aber auch in Genervtheit umschlagen, wenn's bei der Ausgestaltung des Miteinanders hapert. Daher im Folgenden ein paar Anregungen zur WG-Etikette in Gemeinschaftsräumen.

Wohnzimmer

Die wenigsten haben eins, umso mehr solltet ihr's schätzen. Nur bitte nicht zu wörtlich verstanden! Ja, auch ein Wohnzimmer ist zum Wohnen da – aber nicht für all seine Facetten. Wenn du gern exzessiv Com-

puterspiele zockst, dabei Kette rauchst und die Pizza immer griffbereit brauchst – genau dafür hast du ein eigenes Zimmer. Im Wohnzimmer haben die Dinge Vorrang, die gemeinschaftlich sind. Ein paar Stunden in der Runde zusammensitzen – das geht nun mal nur dort ...

Küche

... oder in der Küche, wenn sie denn groß genug ist. Gerade in WGs ohne Wohnzimmer ist die Küche oft nicht nur ein Ort der Nahrungsmittelaufbewahrung, -zubereitung und -aufnahme, sondern auch soziales Zentrum. Und jede dieser Funktionen bringt ganz eigene Probleme mit sich:

Aufbewahrung

Lebensmittel wegzuwerfen ist schändlich. Es ist aber auch keine Lösung, sie in eurem Kühlschrank wohnen zu lassen, bis sie wieder zum Leben erwachen. Wenn also Äpfel braun und Marmeladen grün werden: trenn dich!

Zubereitung

Essen soll spektakulär schmecken; die Zubereitung darf aber ruhig eine Note Langeweile haben. Leider ist es oft umgekehrt: Da ist das Kochen ein Feuerwerk spritzenden Bratfetts unterlegt mit dem zischenden Sound von übergekochtem Nudelwasser in seinem Tanz auf Ceran. Eigentlich sollte so mancher Hobby-Koch nach Vollendung seines Werks gleich putzen. Aber davor kommt ja noch die wohlverdiente ...

Aufnahme

Oder anders gesagt: Dreimal kauen, dann satt, dann müde, dann Zimmer. Versuch wenigstens, deine Hinterlassenschaften noch so zusammenzuschieben, dass eine Benutzung der Küche möglich ist. Und nein, alles, wenn auch statisch einwandfrei, in der Spüle aufzutürmen ist nicht – und das sei betont – NICHT gleichbedeutend mit Küche aufräumen! Es rangiert vielmehr hinter „Müll stapeln, statt entsorgen" und vor „Gefrierfach vollhorten" ganz weit oben in den Top Ten der (un)beliebtesten Küchen-Unsitten.

Begegnungszentrum

Eine WG-Küche, die groß genug für drei Stühle oder gar ein Sofa ist, wird bei Bedarf schnell zum Wohnzimmer-Ersatz. Gut so! Denn eine Wohngemeinschaft ohne Möglichkeit, sich mal spontan zusammenzusetzen, hat auf Dauer ein Problem. Um Unmut zu vermeiden, sollte die Küche aber auch Küche bleiben. Wenn also beispielsweise Rauchen dort für euch generell ok ist, verzichtet vielleicht aber doch darauf, solange jemand isst. Und auch wenn's mal was zu feiern gab, wär's nett, wenn man am nächsten Morgen noch heil und trockenen Fußes an den Kühlschrank käme. Oder ihr tragt immer Sorge, dass jeder Mitbewohner ausreichend mitfeiert. Dann will am nächsten Morgen sowieso keiner Frühstück.

Bad

Damit das Bad nicht zur Nasszelle verkommt, hier die wichtigsten Etikette-Regeln und Empfehlungen zur Badbenutzung griffig versammelt:

1.) Die Klobürste wurde nicht erfunden, um durch ihre bloße Anwesenheit das Bad zu verschönern. Sie erfüllt einen Zweck! Bei augenscheinlichen Unklarheiten diesbezüglich kann eine Demonstration hilfreich sein.

2.) Anders als die Toilettenbürste ist Toilettenpapier ein von allen gern genutzter Artikel. Denk also auch an deine Mitbewohner, indem du eine neue Rolle nachlegst, wenn die alte aufgebraucht ist. Achtung: Aus erfindlichen Gründen zählt alles unter drei Blättern als aufgebraucht – ein Nachlegen erfordert also keine Sichtbarkeit der Pappe!

3.) Männer: Wenn ihr schon nicht sitzen wollt, zielt wenigstens! Oder macht direkt im Anschluss sauber.

4.) Unisex: Haare gelten mitunter schon an ihrem Wachstumsort nicht als uneingeschränkt kleidsam. Wenn sie dann aber noch im Bad verteilt liegen, sind sie in jedem Falle unansehnlich. Entsorgen! Achtung: Entsorgen bedeutet nicht im Abfluss zwischenlagern, bis jede Dusche zum Vollbad wird!

5.) Ein Badezimmerboden wird schnell mal nass. Das passt mit Straßenschuhen und schmutzigen Hauspantoffeln nicht zusammen. Es sei denn, man will den Baddienst mobben.

6.) Du musst den anderen nicht beweisen, dass du artig deine Zähne putzt, indem du plakativ die Überreste von Zahnpasta im Waschbecken verteilst. Sie glauben's dir sicher auch so.

Flur

Der Sinn eines Wohnungsflurs besteht darin, einen ungehinderten Zugang zu den einzelnen Zimmern der Wohnung zu gewährleisten. Dafür wurde er entworfen, gebaut und ausgestaltet. Tut ihm und euch einen Gefallen, indem ihr ihn seine Bestimmung erfüllen lasst! Dafür müsst ihr einfach nur beachten, dass er keine Fortsetzung des eigenen Zimmers ist: Taschen, Rucksäcke, Fahrräder, überzählige Möbel, Jacken für das ganze Jahr, die eigene Pfandflaschensammlung und all der Kram, den man schlicht nicht im eigenen Zimmer haben will oder unterbekommt – müll damit nicht den Flur zu, erst recht nicht ungefragt. Abgesehen von deinem Zimmer, ist er das erste und das letzte, was du täglich von eurer Wohnung siehst. Da sollte er keine Sperrmüllhalde sein, sondern Wohnraum.

Besuch

Besuch ist eigentlich schon ok. Uneigentlich aber nur dann, wenn er 1. einen erträglichen Charakter hat und 2. auch mal wieder geht. Was hier so hart klingt, ist gerade erst die eiserne Grundregel, die es bei der Bemessung der Verschmerzbarkeit eines geplanten Besuchs zu beachten gilt. Weitere ergeben sich in Abhängigkeit von der Art der „Heimsuchung".

Die lieben Eltern

Die meisten Menschen lieben ihre Eltern unvergleichlich und unumstößlich. Aber nicht zwangsläufig immer in deren Anwesenheit. Ob und wie lange du dir eine Stippvisite von Mutter oder Vater zutraust, obliegt daher vor allem deiner Einschätzung. Im Bezug auf die Besucher und die übrigen Bewohner gilt der Maßstab „gegenseitige Erträglichkeit". Wenn deine Mutter in jeder Ecke nach Schmutz sucht, ist das eine ebenso ungünstige Voraussetzung wie eine Wohnung, die vor lauter Chaos gar keine Ecken zu haben scheint. Wenn die Bedingungen stimmen, kann ein Eltern-Sleep-over für alle eine nette Sache sein. Wenn du aber Bedenken hast, lass dir eine plausible Ausrede einfallen und empfiehl freundlich, aber bestimmt ein Hotel. Das spart allen Stress und Enttäuschung.

Freunde

Gegenseitige Rücksichtnahme. Dieses oberste aller WG-Gebote gilt auch und besonders beim Besuch von Freunden. Klar ist es toll, wenn mal wieder frischer Wind in die Bude kommt. Wenn die Brise sich aber zum Sturm auswächst und plötzlich Party auf Prüfungsvorbereitung trifft, sind Auseinandersetzungen vorprogrammiert. Sprich also besonders den Besuch mehrerer Freunde vorher mit deinen Mitbewohnern ab.

Der Freund / die Freundin

Ein Thema, das schon bei längeren Besuchen von Freunden relevant werden kann, ist das der Nebenkosten. Bei Partnern kann das Thema aber schnell zum richtigen Problem werden, nämlich dann, wenn das traute Paar sich in der Wohnung des einen ungleich wohler fühlt als in der des anderen. Denn ungeachtet aller Romantik muss auch die Traumfrau mal aufs Klo. Und duschen. Und essen. Und Dreck macht sie auch. Da sollte der zugehörige Bewohner nicht darauf warten, dass sich die anderen zu einer Diskussion des Themas bemüßigt fühlen, denn bis dahin dürfte sich schon einiges an Unzufriedenheit aufgestaut haben.

Konfliktlösung

„Wer hat auf meinem Stühlchen gesessen?"
„Wer hat von meinem Tellerchen gegessen?"
„Wer hat von meinem Brötchen genommen?"
„Wer hat von meinem Gemüschen geknabbert?"
„Wer hat mit meinem Gäbelchen gestochen?"
„Wer hat mit meinem Messerchen geschnitten?"
„Wer hat aus meinem Becherchen getrunken?"
„Wer hat in meinem Bettchen geschlafen?"

Ja, ja. Selbst die märchenhaftesten WGs schlagen sich mit Allerwelts-problemen herum. Damit es in eurer Geschichte nicht auch irgend-wann zu vergifteten Äpfeln kommt, sprecht Probleme lieber nicht an und hofft stattdessen, dass der andere irgendwann selber mitkriegt, wie ignorant sein Verhalten ist. Wenn das zu lange dauert, schreibt ihm einen Zettel mit allem, was euch stört ... Nein, NATÜRLICH NICHT!

Wie kommt es aber, dass dieser Vorschlag in der Theorie völlig absurd wirkt, in der Praxis aber so oft praktiziert wird? Jedem ist klar, dass man ein Problem ansprechen sollte, um dann gemeinsam nach einer Lösung suchen zu können. Im besten Fall ist es danach aus der Welt. Im schlechteren Fall besteht es weiter, weil sich gezeigt hat, dass eine Lösung (im Moment) nicht zu finden oder umzusetzen ist. Selbst dann ist die Lage aber meist schon besser, weil das Bestehen unnötiger Pro-bleme mehr ärgert als das von unabänderlichen. Im schlimmsten Fall habt ihr euch verkracht. Dann ist die Diskussion entweder schon längst einmal überfällig gewesen oder einfach ziemlich dumm gelaufen. Um das Risiko für beides zu reduzieren, bitten folgende Punkte um Beach-tung.

Regeln für ein friedlicheres Zusammenleben

Regeln aufstellen
Schafft Regeln und Übereinkünfte für euer Zusammenleben. Schafft sie gleich, schafft sie zusammen und verhandelt sie neu, wann immer ein Mitbewohner wechselt. Und vor allem: Bildet euch nicht ein, dass sie immer eingehalten werden. Macht nichts, das ist normal und ein

Verstoß entwertet die Regeln nicht. Umgekehrt lassen sich Verstöße ohne Putzregelung, festgelegte Raucherbereiche oder Verabredungen etwa zu finanziellen Angelegenheiten gar nicht erst greifbar machen.

Routinen schaffen

Schafft eine Routine für den Umgang mit Konfliktpotenzial. Je größer die WG, desto wichtiger die Routine. Für die Umsetzung gibt es verschiedene Möglichkeiten. Denkbar ist ein Kummerkasten, in den jeder einen Zettel mit seinem Anliegen werfen kann. Zu einem festen Termin wird der Kasten geleert und jedes Thema besprochen. Vorteil ist hier, dass wirklich alle sich zu einem Problem äußern können und sollen. Das vermeidet Küchentisch-Konspiration und somit ein unnötig schlechtes WG-Klima. Falls ihr keine gemeinsamen Termine habt, verabredet welche, etwa eine WG-Konferenz in regelmäßigen Abständen. In jedem Fall sollte eine Gelegenheit geschaffen werden, bei der das Anbringen und Diskutieren von Problemen erwartet wird und somit ohne Hemmung möglich ist.

Probleme ansprechen

Sprecht Probleme an, solange sie noch Problemchen sind. Du ärgerst dich seit drei Wochen maßlos, dass ständig das Fahrrad deines Mitbewohners den halben Flur versperrt? Selbst schuld! Als du ihm dann endlich mal richtig die Meinung gesagt hast, hat er auf stur geschaltet? Kein Wunder! Die meisten WG-Streitigkeiten beginnen mit Banalitäten, die so lange hochgekocht werden bis es überschäumt. Spart euch die Sauerei.

Persönliche Konflikte nicht auf die Gemeinschaftsebene tragen

Tragt persönliche Konflikte nicht auf die Gemeinschaftsebene. Natürlich kann es auch mal zwischen zwei Mitbewohnern kriseln, ohne dass dies im eigentlichen Sinne die WG betrifft. Dann sollte die WG aber auch tatsächlich außen vor bleiben (dürfen) und sich nicht für Grabenkämpfe einspannen lassen.

Gegenseitiger Respekt

Zum Thema Streitkultur: „All I'm askin' is for a little respect when you come home." Schöner als Aretha Franklin es singt, kann man's nicht sagen. Und hinzuzufügen ist auch nichts.

Und wenn alles nichts hilft?
Dann ist das wohl so. Nicht alles kann passend gemacht werden. Und zu viel Anpassung des Einzelnen sollte eine WG weder erzwingen wollen noch müssen. Geschweige denn umgekehrt. Und hey, selbst Schneewittchen wohnt nicht für immer bei den Zwergen. Und das ist doch auch ganz ok so.

Studierenfür Anfanger
Lehrveranstaltungen

Am Anfang deiner Uni-Laufbahn ist es gut möglich, dass es dir erst einmal schwerfällt, den Überblick zu wahren. Da gibt es Seminare, Vorlesungen, Übungen, einen Studienverlaufsplan, eine Studienordnung, Vorlesungsverzeichnisse, eine Prüfungsordnung und, und, und. Aber was ist denn nun eigentlich ein Tutorium, was ein Proseminar und was hat es überhaupt mit diesen ECTS-Punkten auf sich?

Keine Panik! Ist zwar alles nicht ganz unkompliziert, aber in diesem Kapitel findest du die wichtigsten Informationen für den ersten Überblick.

Prüfungsordnung

Bevor du dich in den Dschungel der vielen Seminare, Vorlesungen und Übungen stürzt, überprüfe erstmal, was du überhaupt belegen musst. Zu diesem Zweck gibt es die Prüfungsordnung, die dir ganz genau sagt, welche Lehrveranstaltungen du bis zur Erlangung deines Abschlusses genau belegen musst, wann die Zwischenprüfung absolviert werden muss, welche Scheine du bis dahin brauchst usw. Die jeweiligen Prüfungsordnungen findest du in der Regel online auf der Internetseite deiner Uni, auf der Seite deines Fachbereichs oder aber bei der Studienberatung.

Studienplan/Studienverlaufsplan

Was zur Orientierung ganz besonders praktisch ist, ist der sogenannte Studienplan oder Studienverlaufsplan. Dieser zeigt dir nämlich, wie du die vielen Lehrveranstaltungen, die du absolvieren musst, am besten auf die einzelnen Semester verteilst. Und auch wenn es dir realistisch erscheinen mag, im ersten Semester gleich 5 Hausarbeiten zu schreiben, halte dich lieber an die Empfehlungen, denn den Arbeitsaufwand für ein einzelnes Seminar unterschätzt man am Anfang seines Studiums

oft. Und vielleicht möchtest du ja nicht unbedingt gleich mit einer 60-Stunden-Woche starten.

Modul

Ein zentraler Begriff im Bachelor-Studium, den du unbedingt kennen musst, ist der des Moduls. Ein Modul ist eine Lehreinheit zu einem bestimmten Bereich. Die kann ein Semester umfassen aber auch mal drei in Anspruch nehmen. Je nach Länge und Bedeutung kann ein Modul auch aus mehreren, ganz unterschiedlichen Lehrveranstaltungen bestehen.

ECTS-Punkte

ECTS-Punkte werden auch Credit Points genannt. Sie sind eine Maßeinheit, mit der die Arbeitsleistung der Studierenden erfasst wird. ECTS steht für European Credit Transfer System: Die Punkte werden nach einem gemeinsamen europäischen Standard vergeben und sollen dafür sorgen, dass Leistungen vergleichbar und auch an anderen Hochschulen (auch grenzüberschreitend!) anrechenbar sind. Die Anzahl der Punkte, die für eine Lehrveranstaltung vergeben wird, bemisst sich am sogenannten „Workload", also dem kombinierten Arbeitsaufwand der Studierenden aus Präsenzzeiten, Selbststudium sowie Vor- und Nachbereitung. 1 Punkt entspricht dabei 30 Arbeitsstunden.

Vorlesungsverzeichnis

Um dir die Lehrveranstaltungen auszusuchen, die du nächstes Semester belegen willst, brauchst du ein Vorlesungsverzeichnis. Im „Allgemeinen Vorlesungsverzeichnis" sind alle Lehrveranstaltungen der gesamten Uni aufgelistet und das ergibt einen ganz schön dicken Wälzer. Allerdings erfährst du hier oft auch nicht mehr als Name des Seminars, Name des Dozenten, Zeitpunkt und Raum. Wenn du mehr Informationen willst – und das solltest du wollen – greif zum „Kommentierten Vorlesungsverzeichnis": Das KVV oder KoVo enthält in der Regel nur

Lehrveranstaltungen deiner Fakultät und – daher „kommentiert" – ausführliche Beschreibungen der Seminare, Literaturempfehlungen, Leistungsanforderungen, Voraussetzungen usw.

So, nun hast du dein Handwerkszeug und kannst dich endlich den einzelnen Lehrveranstaltungen zuwenden. Vorweg sei aber gesagt, dass die folgende Einteilung in Seminar, Verlesung, etc. mit Vorsicht zu genießen ist: Denn hinter einem bestimmten Lehrformat kann sich auch mal etwas ganz anderes verbergen, als man erwartet, und am Ende hängt es sehr von der jeweiligen Professorin oder dem Dozenten und der Kursgröße ab, ob man als Studi in einer Vorlesung wirklich nicht zu Wort kommt oder im Seminar regelmäßig mitarbeiten kann. Und es soll auch Dozenten geben, die sogar in Seminaren einfach nur ein Skript vorlesen ...

Darauf, in welcher Kursart auf welche Weise Credit Points erworben oder Prüfungsleistungen erbracht werden können, gibt es noch viel weniger eine klare Antwort – auch hier hilft nur der Blick in die Studienordnung und ins Kommentierte Vorlesungsverzeichnis.

Vorlesung

Die Vorlesung ist die klassischste Form des Unterrichts an der Universität und etwas, das sich doch sehr von dem unterscheidet, was man so aus der Schule gewohnt ist. Vorlesungen werden fast ausschließlich von Professoren gehalten und sind meist darauf beschränkt, dass eben jener spricht und du zuhörst und mitschreibst, denn eine aktive Beteiligung der Studierenden ist meist nicht vorgesehen – pädagogisch nicht unbedingt wertvoll, dafür aber mit langer Tradition: Schließlich stammt die Idee zur „Vorlesung" aus der Zeit vor der Erfindung des Buchdrucks. Da musste der Professor vorlesen, weil es nur dieses eine (handschriftliche) Werk an der Universität gab.

Vorlesungen können nur einige wenige Teilnehmer haben, wenn das Fach klein oder das Thema sehr speziell ist, sind aber prinzipiell in ihrer Teilnehmerzahl nach oben hin nicht begrenzt. Wenn der Raum groß genug ist, können auch viele hundert Studis auf einmal in einer Vorlesung sitzen.

Ob der Inhalt einer Vorlesung am Ende des Semesters in irgendeiner Form abgeprüft wird, oder ob du regelmäßig Protokoll schreiben musst, hängt von den jeweiligen Bedingungen und der Zahl der ECTS-Punkte ab – vorher unbedingt informieren!

Grundsätzlich wird in Vorlesungen selten zwischen Studienanfängern und fortgeschrittenen Studierenden unterschieden, wobei sich aber Überblicksvorlesungen normalerweise eher an Anfänger richten und man oft am Thema schon erkennen kann, ob der Inhalt eher spezifisch oder allgemein gehalten ist. Je kleiner die Teilnehmerzahl der Vorlesung ist, desto größer ist die Chance, als Student dann doch mal zu Wort zu kommen und Fragen stellen zu können!

Eine Spezialform der Vorlesung ist die Ringvorlesung. In einer normalen Vorlesung hält der selbe Professor jede Woche einen auf die vorhergehenden Sitzungen aufbauenden Vortrag zu einem bestimmten Thema. In einer Ringvorlesung hingegen wird wöchentlich ein Gastredner dazu eingeladen, einen Vortrag zu einem bestimmten Oberthema zu halten. Die einzelnen Vorträge können sich dabei inhaltlich sehr voneinander unterscheiden, in völlig verschiedene Teilgebiete des Oberthemas führen oder dieses aus einer ganz unterschiedlichen Perspektiven betrachten.

Proseminar

Proseminare sind die Seminare, die eher am Anfang des Studiums belegt werden. Hier werden grundlegende Themen der Fachwissenschaft behandelt und im Unterrichtsgespräch diskutiert oder in Form von Referaten selbst erarbeitet und präsentiert (zu Referaten s. S. 128). Eine in die Tiefe gehende Diskussion fachwissenschaftlicher Themen ist allerdings eher nicht vorgesehen. Inhaltlich wird hier das Grundgerüst der Fachwissenschaft unterrichtet und damit die Grundlage zur Teilnahme an weiterführenden Seminaren gelegt. Zu Proseminaren werden manchmal auch begleitende Tutorien (s. S. 125) angeboten.

Hauptseminar

Für fortgeschrittene Studierende in höheren Fachsemestern sind die Hauptseminare gedacht (manchmal auch nur Seminare genannt). Sie behandeln meist speziellere Themen und diese tiefergehend. Die häufigste Prüfungsart in Seminaren ist die Hausarbeit, in der ein spezieller Aspekt des Themas weiter vertieft wird. Bei der Wahl deiner Hauptseminare kannst du oft schon Schwerpunkte setzen, die deinem Interesse an einem gewissen Teilgebiet des Fachs entsprechen. Diese Form der Spezialisierung ist vorgesehen und gibt deinem Studium eine individuelle Note.

Darum werden in der Regel viele Hauptseminare zu diversen Themen angeboten. Zur Belegung von Hauptseminaren ist allerdings ein gewisses Grundwissen zum dort behandelten Thema und den eingesetzten Methoden meistens unabdingbar, genauso wie eigenständiges Arbeiten und Routine in der Präsentation von Themen. Eine grundlegende Auseinandersetzung mit Methoden und Theorien des Faches findet hier nicht mehr statt.

Blockseminar

Ein Blockseminar ist, wie der Name schon sagt, eine Veranstaltung im Block über einen ganzen oder gar mehrere Tage. Eine solche Veranstaltung kann ein ganzes Seminar sein, dann ist der Block dementsprechend länger, oder auch nur ein Intermezzo im Rahmen eines regulären Seminars. Normalerweise finden Blockseminare am Wochenende statt, um Kollisionen mit anderen Lehrveranstaltungen zu vermeiden.

Übung

In einer Übung kommst du besonders viel zu Wort, denn aktive Mitarbeit ist unbedingt erwünscht und unvermeidlich. Zumeist werden hier grundlegende Studienfähigkeiten vermittelt, die sofort angewandt

und geübt werden. Je nach Art der Übung kann es sich sowohl um fachwissenschaftliche Grundlagen und Techniken als auch um die Geheimnisse des wissenschaftlichen Arbeitens handeln. Die Kurse sind im Idealfall relativ klein, damit die einzelnen Studis auch Gelegenheit haben, sich in den Kurs einzubringen.

(Labor-)Praktikum

Kurse mit der Bezeichnung Praktikum dürfen nicht mit dem in der Studienordnung eventuell geforderten Berufspraktikum verwechselt werden. Das Praktikum als Kurs hat eine gewisse Ähnlichkeit mit der Übung, ist allerdings, wie der Name schon vermuten lässt, noch weiter an der Praxis der (naturwissenschaftlichen) Fächer orientiert, beispielsweise in Form von Laborpraktika, in denen die Studis selbst Versuche durchführen.

Tutorat/Tutorium

Hierbei handelt es sich um eine Veranstaltungsart, die immer an einen anderen Kurs geknüpft ist, meist an ein Proseminar oder eine Vorlesung. Das Tutorium wird normalerweise von einem fortgeschrittenen Studierenden oder Doktoranden geleitet, der die im zugehörigen Kurs offen gebliebenen Fragen beantwortet, Arbeitsaufträge bespricht und Hilfestellung bei der Erarbeitung von Referaten und Hausarbeiten sowie der Klausurvorbereitung gibt. Die Teilnahme ist in der Regel freiwillig, aber sehr zu empfehlen, da im Tutorium meist auch weitere fachwissenschaftliche Techniken vermittelt werden, die man sich sonst selbst erarbeiten müsste. Außerdem kann man hier auch mal Fragen stellen, bei denen man sich vor dem Prof nicht unbedingt eine Blöße geben möchte.

Oberseminar

Im Oberseminar treffen sich Studierende kurz vor dem Abschluss und Doktoranden mit einem Prof zu fachlichen Diskussionen auf hohem Niveau. Im Rahmen eines Oberseminars werden aktuelle Forschungsfragen und spezifische Themen diskutiert und Abschlussarbeiten vorgestellt. Die Teilnehmer stellen ihre jeweiligen Forschungsarbeiten (z.B. ihre Masterarbeit oder Dissertation) vor und tauschen sich über offene bzw. kritische Fragen aus. Nicht in jedem Fach werden Oberseminare angeboten. Speziell für Prüfungskandidaten gibt es oft auch Colloquien.

Colloquium

Es gibt zwei verschiedene Arten von Colloquien, die sich allerdings immer an Studierende in der Abschlussphase des Studiums richten. Die eine Art ist dazu gedacht, anhand von Vorträgen ähnlich denen einer Ringvorlesung ein Thema für die eigene Abschlussarbeit zu finden. Die Redner können dabei sowohl Dozenten der eigenen Universität als auch externe Gastredner sein. In der zweiten Art des Colloquiums stellen Studierende Forschungsfragen, Ergebnisse und Problemstellungen ihrer Abschlussarbeiten einem Plenum aus Studierenden (und manchmal auch Dozenten) vor, um Feedback zu ihrer Themenwahl und bisherigen Arbeit zu erhalten. Manchmal werden auch Referate zu Prüfungsthemen gehalten und Probeprüfungen durchgeführt.

Exkursion

Bei einer Exkursion darfst du auch mal außerhalb der Uni etwas lernen, bei einem Ausflug, einer kleinen Studienreise oder einer Besichtigung. Manchmal finden kleinere Exkursionen als Teil eines Seminars statt, in anderen Fällen sind aber auch größere Exkursionen in der Prüfungsordnung festgelegt, die dann sogar eine eigene Lehrveranstaltung bilden können.

(Berufs-)Praktikum

Unter einem Praktikum versteht man im Allgemeinen das Hineinschnuppern in die Arbeitswelt. Du arbeitest hierfür ein paar Wochen in einem Betrieb oder einer Institution mit, lernst ein bisschen was vom täglichen Handwerkszeug und bekommst Einblick in die Arbeitsabläufe. Praktika können freiwillig absolviert werden, sind aber auch zunehmend in der Prüfungsordnung festgeschrieben und somit Pflicht.

Repetitorium

Das Repetitorium ist vor allem mal was für Juristen. Hier wird kurz vor dem Examen noch mal ganz komprimiert das Wissen der letzten Studienjahre vermittelt, und zwar von nicht-universitären Trägern und gegen Bares. Dabei geht es dann auch nicht mehr um wissenschaftliche Erkenntnis, sondern darum, dass man das Examen besteht. Fast alle Jura-Studierenden nehmen Repetitorien in Anspruch. Da damit aber viel Geld gemacht wird, sollte man die Angebote kritisch vergleichen, hinterfragen und Alternativen prüfen.

§ §

Jetzt bist du dran!

Das Referat

Kurzinfo:

Das Referat, auch Präsentation genannt, ist ein Vortrag zu einem bestimmten Thema, der innerhalb eines festen Zeitrahmens gehalten wird. Hierbei geht es darum, Informationen, Daten, Fakten und Gedanken zu recherchieren, zu ordnen und diese anschließend aufzubereiten und in einem Vortrag darzustellen. Die Vorgaben zum Umfang des Vortrags können stark variieren.

Du brauchst dafür:

ein gutes Vortrags-Skript, einen Spannungsbogen, ein Auge auf und ein Ohr für die Zuhörer, einen Beamer, einen Laptop, einen Plan B (falls die Technik spinnt)

Sie werden von vielen schon in der Schule gehasst: die leidigen Referate. Und ehrlich gesagt entkommst du ihnen an der Uni noch weniger. Denn eigentlich musst du, zumindest wenn du ein geistes- oder sozialwissenschaftliches Fach studierst – so ziemlich in jedem Seminar ein Referat halten. Der Nachteil daran ist: Du musst es wirklich immer und immer wieder tun. Der Vorteil: Du musst es wirklich immer und immer wieder tun. Dadurch bekommst du Übung und es geht dir immer leichter von der Hand, du hast zunehmend weniger Angst, vor Leuten zu sprechen, und fühlst dich vielleicht irgendwann sogar ganz wohl dabei.

Gerade am Anfang deines Studiums erwartet auch noch niemand eine perfekte Präsentation von dir, insofern musst du vor dem ersten Referat keine zu große Angst haben. Was allerdings vielleicht etwas ungewohnt ist: Du musst dein Referat normalerweise mit anderen zusammen präsentieren, die du am Anfang noch gar nicht kennst. Oft werden Referatsthemen nach Meldung verteilt, irgendwer anderes meldet sich eben auch und schon ist man eine Arbeitsgruppe. Aber das ist etwas, woran man sich schnell gewöhnt. Das Gute ist nämlich: Meistens wollen alle, dass die Präsentation glatt läuft und haben ein Interesse daran, sich gemeinsam gut darauf vorzubereiten.

Die Vorbereitung

Vorbereitung ist alles! Besonders dann, wenn Referate halten nicht zu deinen absoluten Lieblingsbeschäftigungen zählt.

Die erste Frage, die zur Vorbereitung auf ein Referat geklärt werden muss, ist, wie die Erwartungen an die Präsentation aussehen. Soll ein bestimmter Text vorgestellt werden, muss man Sekundärliteratur mit einfließen lassen, sollen den Kommilitonen Aufgaben gestellt werden oder provokante Thesen die Diskussion anregen – und vor allem: Wie viel Zeit hast du/habt ihr für deinen/euren Vortrag? Welche Präsentationsform wird von dir erwartet? Ist z.B. eine PowerPoint-Präsentation gefordert?

Danach muss ein Konzept für das Referat erarbeitet werden und im Falle eines Gruppenreferats die Aufgabenverteilung erfolgen. Hier ist es sinnvoll, den Inhalt thematisch in verschiedene Sinnabschnitte zu gliedern. Natürlich sollte (idealerweise) jedes Mitglied der Referatsgruppe jeden Teil der Literaturgrundlage gelesen haben, eine Spezialisierung einzelner Referenten auf bestimmte Teile ist aber von Anfang an trotzdem sinnvoll. Wenn du alleine referierst, solltest du ebenfalls direkt zu Anfang eine Gliederung in inhaltliche Teilabschnitte vornehmen: Welche Aspekte sind für das übergeordnete Thema interessant? Welche thematischen Abschnitte kommen im Referat in welcher Reihenfolge vor? Wenn du noch zusätzliche Literatur brauchst, begib dich jetzt schon mal auf die Suche.

Die Ausarbeitung

Nachdem der Rahmen gesteckt wurde, geht es an die inhaltliche Ausarbeitung des Referats. Achte am besten schon jetzt darauf, dass du innerhalb deines Zeitrahmens bleibst und nicht schon zum ersten Punkt viel zu viele Details einbaust. Scheu dich vor allem nicht davor, deine Professorin bei unklaren Punkten zu fragen. Egal, wie unwichtig es dir erscheinen mag, irgendjemand im Kurs wird immer die eine Frage stellen, die deinen wunden Punkt trifft!

Wichtig ist es auch immer, im Hinterkopf zu behalten, dass die Kursteilnehmer auf unterschiedlichem Wissensstand sein werden. Es ist nicht möglich, alle Fachbegriffe immer zu erläutern – man sollte allerdings damit rechnen, eben das tun zu müssen und dabei dann nicht nur rumzustammeln. Ein gewisser Grad an Abstraktion des fachwissenschaftlichen Inhalts ist bei den meisten Referaten ebenfalls unabdingbar. Zu weit abstrahieren sollte man allerdings nicht, da man dadurch den Eindruck erwecken könnte, selbst nicht sicher in der Materie zu sein. Einen guten Mittelweg zu finden, ist oft schwierig und erfordert viel Fingerspitzengefühl.

Für das Skript, das deinem Vortrag zu Grunde liegen soll, gelten dann letztlich die gleichen Grundregeln, wie bei jedem geschriebenen Text: Achte auf eine klare Struktur (Einstieg, Hauptteil(e), Schluss), auf einen Spannungsbogen, der deine Zuhörer wachhält und einen geeigneten Schlusspunkt. Achte darauf, dass dein Vortrag nicht zu „trocken" wird – Beispiele, Veranschaulichungen und Möglichkeiten zur Interaktion helfen da.

Das Handout

Vermutlich wird von dir auch erwartet, dass du zu deinem Referat oder manchmal auch hinterher ein Handout an deine Zuhörer aushändigst. Das soll wesentliche Informationen in kurzer und knapper Form enthalten und dem Zuhörer zur Orientierung dienen. Es enthält einen Kopf mit den Rahmeninformation wie Referent, Seminarthema und -leiter, Seminartyp, Referatsthema und Datum.

Darunter kommt der eigentliche Inhalt, dessen Gliederung auf jeden Fall der des Vortrags entsprechen sollte. Aber: Nur das Wichtigste kommt aufs Handout. Arbeite unbedingt mit Stichpunkten und einer klaren Struktur und vermeide ausformulierte Textpassagen. Beispiele verhelfen auch im Nachhinein zu einem besseren Verständnis. Auch Graphiken, Bilder und Tabellen können hier ihren Platz finden, ebenso wichtige Definitionen. Und am Ende: Hinweise auf die Literatur, die dem Referat zugrunde liegt.

Der Vortrag

So, jetzt nähern wir uns der Zielgraden, fehlt nur noch der Vortrag. Dabei gibt es vermutlich mehrere Ziele, die du erreichen möchtest:

1.) Du schaffst es, deinen Vortrag relativ selbstsicher und souverän zu halten.
2.) Du kannst auf Nachfragen antworten.
3.) Deine Professorin findet dich richtig gut.
4.) Deine Kommilitonen nehmen was mit.

Mach dir an diesem Punkt erst einmal klar, dass du schon ganz viel geschafft hast. Die Inhalte stehen, das Handout steht, es geht nur noch darum, den Vortrag gut hinzubekommen. Und um das zu schaffen, heißt es: Üben, üben, üben! Klingt total abgelutscht und vermutlich möchten sich gerade die vor dem Üben drücken, die Referate so gar nicht mögen. Denn so muss man immerhin nur einmal vortragen – beim Referat selbst – und hat es dann endlich hinter sich. Aber die Wahrheit ist leider: Damit machst du es dir nur schwerer. Am besten, du hältst ein Referat so oft für dich selbst, für Mitbewohner, Freunde oder den Spiegel, bis du dabei nicht mehr groß nachdenken musst und dein Vortrag ganz von alleine läuft. Denn die wenigsten sind große Improvisatoren und deshalb muss die Sache einfach sitzen. Du wirst schnell merken, wie viel Sicherheit es dir gibt, wenn du ganz genau weißt, was du wann und wie sagen willst.

Beim Vortrag solltest du laut, deutlich und nicht zu schnell sprechen (auch wenn du jetzt alles auswendig kannst), denn dein Publikum hört das Ganze schließlich zum ersten Mal. Im Allgemeinen wird es nicht gerne gesehen, wenn der Vortrag vom Blatt abgelesen wird, freies Sprechen wird vorausgesetzt. Notizen sind aber natürlich zulässig, Blickkontakt mit den Zuhörern aber doch ein dickes Plus für die Bewertung. Also schau zumindest ab und zu mal auf.

Gruppenreferate sollten auch mit der gesamten Gruppe vorher zumindest einmal geübt werden. Der Wechsel der Referenten ist immer wieder eine Stolperfalle in der Präsentation, außerdem gibt das gemeinsame Üben den Mit-Referenten die Gelegenheit, unklare Punkte und Unsicherheiten beieinander aufzudecken. Dies mag im

ersten Moment verunsichernd klingen, ist aber im Kern der Grund
dafür, warum die Referatsprobe bei Gruppenreferaten so früh wie möglich stattfinden sollte: Danach hat man dann immer noch Gelegenheit,
die Fehler auszubügeln, die man in kleiner Runde gefunden hat. Klappt
das vorab z.B. aus Zeitnot nicht, tauscht euch immerhin per E-Mail
über eure Teile und die klaren Übergabepunkte aus. Peinliche Pausen
tragen nicht umsonst diesen Namen.

Medieneinsatz

Und natürlich musst du dir auch noch überlegen, sofern es da keine
klaren Vorgaben gibt, ob du deinen Vortrag mit Medien unterstreichen
oder begleiten möchtest. Bei Power Point, dem klassischen Präsentati-
onsmedium, empfiehlt es sich, die Folien nicht zu überfrachten und
nur mit Stichpunkten zu arbeiten. Hat du keinen Plan von PowerPoint,
dann suche dir am besten gleich im ersten Semester einen Kurs, in dem
du den Umgang damit lernen kannst (direkt an der Uni, im Studium
Generale oder auch in der Volkshochschule), oder nimm Privat-Un-
terricht bei Freunden und Verwandten.

Tipps für PowerPoint

- Keine zu kleine Schriftart wählen! Unter 16 pt. wird's sehr klein.
- Nicht zu viel Text auf eine Folie
- Stichworte/-punkte statt Fließtext
- Vermeide Animationen, das lenkt nur ab, bringt sonst aber
  nichts.
- Schau nicht auf die Präsentation an der Wand, sondern Rich-
  tung Publikum!
- Ganz wichtig: Der Plan B! Rechne immer damit, dass der Bea-
  mer kaputt ist, das Kabel fehlt oder die Datei Selbstmord be-
  gangen hat. Stütze niemals einen Vortrag NUR auf PowerPoint!
  Zur Not steht meist ein Folien-Projektor da, oder eine gute alte
  Tafel ...

Wenn gar nichts geht

Die Angst vor dem Sprechen vor vielen Menschen ist einfach zu groß, der Angstschweiß tropft schon Tage vor dem großen Ereignis von deiner Stirn und auch die blöden Bachblüten aus der Apotheke helfen nichts? Routine will sich auch beim fünften Mal nicht einstellen und die beste Vorbereitung bringt keine Sicherheit?

In diesem Fall solltest du nicht verzweifeln und erst recht nicht anfangen, dich vor dem Problem zu verstecken. Im Gegenteil: Die meisten Unis bieten inzwischen Seminare zum Thema „richtiges Präsentieren" an, die sich genau an diejenigen richten, die unter solchen Problemen leiden. Auch die psychologische Beratungsstelle des Studentenwerks kann dir weiterhelfen und dir die nötigen Tipps & Tricks gegen den Kloß im Hals verraten. Sei dir im Klaren: Diese Probleme haben ganz, ganz viele andere Studierende auch. Fest steht: Man kann wirklich lernen, seine Ängste in den Griff zu kriegen – auch wenn das nicht immer angenehm ist. Also: Auf in den Kampf, Kurs belegen, nächstes Referat rocken!

Die Hausarbeit

> ### Kurzinfo
>
> Eine Hausarbeit ist ein längerer, wissenschaftlicher und systematisch gegliederter Text, der sich mit einer spezifischen Forschungsfrage oder einem Forschungsgegenstand auseinandersetzt.
>
> ### Du brauchst dafür:
>
> Einen Computer, einen Haufen Bücher, eine gute Idee, Durchhaltevermögen

Die wissenschaftliche Hausarbeit ist in den meisten Studienfächern das, wofür du deine Note bekommst. Kein Wunder, wenn man bedenkt, dass doch quasi jedes Studium mit einer schriftlichen Arbeit abgeschlossen wird. Man mag also über den Arbeitsaufwand der Hausarbeit murren und jammern und sich über manches langweilige

Thema ärgern, am Ende ist und bleibt es aber so, dass die Übung bitter notwendig ist, um später eine gute Abschlussarbeit zu schreiben.

Eins muss gleich vorweg gesagt werden: Es gibt mittlerweile Software, die erkennt, ob eine Hausarbeit zuuuufällig in weiten Teilen schon irgendwie mal irgendwann im Internet aufgetaucht ist. Vorsicht also! Dass richtiges Zitieren schon im Studium wichtig ist, muss wohl auch nicht erst erwähnt werden. Wie das geht, dazu später mehr.

Was gehört in eine Hausarbeit?

Eine Hausarbeit ist zwar keine streng normierte Textform, dennoch gibt es einige Elemente, die in vielen Fällen obligatorisch sind und gewissen Normen unterliegen:

Titelblatt: Hier müssen Titel der Arbeit, Name des Verfassers, Name des Seminars, des Dozenten, der Universität und das jeweilige Semester drauf. Außerdem sollten deine Kontaktdaten (Adresse/Telefonnummer/E-Mail-Adresse) nicht fehlen. Nur für den Fall ...

Inhaltsverzeichnis mit Seitenzahlen: Das Inhaltsverzeichnis spiegelt den Inhalt und die Struktur deiner Arbeit wieder. Jede Überschrift taucht in der Regel auch im Inhaltsverzeichnis auf. Literaturverzeichnis und Anlagen müssen ebenfalls aufgenommen werden.

Ein **Abkürzungsverzeichnis** ist nur nötig, wenn fachspezifische Abkürzungen im Text benutzt werden, die dort nicht weiter erklärt werden.

Abbildungsverzeichnis: Das brauchst du, wenn Abbildungen, Graphiken o.ä. im Text verwendet werden.

Der Text einer wissenschaftlichen Hausarbeit gliedert sich grob gesehen in drei Teile:

Einleitung: Worum geht es in deiner Arbeit? Welcher Forschungsfrage gehst du nach? Welche Thesen stellst du auf? Und wieso ist das Thema relevant?

Hauptteil: Das ist, wie der Name schon sagt, der allergrößte Teil deiner Hausarbeit. Hier werden wichtige Begriffe und Methoden geklärt, der Forschungsstand dargestellt und es findet die inhaltliche Auseinandersetzung statt.

Fazit/Zusammenfassung/Ausblick: Ist genau das: Fazit, Zusammenfassung, Ausblick. Hier gibt's noch mal das Wichtigste zusammengefasst, offene Forschungsfragen werden genannt und Prognosen oder weiterführende Thesen werden aufgestellt.

Literaturverzeichnis: Die heilige Kuh der Hausarbeit. Hier taucht die gesamte Literatur auf, die du in deiner Hausarbeit zitierst oder paraphrasiert. Und wehe, es steht nicht alles drin!

Tipp: Literatur-Verwaltungsprogramme

Manchmal kann man einfach nur froh sein, im Computerzeitalter zu leben. Zum Beispiel, wenn es um die Literaturverwaltung für deine wissenschaftliche Arbeit geht. Da gibt es heutzutage nämlich eine ganze Menge toller Computerprogramme, die einem unter die Arme greifen.

Du trägst deine verwendeten Titel einfach in eine Datenbank ein und bekommst die gesamte Literatur gleich als Literaturverzeichnis (nach unterschiedlichen Zitationsstilen) wieder ausgespuckt. Gleichzeitig kannst du mit diesen Programmen auch korrekte, automatisch generierte Fußnoten setzen. Gerade bei längeren Hausarbeiten oder gar Abschlussarbeiten lohnt sich die Verwendung eines solchen Programms. Gängige Programme sind z.B. Zotero, Citavi und Endnote.

Die Rahmenbedingungen

Bevor die Arbeit beginnt, müssen die Rahmenbedingungen geklärt werden: Wie viele Seiten muss die Hausarbeit haben, welche Schriftgröße, welcher Zeilenabstand (meistens 1,5-fach), welche Schriftarten sind erlaubt etc. Einiges unterscheidet sich zwischen den einzelnen Fächern stark, zum Beispiel die Zitationsrichtlinien.

Diese Dinge sollte man klären, bevor man auch nur ein Thema sucht – was bringt einem nämlich das schönste Thema, wenn es viel zu ausführlich zu behandeln wäre für die 10 Seiten, die der Prof verlangt?

Die Themensuche

Am Anfang jeder wissenschaftlichen Hausarbeit steht die Auswahl des Themas. Manche Professoren ersparen dir den Aufwand der Themenfindung und teilen Themen zu, was sich allerdings oft als zweifelhafte Erleichterung herausstellt. Denn auch, wenn es erst einmal mehr Aufwand ist, selbst eine klar umrissene, taugliche Fragestellung zu definieren, hat man dadurch doch unbestreitbare Vorteile: Du hast eben die Möglichkeit, dir ein Thema zu suchen, das dich tatsächlich interessiert und das steigert im Zweifel immer die Motivation und die Arbeitsmoral.

Darüber, wo man die Suche nach einem Hausarbeitsthema am besten beginnt, gibt es wohl so viele Meinungen wie Professoren. Am einfachsten ist es allerdings, aus den Seminarthemen dasjenige herauszupicken, das einen am meisten interessiert hat und von dort ausgehend ein Hausarbeitsthema zu suchen. Wenn man Glück hat, ist man damit schon fast am Ziel.

In manchen Seminaren genügt es, einen Vergleich zwischen den Positionen zweier Autoren zu erarbeiten, andere verlangen eine (deutlich) tiefer gehende Fragestellung. Grundsätzlich sollte man damit rechnen, ein paar Tage Arbeitszeit für die Themensuche zu investieren, bis man etwas hat, das sowohl den eigenen Interessen als auch den Ansprüchen des Professors genügt.

Dabei beginnt man oft zwangsläufig schon mit der Literaturrecherche und sollte definitiv an dieser Stelle schon darauf achten, eventuell interessante und relevante Literatur für später zu notieren. Wenn nämlich ein Thema gefunden wurde, geht es genau damit weiter.

Die Literatursuche

Zuerst beginnt man seine Suche nach Literatur oft damit, den Bibliothekskatalog mit Schlagworten zum Thema zu füttern und erst einmal zu schauen, was er so ausspuckt. Daneben sollte man ebenfalls schauen, ob es für das eigene Thema relevante Datenbanken gibt und diese durchsuchen. Meist bieten die Universitätsbibliotheken ein Datenbanken-Portal an, über welches gezielt in Datenbanken zu bestimmten Themen gesucht werden kann. Das ist besonders wichtig, um auch Artikel in Zeitschriften und Sammelbänden zu erfassen, die einem sonst durch die Lappen gehen würden.

Sinnvoll ist auch, in den bekannten Handbüchern des eigenen Faches sowie in der bereits gefundenen Literatur nach dem Thema zu suchen und dort nach Literaturlisten/-hinweisen zu schauen. Ein guter Trick: Hast du einen aktuellen Beitrag zu deinem Themenbereich gefunden, schau dir dort die Literaturangaben genau an. Meist findest du so die wichtigsten Aufsätze/Bücher. Zusätzlich bietet es sich an, die im Seminar verwendete Literatur nach Verweisen auf das eigene Thema durchzugehen und von dort aus weiterzuarbeiten.

Wichtig ist immer, zwischen den unterschiedlichen Arten von Literatur zu unterscheiden. Laienwissenschaftliche Publikationen sind in den seltensten Fällen eine geeignete Grundlage für eine Hausarbeit, für dich können sie aber manchmal ein ganz guter Einstieg ins Thema sein! Monographien und Artikel aus Fachzeitschriften sowie aus Sammelbänden hingegen können für die Hausarbeit auf jeden Fall verwendet werden, sofern es sich dabei um fachwissenschaftliche Werke handelt.

Literaturrecherche — eine Wissenschaft für sich

Du weißt ungefähr, welche Art von Literatur du haben willst und da ist die Bibliothek. Und nun? Wie findest du jetzt die richtigen Bücher zwischen den Millionen anderen?

Jede Bibliothek hat ein digitales Verzeichnis von Büchern, Zeitschriften und anderen Medien, den sogenannten Bibliothekskatalog. Hier gibt es meist, ähnlich wie bei großen Suchmaschinen im Internet ein allgemeines Eingabefeld, das du mit Stichworten füttern kannst. Genauer kannst du Literatur aber über die erweiterte Suchmaske suchen, über die jeder Bibliothekskatalog verfügt. Hier kannst du deine Suche in unterschiedlichen Kategorien spezifizieren: Titel-Stichwort und Schlagwort, Autor und Erscheinungsjahr.

Wenn du nun Literatur zu deinem Hausarbeitsthema suchst, führt der beste Weg immer über die Schlagwortsuche.   >>>

Schlagwort

Schlagwörter beschreiben den Inhalt des jeweiligen Mediums. Dabei müssen sie nicht unbedingt Bestandteil des Titels sein, sondern werden extra vergeben. Dem bekannten Buch „Kampf der Kulturen" von Samuel P. Huntington werden beispielsweise Schlagwörter wie „Weltpolitik", „Kulturkreis", „Zukunft" zugeordnet, obwohl keines der Wörter im Titel vorkommt. Dein Thema ist z.B. „Der Gebrauch von Metaphern in der politischen Rede am Beispiel der „Aktuellen Stunde"? – passende Schlagwörter, nach denen du suchen könntest wären „Sprache", „Politik", „Politische Sprache", „Rhetorik", „Politische Rede", „Deutschland" usw.

Schlagwörter solltest du immer gezielt miteinander kombinieren, du kannst also auch nach „Politische Rede" + „Deutschland" + „Sprache" suchen. Alle Schlagwörter, die für den gesamten Bestand vergeben wurden, sind in einem Index zusammengestellt. Hierüber kommst du manchmal noch auf weitere gute Schlagwort-Varianten für deine Suche.

Titel-Stichwort

Bei einem Stichwort handelt es sich um ein Wort, das tatsächlich im Titel oder im Untertitel vorkommt.

Trunkierung

Was du auch noch kennen solltest, ist die sogenannte Trunkierung. Dabei schreibst du die ersten Buchstaben eines gesuchten Begriffs in das Suchfeld und setzt danach ein Sternchen (manchmal auch ein Fragezeichen): „Sprach*". Das Sternchen steht in diesem Fall für eine beliebige Anzahl von Buchstaben, die auf das „Sprach" folgen, du bekommst also nicht nur Treffer zu „Sprache", sondern auch zu „Sprachanalyse", „Sprachbeschreibung", „Sprachgebrauch" usw. Das kann auch mal nützlich sein, wenn du den Namen eines Autors nicht mehr genau weißt: Hieß der jetzt „Hunt", „Hunter", „Hunting" oder wie?

Für die Literaturrecherche und die anschließende Auswahl der geeigneten Texte solltest du genug Zeit einplanen. Und du wirst schnell lernen müssen, dich zu beschränken. Wenn du eine Hausarbeit über Kant schreibst, heißt das auf keinen Fall, dass du alles lesen musst, was er jemals geschrieben hat und was über ihn geschrieben wurde. Für die ersten Hausarbeiten müssen nicht allzu viele Texte zu Rate gezogen werden, umso mehr Zeit sollte man sich aber nehmen, diese sorgfältig auszuwählen. Die für das Thema wirklich relevante Literatur sollte schon dabei sein.

Online-Quellen?

Natürlich findet man auch im Internet viele spannende Dinge, die sich doch vielleicht ganz gut in der Hausarbeit machen würden. Wenn es sich dabei um Online-Publikationen von Fachzeitschriften handelt, ist das natürlich perfekt. Wenn es aber um Wikipedia oder ähnliches geht: Vorsicht! Das wird von vielen Dozenten nicht akzeptiert und genügt nur selten wissenschaftlichen Ansprüchen, also lass lieber die Finger davon. Wenn es dir um den Forschungsstand oder Definitionen geht, ziehe lieber Fachwörterbücher, -lexika oder Überblickswerke zu Rate.

Sichten der Literatur

Nun hast du deine Literatur zusammen und es geht ans Lesen. Dabei solltest du unbedingt einen Weg finden, wichtige Aspekte schon jetzt festzuhalten, sonst ist es hinterher doppelte Arbeit. Jeder Student arbeitet hier etwas anders. Es gibt jene, die schon in der Phase des Lesens Textbausteine in ihren Laptop hauen, schon groben Überschriften zugeordnet (auf keinen Fall die Quellenangabe vergessen, sonst wird es hinterher problematisch!), andere, die auf einem Blatt Papier Stichpunkte festhalten, oder auch welche, die auf Karteikarten Notizen machen, die sie dann im Anschluss thematisch ordnen, und, und, und ... Hier musst du einfach selbst ausprobieren, was dir liegt und für dich am besten funktioniert. Nur denke immer daran: Irgendwie muss das, was du liest, denkst, entdeckst, vergleichst und die Schlüsse, die du daraus ziehst, zu einer Hausarbeit werden. Also: Ergebnisse sichern!

Die Gliederung

Spätestens, wenn die Literatur gesichtet wurde, muss eine Gliederung her. Vermutlich hattest du schon vorher eine grobe Struktur im Kopf, die sich durch deine Auseinandersetzung mit der Literatur noch einmal verfeinert hat.

Bei der Gliederung musst du klar unterscheiden zwischen inhaltlichen Zäsuren und Unterpunkten. Grundsätzliches wie Definitionen oder Forschungsstand kommt immer an den Anfang, also vor die eigentliche Diskussion des Themas. Überlege hierbei immer genau: Was muss der Leser wissen? Achte aber auch darauf, dich an die vorgegebene Seitenzahl zu halten.

Die richtige Balance in der Gliederung zu finden ist eine Kunst für sich. Zu viele Unterpunkte werden ganz schnell unübersichtlich, zu wenige lassen vermuten, dass man eher nur an der Oberfläche des Themas geblieben ist. Viele Profs bieten an, die Gliederung einer Hausarbeit vorab anzusehen – dieses Angebot solltest du ruhig nutzen.

Das Schreiben

Wenn die Recherche gut war und die Notizen strukturiert sind, nimmt das Schreiben an sich gar nicht mehr so viel Zeit in Anspruch. Man sollte allerdings regelmäßig die eingeschlagene Richtung anhand der Aufgabenstellung und Gliederung überprüfen. Die exakte Darstellung und Trennung von wissenschaftlicher Literatur und eigenen Gedanken ist natürlich wichtig. Wiederholungen und unnötige Erklärungen werden dabei nicht gerne gesehen. Wichtig ist außerdem, dass man auf seinen Schreibstil achtet: Wissenschaftlicher Stil ist gefragt! Wer umgangssprachlich schreibt, riskiert Punktabzug. Beim Stil kann die verwendete Fachliteratur (nicht eventuelle Original-Quellen!) durchaus als Orientierung dienen, solange sie einigermaßen aktuell ist. Und gib die erste Hausarbeit wenn möglich mal jemandem zu lesen, der schon etwas länger studiert.

Genauso schlimm wie Umgangssprache sind viele, viele Rechtschreibfehler und eine fehlerhafte Grammatik! Am allerschlimmsten ist es aber, wenn du nicht korrekt zitierst. Gegenseitiges Korrekturlesen verhindert in diesen Fällen das Schlimmste und sollte möglichst immer sein, bevor die Arbeit an den Prof geht. Ein „fremder" Blick lohnt sich in jedem Fall, man wird mit der Zeit nämlich einfach betriebsblind, wenn es um den eigenen Text geht.

Kritischer Punkt: Das Zitieren

Ohne Zitate kommt eine wissenschaftliche Arbeit nicht aus. Ein Zitat ist dabei allerdings nicht nur, was man wörtlich und in Anführungszeichen aus der Literatur übernimmt, nein, auch die sinngemäße Wiedergabe des Inhalts der Literatur ist schon ein Zitat und muss entsprechend gekennzeichnet werden.

Ob Zitate nun per Fußnote oder Vermerk im Text markiert werden sollen, ob in der Quellenangabe erst Verlag und dann Ort genannt werden soll, ob die Informationen in den Literaturangaben mit Punkten, Kommata oder Semikolon getrennt werden sollen, wird normalerweise vom Prof oder dem Institut, an dem die Hausarbeit geschrieben wird, festgelegt. Häufig findest du eine kurze Anleitung auf den Internetseiten des Fachbereichs. Unbedingt vorher informieren!

Der Feinschliff

Der Text deiner Hausarbeit steht und es fehlt nur noch der letzte Schliff. Jetzt heißt es: Korrekturlesen und lesen lassen, holprige Stellen eliminieren, Argumente nochmal durchgehen und klar herausstellen, ein gutes Fazit schreiben (Fazit und Einleitung gelten als wichtigste Texte einer Hausarbeit), Inhaltsverzeichnis (und alle anderen Verzeichnisse) und Deckblatt erstellen, eventuell ein schönes Mäppchen kaufen, ausdrucken, rein damit und fertig!

Die Abkürzung: Hausarbeit in einer Woche

Tja, manchmal hat man aber auch einfach nicht so richtig viel Zeit für eine Hausarbeit. Es sind zwar Semesterferien, aber da ist doch auch noch dieses Praktikum, Geld verdienen muss man auch noch und vielleicht noch 'ne Runde Surfen am Atlantik? Leider, leider, leider muss es dann mit der Hausarbeit eben mal schneller gehen.

Statt tagelang nur zu recherchieren, um ein Thema zu finden, Berge an Literatur zu wälzen, um die relevantesten Texte zu finden, mehrere Versionen jedes Kapitels zu verfassen und jeden Gedanken genauestens abzuwägen, kann man auch das tun, was die meisten Studenten im Laufe ihrer Studi-Karriere einige Male tun: Eine Hausarbeit in einer Woche schreiben. Das ist eine Kunst für sich – und rede auf keinen Fall mit deinem Prof darüber, denn wenn du Glück hast, merkt er gar nicht, dass der zeitliche Rahmen, nun ja, etwas knapp war.

Bevor du beginnst: Decke dich mit viel Kaffee und energiebringender Nahrung ein, streiche unwichtige Termine, mach es dir in deinem Zimmer so richtig gemütlich und leg los:

Die Themensuche

Kürze die Themensuche ab oder halte dich an deinen Prof: Suche nicht ewig nach dem perfekten Thema, sondern lege dich schnell auf einen Bereich fest und grenze den immer weiter ein. Das wird dann vielleicht nicht dein Lieblingsthema, aber es geht. Oder du gehst mit einem grobem Überthema zu deinem Prof. Statt selbst zu suchen, bittest du den Prof um einen Termin zur Themenabsprache. Auch wenn dieses Gespräch nicht zu den angenehmsten der Studienzeit gehören wird, nach einer halben Stunde hin und her mit dem Prof hast du vermutlich ein konkretes Thema für die Hausarbeit und hoffentlich alle Autoren notiert, deren Namen der Prof zwischendrin gemurmelt hat.

Die Literaturrecherche

Grenze die Literaturrecherche von Anfang an ein: Such drei aktuelle Bücher oder Aufsätze zu deinem Thema und schau, welche Literatur alle gemeinsam verwendet haben. Davon suchst du dir die Klassiker (das erkennst du schon!) und die aktuellsten Beiträge raus. Literatursuche beendet!

Das Lesen

Nun erstelle eine grobe Gliederung. Und dann heißt es: Querlesen! Halt dich nicht mit den ganzen Monographien auf. Wo sind die relevanten Kapitel und Abschnitte für dich? Welche Zitate klingen toll? Und was passt in deine Gliederung? Schließlich soll am Ende ja unter jedem Punkt deiner Gliederung was stehen.

Hau deine Notizen gleich in deinen Laptop rein, unter die jeweiligen Unterpunkte deiner Gliederung. Sobald du das Gefühl hast, du hast genug Material, hör auf!

Das Schreiben

Und dann: Schreib! Kaum zu glauben, wie schnell man schreiben kann, wenn man muss. Schreib am besten gleich drauflos, achte nicht auf perfekte Formulierungen, das erledigst du in einem zweiten Durchgang. Und vergiss nicht, die „tollen Zitate" einzubauen. Zum Schluss schreibst du noch eine Einleitung und das Fazit.

Beim Korrigieren beschränkst du dich auf einen einzigen Durchgang. Du korrigierst also Stil, Zeichensetzung, Rechtschreibung und Grammatik auf einmal. Aber sei dabei dann wirklich möglichst sorgfältig, schließlich musst du die Arbeit so auch abgeben.

Der Essay

> ## Kurzinfo
>
> Ein Essay ist eine Abhandlung zu einer bestimmten Fragestellung, Problematik oder These in knapper Form.
>
> ## Du brauchst dafür:
>
> Eine klare Fragestellung, eine eigene Position, gute Argumente, einen roten Faden, einen Laptop

Vermutlich wird dir in deiner Uni-Laufbahn auch einmal das Schreiben eines Essays abverlangt. Manchmal gibt es Seminare, in denen eine Reihe von Essays zu vorgegebenen Themen die sonst obligatorische Hausarbeit ersetzt.

Sehr wahrscheinlich hast du vorher in deinem Leben noch nicht unbedingt einen Essay geschrieben. Grob gesagt ähnelt ein Essay ein bisschen einer Erörterung, die du ja vielleicht noch aus der Schule kennst. Du setzt dich in einem Essay mit einem Thema, einer These oder einer bestimmten Fragestellung auseinander, führst Argumente auf und erläuterst diese, wägst ab und kommst zu einem Schluss.

Das Entscheidende beim Essay ist dabei, dass es keinen Riesenschwanz an Literaturverzeichnis wie bei einer Hausarbeit gibt und du auch in deinem Ton etwas lockerer sein kannst. Ein Essay will nämlich ein Thema nur „provisorisch" darstellen, nicht etwa erschöpfend. Somit musst du es auch nicht in jeder Facette ausleuchten, es genügt der größere Zusammenhang.

Die Aufgabenstellung zu einem Essay kann sehr unterschiedlich ausfallen. Meist gibt es im universitären Kontext aber eine Textgrundlage. Kläre anhand des Textes erst einmal folgende Fragen.

1.) Worum geht es?
2.) Was ist die Position? Welche Positionen gibt es noch?
3.) Was sind die jeweiligen Argumente?
4.) Sind die Argumente schlüssig?
5.) Wie ist dein eigener Standpunkt und was sind deine Argumente?

Der Umfang eines Essays ist in der Regel von Seiten des Profs vorgegeben, hierum musst du dir also keine Gedanken machen. Auf einige Aspekte solltest du aber achten (s. Infobox).

Darauf solltest du achten:

- Dein Text braucht eine **gute Struktur**, einen roten Faden, eine nachvollziehbare Argumentation und einen klaren Stil.

- Es gibt eine **Einleitung**, einen **Hauptteil** und einen **Schluss.**

- Gliedere deinen Text übersichtlich in **Absätze.**

- Gestehe dir selbst eine **eigene Position** zu und zeige sie offen. Das muss man nach der ganzen wissenschaftlichen Objektivität vielleicht erstmal wieder lernen. „Ich bin der Meinung" oder „Ich denke" ist dennoch verpönt. Hier sind eher Passiv-Konstruktionen gefragt! >>>

- Ein Essay ist **kein Kommentar**, es geht also nicht NUR um deine Position und Bewertung.

- Auf Literaturverzeichnis und Inhaltsverzeichnis kannst du getrost verzichten, **Zitate werden aber belegt** (in der Form, wie es in deinem Fach üblich ist).

Das Protokoll

Wahrscheinlich wirst du auch irgendwann in deiner Uni-Zeit mal ein Protokoll schreiben müssen. Das kann als Leistungsnachweis bei einer Vorlesung verlangt sein oder es dient als Ergebnis-Sicherung von Seminarsitzungen.

Kurzinfo

Ein Protokoll ist ein Dokument, in dem der inhaltliche Ablauf und die Ergebnisse aus Seminaren, Besprechungen, Vorlesungen, etc. festgehalten werden. Es dient im allgemeinen zur Dokumentation, als Information für all diejenigen, die nicht dabei waren und als Gedächtnisstütze für die Teilnehmenden.

Du brauchst dafür:

Zettel und Stift, Laptop, zwei wache Ohren, Konzentration

Im Allgemeinen unterscheidet man Verlaufsprotokolle und Ergebnisprotokolle. Das Verlaufsprotokoll ist eine chronologisch geordnete Wiedergabe des Geschehenen. Hier werden nicht nur Ergebnisse festgehalten, sondern auch der Verlauf des Seminars oder der Vorlesung mit einzelnen Wortbeiträgen, Exkursen, Abschweifungen usw. und das alles in korrekter zeitlicher Abfolge.

Das Ergebnisprotokoll auf der anderen Seite enthält nur die wichtigsten Ergebnisse. Die Wortbeiträge, Erkenntnisse und Diskussionen werden systematisch geordnet und zusammengefasst, so dass wirklich nur relevante Ergebnisse in übersichtlicher Form festgehalten werden.

In den meisten Fällen wird man von dir vermutlich ein Ergebnisprotokoll verlangen, da das übersichtlicher ist (Gedächtnisstütze!) und du in einem Ergebnisprotokoll mehr Eigenleistung bringen musst, indem du selbst systematisiert, zusammenfasst, aussiebst etc.

Egal, zu welcher Art von Protokoll man dich nun verdonnert hat, du solltest der Vorlesung, der Diskussion, der Besprechung oder was auch immer möglichst aufmerksam folgen und so gut es geht mitschreiben. Je nachdem, wie schnell (und leise) du beim Tippen bist, kannst du alles direkt in deinen Laptop reinhacken – wenn du einen hast – oder du nimmst ganz klassisch Papier und Stift. Der Vorteil beim Laptop ist, dass alles schon mal in einer Textdatei steht. Kürzen geht wunderbar und du hast leichter die Übersicht über das Geschriebene, kannst Textbausteine hin und herschieben und so ordnen. Denn nachdem du wild drauflos protokolliert hast, wartet im Anschluss leider immer noch eine ganze Menge Arbeit auf dich.

Verpflichtende Angaben

Einige Angaben gehören in jedes Protokoll, egal ob Ergebnis- oder Verlaufsprotokoll. Man schreibt diese meist in den sogenannten Kopf des Protokolls, also – es sei denn dein Dozent verlangt was anderes, wie etwa ein Titelblatt – oben auf die erste Seite:

- Datum
- Name & Typ der Veranstaltung
- Thema der heutigen Vorlesung, der Sitzung
- Name des Dozenten
- wenn ein Referat gehalten wird, dann die Namen der Referenten
- dein Name (je nach Anforderung auch am Ende des Protokolls oder als Unterschrift)

Je nach Dozent und Veranstaltungsart sind eventuell noch weitere Angaben gefordert. Diese können sein:

- Ort
- Uhrzeit
- Zahl der Veranstaltungsteilnehmer
- Ausgeteilte Materialien

Wie geht es weiter?

Beim Verlaufsprotokoll bleibst du relativ nah an deinen ja ebenfalls chronologisch gemachten Notizen. Unterscheide jedoch auf jeden Fall zwischen wichtigen und nebensächlichen Aspekten.

Beim Ergebnisprotokoll musst du viel mehr aussortieren und dazu auch noch ganz viel umstellen. Ordne deine Notizen unterschiedlichen Themenblöcken zu und reduziere sie soweit, dass wichtige Thesen, Hypothesen, unterschiedliche Auffassungen, Argumente und offene Fragen übrig bleiben. Wenn während der Vorlesung oder des Seminars auf weiterführende Literatur o.ä. verwiesen wird, führe auch das im Protokoll auf. Die Themenblöcke bilden dann später die einzelnen Protokollpunkte, die das Protokoll strukturieren.

Hierauf solltest du achten:

Lass deine eigene Meinung zu Hause, die hat im Protokoll nichts zu suchen. Ein Protokoll wird immer **neutral und sachlich** geschrieben, auch wenn es in der Diskussion vielleicht heiß herging.

Das Protokoll wird immer im **Präsens** geschrieben.

Gesprochene Beiträge werden in **indirekter Rede** festgehalten.

Prüfungen

Es hört einfach nie auf, schon wieder Prüfungen. Ja, auch an der Uni wird noch regelmäßig überprüft, ob du auch was aus dem Seminar mitgenommen und schön fleißig gelernt hast. Dabei gibt es drei Prüfungsformen: die mündliche, die praktische und die schriftliche Prüfung. Alle drei haben noch jeweils Unterkategorien, im Wesentlichen ist es das aber. Klassische Klausuren an der Universität unterscheiden sich gar nicht so sehr von dem, was man aus der Schule kennt. Der Stoff des Semesters wird abgefragt, mit mal mehr, mal weniger fiesen Aufgabenstellungen.

Neu wird es dann, wenn du z.B. Medizin studierst. Hier gibt es fast nur Multiple-Choice-Klausuren, man kreuzt also im Wesentlichen

Antworten an. Nicht umsonst ist unter Medizin-Studenten das „Kreuzen" schon fast Synonym fürs „Lernen".

Mündliche Prüfungen kennen viele Studienanfänger wohl vornehmlich aus dem mündlichen Abi. An der Uni läuft das eigentlich ganz ähnlich ab. Manchmal musst du aber auch auf praktische Weise zeigen, was du kannst. Diese anwendungsbezogenen Prüfungen findest du vornehmlich in den Naturwissenschaften, aber auch bei den künstlerischen Studiengängen.

Für alle Arten von Prüfungen gilt jedenfalls (leider) immer: Die richtige Vorbereitung ist alles!

Immer ungünstig: die Prüfungsphase

Das größte Problem an der Uni ist meist die schreckliche Häufung von Prüfungen. Das Semester nähert sich dem Ende, jeder Professor will möglichst viel Stoff in seiner Prüfung unterbringen und nutzt darum die Unterrichtszeit bis zur letzten Minute aus und schwups, da sind sie, die 5 Klausuren in einer Woche.

Ein Patentrezept zur Vermeidung von Stress gibt es für diesen leider doch sehr wahrscheinlichen Fall nicht, außer die rechtzeitige Vorbereitung. Selbst wenn du normalerweise problemlos große Mengen Stoff schnell in den Kopf kriegst, wirst auch du mal an deine Grenzen kommen, wenn in fünf Fachgebieten der Stoff eines ganzen Semesters in nur einer Woche in den Kopf gehämmert werden muss. Da hilft nur eins: Das Lernen muss organisiert werden:

Rechtzeitig anfangen, strukturiert durch den Stoff arbeiten, kurz vor der jeweiligen Prüfung nur noch eine letzte Wiederholung. Klingt doch ziemlich logisch, oder? In der Praxis ... naja, da sieht es bei den meisten Studenten natürlich anders aus und es wird dann doch mal eine Nachtschicht eingelegt und ordentlich auf Lücke gelernt.

Prüfungsanmeldung

Wo, wann und wie? In vielen Studiengängen ist es notwendig, sich in einem gewissen (oft überraschend frühen) Zeitraum für jede Prüfung gesondert anzumelden. Im Zweifelsfall fällt es definitiv unter „Hätten Sie wissen müssen!", wenn man diese Anmeldephase versäumt, und hat durchaus weitreichende, negative Konsequenzen, z.B. wenn du den Kurs noch dringend zum Abschluss eines Moduls brauchst. Also gilt auch hier: Informieren!

Darüber hinaus muss man ebenfalls selbst herausfinden, in welchem Kurs man welche Art von Prüfung ablegen muss. Klingt erst mal fürchterlich kompliziert, lässt sich aber durch einen Blick ins Vorlesungsverzeichnis und den Besuch der ersten Seminarsitzung leicht in Erfahrung bringen.

Im ersten Semester wird es dir meist noch leichter gemacht, hier liegen die Anmeldefristen etwas später und es wird in deinen Veranstaltungen (wenn du Glück hast auch öfter) auf die Prüfungsanmeldung hingewiesen.

Wichtig ist auch, sich nicht wahllos zu Prüfungen anzumelden. Eine Prüfung, zu der man zwar angemeldet ist, die man dann aber nicht ablegt, weil man vielleicht festgestellt hat, dass es zu viel wird, kann plötzlich als nicht bestanden in der Notenauflistung erscheinen! Und zu allem Überfluss kannst du die meisten Prüfungen nicht beliebig oft und nicht jedes Semester wiederholen. Plane deine Prüfungsanmeldungen also gut und mit Weitblick.

Die Klausur

Wie eine Klausur aussieht, ist vom jeweiligen Fach abhängig. Grundsätzlich kann dir jede Form begegnen, vom Aufsatz über das Dutzend umfangreicher Fragestellungen bis hin zur Multiple-Choice-Klausur. In der Regel ist aber zumindest die Art der Klausur im Vorfeld bekannt und mit Ausnahme spezieller Zwischen- und Abschlussprüfungen überschreiten Klausuren in der Uni selten eine Länge von 90 Minuten.

Das Problem ist allerdings, dass ein Semester weitaus mehr Stoff beinhaltet als noch eine Klausur in der Schule umfasst hat. Darum ist die richtige Vorbereitung maßgeblich für den Erfolg. Selbst, wenn man zu den glücklichen Menschen gehört, die in der Schule nie viel lernen mussten, um in Klausuren gut abzuschneiden, sollte man sich ein analoges Vorgehen an der Hochschule lieber abgewöhnen. Hier kannst du schlecht vertuschen, wenn du etwas nicht weißt, lerne also lieber richtig, wenn dein Zeitplan es zulässt.

In einigen Fächern ist das Mitbringen von Notizen oder Nachschlagewerken in einem gewissen Umfang erlaubt, genauere Infos dazu werden aber normalerweise vorher vom Dozenten bekannt gegeben. Oft findet kurz vor dem Klausurtermin auch eine letzte Fragestunde mit dem Dozenten statt. Diese sollte man unbedingt nutzen, um wirklich nochmal alle offenen Fragen zu klären!

Die mündliche Prüfung

Mündliche Prüfungen an der Uni dauern, von wenigen Ausnahmen abgesehen, nur 20 bis 30 Minuten. Eine reguläre mündliche Seminarprüfung erfordert normalerweise nicht die Anwesenheit eines Zweitprüfers und hat, wenn der Prof an sich ganz okay ist, oft eher den Charakter eines lockeren Gesprächs über den Seminarstoff. Gut vorbereitet sollte man aber trotzdem sein, auch wenn sich kleine Schwächen in der mündlichen Prüfung weitaus besser verbergen lassen als in einer Klausur.

Vor der Prüfung sollten aber ein paar grundlegende Dinge geklärt werden: Was sind die Prüfungsthemen und wie viele davon gibt es? Klingt profan, ist es aber gar nicht. In vielen Fächern ist es so, dass die mündliche Prüfung nicht den Stoff des gesamten Semesters im Detail überprüfen soll, sondern ein bis zwei Themen in die Tiefe gehend abgefragt werden, während es zu allen anderen Themen höchstens mal eine oberflächliche Frage gibt. Na gut, das ist eigentlich in allen Fächern so – ergibt sich alleine schon aus der Prüfungsdauer. Der Punkt ist nur: Einige Profs oder gar Fakultäten geben das offen zu und erlauben den Studis, vor der Prüfung den Schwerpunkt abzusprechen oder sogar selbst zu benennen. Sollte das der Fall sein, ist alles halb so wild. Man sucht sich sein Lieblingsthema aus, bereitet sich richtig gut darauf vor und übt sich ansonsten im sicheren Auftreten bei absoluter inhaltlicher Oberflächlichkeit. Das reicht dann normalerweise für eine gute Note! Wenn keine Absprache oder Einflussnahme auf die Prüfungsthemen möglich ist, gilt aber leider das gleiche wie bei den Klausuren: Alles bis ins Detail lernen rettet die Prüfung ...

Die praktische Prüfung

In den Naturwissenschaften, aber auch in (Zahn-)Medizin oder künstlerischen Studiengängen, kann es passieren, dass du in einer praktischen Prüfung dein Wissen unter kritischer Aufsicht beweisen musst. Die Art und Weise dieser Prüfungen kann natürlich sehr unterschiedlich sein, entsprechend den Methoden in den jeweiligen Studienfächern. Während du in Chemie beispielsweise im Labor einen Versuch durchführen musst, musst du in der Zahnmedizin eventuell einem (herrenlosen) Gebiss auf den Zahn fühlen. Studierst du etwas künstlerisches, darfst du dein Können an deinem Instrument zeigen, sei es die Gitarre, der Meißel oder der Pinsel.

Bei dieser Art von Prüfung steht bei der Vorbereitung selbstverständlich eher das Üben im Vordergrund, die theoretischen Grundlagen sind aber je nach Prüfungs-Ausgestaltung unverzichtbar.

Und wie lerne ich jetzt am besten?

Du gehörst vielleicht zu den Leuten, denen früher in der Schule schon immer alles zugeflogen ist? Die nie lernen mussten und trotzdem gute Noten hatten? Schön für dich und gleichzeitig auch wieder nicht so schön. Denn vermutlich hattest du so nie die Chance herauszufinden, wie man richtig lernt. Sollte das der Fall sein, ist es aber auch kein Beinbruch, denn es ist nie zu spät, etwas zu lernen, selbst wenn es um das Lernen an sich geht. Am besten du probierst einfach mal aus, welche Art zu lernen dir am meisten liegt. Ideen dazu findest du unten. Wenn du aber das Gefühl hast, alleine nicht weiterzukommen, vielleicht bietet ja das Studentenwerk einen Kurs zu dem Thema an? Erkundige dich mal oder schau auf der Internetseite nach. Neben den unterschiedlichen Lerntechniken ist es auch noch sinnvoll, richtiges Zeitmanagement zu lernen:

Man kann sich ganz schön verschätzen, wenn es darum geht, den Stoff in der verbleibenden Lernzeit gut unterzubringen. Das fällt einigen leichter als anderen, aber richtig gutes Zeitmanagement ist keine Begabung, sondern hat etwas mit Methode zu tun. Die simple Version funktioniert so:

Liste alle To-do's auf, die sich aus dem Stoff der vielen Prüfungen ergeben. Achte darauf, dass du keine zu großen Blöcke machst, damit du den zeitlichen Aufwand der einzelnen Punkte klar abschätzen kannst. Ordne dann die Punkte nach Wichtigkeit und Dringlichkeit, also in diesem Fall nach der Bedeutung des Themas für die einzelne Prüfung und dem Zeitpunkt, zu dem du das nötige Wissen intus haben musst – dem Tag der Prüfung. So stellst du sicher, dass du die wichtigsten Dinge in der Prüfung auf jeden Fall kannst, selbst wenn es hintenraus eng wird.

Jetzt überträgst du deine Gliederung am besten in einen Kalender. So führst du inhaltliche Prioritäten und zeitliche Wirklichkeit zusammen. Du bekommst einen klaren Überblick, wann du mit der Vorbereitung beginnen solltest, was du jeden Tag abarbeiten musst und kannst zugleich jeden Abend das Gelernte abhaken. Das ist hervorragend für die Motivation. Beachte dabei, dass du ausreichend viele freie Tage einplanst (1-2/Woche), an denen dein Kopf auch mal Pause machen darf.

Für den Lernplan ist es übrigens nie zu spät! Gerade, wenn du knapp dran bist, hilft dir ein gutes Zeitmanagement dabei, zumindest noch die Punkte mit absoluter Priorität für die Prüfung vorbereiten zu können. So verhinderst du das Schlimmste.

Auch gutes Zeitmanagement lernt sich am besten durch Übung. Die Grundlagen aneignen kannst du dir aber z.B. mit Hilfe eines geeigneten Ratgebers oder auch per Kurs vom Studium Generale oder Studentenwerk.

Lesestoff für besseres Zeitmanagement

Püschel, Edith: Selbstmanagement und Zeitplanung. UTB/Schöningh 2010, 12,90 €

Lern-Tipps

Motivation fördern

Belohnung
Belohne dich, wenn du mal wieder richtig viel geschafft hast und vor allem auch nach bestandenen Prüfungen. Genauso, wie du dich selbst motivieren musst, bist du auch dafür zuständig, dich hinterher zu loben.

In Gruppen lernen
Für viele ist der Schweinehund gemeinsam leichter zu bändigen. Probiere es auf jeden Fall mal mit Lerngruppen. Jeder bereitet für die anderen etwas auf, man vermittelt sich den Stoff mundgerecht gegenseitig und muss nicht tagelang alleine vor seinem Schreibtisch sitzen.

Konzentration erhalten

Die Arbeitsumgebung
Ja, zugegeben, deine Eltern hatten wohl doch Recht, wenn sie von einer optimalen Lernumgebung gesprochen haben und der Meinung waren, du müsstest mal dringend deinen Schreibtisch aufräumen. Denn tatsächlich lässt man sich beim Lernen sehr leicht auf andere (nicht unbedingt produktive) Gedanken bringen – deshalb sorge dafür, dass es nicht so viel gibt, das dich ablenken kann. Und nein, E-Mails und Facebook musst du auch nicht alle 5 Minuten checken – niemand nimmt es dir übel, wenn du mal einige Zeit offline bist.

Päuschen machen und einen Schlussstrich ziehen

Mache regelmäßig Pausen, geh mal an die frische Luft, mach ein paar Kniebeugen oder iss einen Schokoriegel. Teile den Stoff in Häppchen ein, beschäftige dich 45 Minuten intensiv damit, und mache danach 15 Minuten Pause. Da kann sich das Gelernte dann setzen und dein Gehirn kann durchatmen.

Wichtig ist es auch, abends irgendwann Schluss zu machen. Wenn du bis spät in den Abend weiterlernst und dann am nächsten Tag total fertig bist, schlecht gelaunt und unmotiviert, bringt das auch niemandem etwas. Nimm dir lieber etwas Schönes für den Abend vor und belohne dich dadurch für den arbeitsreichen Tag.

Lerninhalte strukturieren

Was sind wahrscheinliche Prüfungs-Fragen?

Bei fast jedem Thema gibt es typische Fragen, die sich einfach anbieten. Überlege dir, was wohl zu deinem Thema gefragt wird. Hat vielleicht der Dozent auf einem Punkt besonders herumgeritten? Gibt es zentrale Aspekte, die man in deinem Fach einfach kennen muss? Bereite dich auf diese möglichen Fragen besonders gut vor. Formuliere entsprechende Antworten für dich aus, so dass du im Falle eines Falles nur noch die Schublade aufmachen musst und der Text von alleine sprudelt.

Karteikarten

Du schreibst einzelne Grundbegriffe auf die Vorderseite einer Karteikarte, die genaueren Informationen hintendrauf. Vorne zum Beispiel ein historisches Ereignis, hinten die Hintergründe, vorne einen Autor, hinten seine Werke und die wichtigsten Charaktere, vorne „Gehirn" und hinten seine verschiedenen Areale. Mit den Karteikarten kannst du dich immer wieder selbst abfragen und dein Wissen überprüfen.

Zusammenfassen und immer weiter komprimieren

Du fasst den Stoff deiner Unterlagen in wichtigen Stichpunkten zusammen. Das kann am Anfang natürlich viele, viele Seiten ergeben. Die nimmst du dann und fasst sie wieder zusammen. Das machst du ein paar Mal, bis du noch genau eine Doppelseite mit Stichworten übrig hast. Den Rest hast du jetzt ganz sicher im Kopf. Probier es mal!

Mnemo-Techniken

Es gibt Leute, die schwören auf sogenannte Mnemo-Techniken, im Volksmund auch ganz profan „Eselsbrücken" genannt. Da gibt es ganz unterschiedliche Methoden. Man kann Merksätze bilden, mit Visualisierungen arbeiten oder etwas reimen. Menmotechniken können kleine Merkhilfen sein wie „Geh du alter Esel hole Fisch", aber auch Systematiken, mit deren Hilfe man sich Unmengen von Wissen strukturiert merken kann.

Wenn du dich dafür interessierst, mach doch mal einen Kurs beim Studium Generale, bei der Volkshochschule oder eigne dir die Techniken selbst an, z.B. mit einem der Bücher aus der Infobox.

Mnemotechniken — Ein kleines Beispiel

Für jede Zahl legst du dir ein Symbol zurecht, das der Zahl möglichst ähnlich ist oder deinen Assoziationen entspricht. Die 1 kann beispielsweise eine Kerze sein, oder auch ein Torwart, weil er immer die Nummer eins trägt. Die 7 ist vielleicht ein Zwerg, wegen der sieben Zwerge. Die Symbole musst du dir einprägen und mit ihrer Hilfe kannst du dir dann Begriffe in der korrekten Reihenfolge merken. Für die einzelnen Begriffe denkst du dir ebenfalls Bilder aus, die du dann mit den Bildern der Zahlen verknüpfst: Der erste Begriff ist Freiheit? Ein passendes Symbol könnte die Freiheitsstatue sein, die eine Kerze in der Hand hält (Symbol für die 1). Oder man nimmt einen Torwart, der mit der Krone der Freiheitsstatue ausgestattet ist. Klingt vielleicht aufwändig, spart aber endloses Wiederholen und funktioniert erstaunlich gut.

Literaturtipps:

Ulrch Bien: Einfach. Alles. Merken: Das perfekte Gedächtnistraining. Geniale Merktechniken. Mit DVD. humboldt / Schluetersche 2011, 19,95 €

Gunther Karsten: Lernen wie ein Weltmeister: Zahlen, Fakten, Vokabeln schneller und effektiver lernen. Mosaik 2011, 12,95 €

Mindmaps

Strukturiere die Inhalte. Erstelle Mindmaps, die einzelne Begriffe und Stichpunkte miteinander in Beziehung setzen. Auch zum Erstellen von Mindmaps gibt es Kurse. Aber natürlich kannst du dir Inhalte auch in anderer Form graphisch veranschaulichen.

Das Gelernte anwenden

Vorträge halten, Abfragen lassen

Irgendwann kommt beim Lernen der Punkt, an dem du dein stilles Kämmerlein verlassen solltest. Lass dich von anderen abfragen und du merkst ganz, ganz schnell, wo es noch hakt und wo du noch mal was nachlesen musst. Auch einen Vortrag vor Freunden zu halten, kann helfen. Du musst so das Wissen im Kopf strukturieren und komprimiert wiedergeben können, ebenso wie in einer Klausur oder einer mündlichen Prüfung. Eine gute Übung also!

Inhalte diskutieren

Wenn es möglich ist, du vielleicht eine Lerngruppe hast, oder Freunde von dir auf die gleiche Klausur lernen: Diskutiert den Stoff. Wie hat der Autor das gemeint? Hat er Recht? Sehe ich das genauso? Wie finde ich den Ansatz? In der Diskussion setzt du dich noch einmal ganz anders mit dem Stoff auseinander und bildest dir eine eigene Meinung. Das heißt, du durchdenkst das Thema richtig und schnell weißt du ganz genau, was die wichtigsten Aspekte sind.

Probeaufgaben

In einigen Fächern stehen Probeklausuren der letzten Jahrgänge zur Verfügung. Es lohnt sich auf jeden Fall, die mal durchzuarbeiten, zumindest in Stichpunkten. Auch hier merkst du schnell, wo es noch hakt.

Mit eigenen Worten sagen

Löse dich von den Texten, mit denen du lernst. Nimm die Inhalte und formuliere sie neu, mit deinen Worten.

Mit Beispielen arbeiten

Überlege dir immer passende Beispiele zum Stoff. Der Vorteil daran: Die Beispiele kannst du dir merken, der Rest ist dann meistens damit verknüpft und fällt dir von alleine wieder ein. Außerdem zeigst du mit den Beispielen in der Prüfung, dass du dein Wissen auch anwenden kannst.

Außerdem:

Unterschätze nie das Kurzzeitgedächtnis
Natürlich solltest du dich nicht NUR auf dein Kurzzeitgedächtnis verlassen, aber es kann dir in der entscheidenden Phase gute Dienste leisten. Wichtige Stichworte, kurze Definitionen und alles andere, was man dann doch wieder leicht vergisst, einfach nochmal direkt vor der Prüfung anschauen. Das gibt dir zum einen Sicherheit und zum anderen bringt es wirklich was. Denn eine halbe Stunde später hast du den Zettel buchstäblich noch vor Augen und weißt vermutlich auch noch, was rechts unten stand.

Dein „souveränes Ich" – locker durch die mündliche Prüfung
Gerade eine mündliche Prüfung kann schon sehr an den Nerven zehren. Du hast vermutlich schlecht geschlafen, findest die Fragen unberechenbar, bist schrecklich nervös und dir ist schlecht? Und jetzt sollst du auch noch selbstbewusst auftreten, locker sein und flüssig reden? Ein kleiner Tipp von uns: Versuch gar nicht erst, dich souverän zu fühlen, das klappt meist nicht so ohne weiteres. Überlege dir einfach, wie du dich verhältst, wenn du souverän BIST, deine Körperhaltung, wie du sprichst, deinen Gestus, deine Stimmfärbung ... und dann: Spiel es! Du wirst sehen, es hilft ungemein und schon nach kurzer Zeit verschmilzt du mit deiner Rolle.

Das sind nur ein paar Ideen, wie du dir die Lern-/Prüfungsphase etwas entspannter machen und effizienter gestalten kannst. Vermutlich ist nicht alles so dein Ding. Probiere einfach aus, was dir liegt und womit du Erfolg hast. Und natürlich sind den Ideen keine Grenzen gesetzt. Wenn du gerne murmelnd mit einem Skript in der Hand spazieren gehst oder dir Texte vorsingst, tu dir keinen Zwang an. Alles, was hilft, ist gut.

An der Uni:
Was ist was?

AStA

Es fängt schon kompliziert an, denn es geht um die Studierendenvertretung. Und die ist je nach Bundesland sehr unterschiedlich organisiert. Wenn du wissen möchtest, was für deine Uni gilt, solltest du dich unbedingt vor Ort informieren, bei den Fachschaften, den Referaten oder dem AStA. Spätestens, wenn Universitätswahlen vor der Tür stehen, wirst du aber wohl mitbekommen, was man bei euch wählt und wie die Vertretung organisiert ist.

AStA ist die Abkürzung für Allgemeiner Studierendenausschuss und bezeichnet an den meisten Universitäten die studentische „Regierung". Er (manchmal auch „sie" genannt) besteht aus mehreren Vorsitzenden sowie einigen Referenten für verschiedene Sachgebiete. In der Regel wird der AStA von einem Studierendenparlament oder Studierendenrat gewählt und auch überwacht.

Bibliothek (Bib.)

Wenn jeder Student alle Bücher selbst kaufen müsste, die er für sein Studium braucht, würde das schon nach wenigen Wochen ganz schön ins Geld gehen und wäre für das gesamte Studium unbezahlbar. Aber zum Glück gibt es ja an jeder Uni Bibliotheken. Da wäre zunächst einmal die Uni-Bibliothek. Diese bietet dir eine beinahe unüberschaubare Menge an Literatur. Du kannst über einen Katalog nach passenden Büchern suchen und dir diese dann entweder selbst aus dem Handbereich holen oder sie aus dem Magazin bestellen. Wie du erfolgreich die passende Literatur suchst, bekommst du normalerweise in Einführungskursen an deiner Uni erklärt, denn das gehört zum Handwerkszeug jedes Studenten (s. auch „Literatursuche", S. 136).

Die einzelnen Fachbereiche/Seminare/Institute haben darüber hinaus normalerweise noch eigene, kleinere Bibliotheken, die auf das jeweilige

Fach spezialisiert sind. Hier hast du daher eine viel größere Auswahl an fachspezifischen Büchern und Zeitschriften. Oft sind Fachbereichsbibliotheken aber Präsenzbibliotheken, das bedeutet: Die Bücher bleiben da, wenn du nach Hause gehst. Oft kann man sie aber übers Wochenende ausleihen.

In deiner Fachbereichsbibliothek findest du auch oft Materialien zu deinen Kursen, die deine Dozentin – bzw. ihr Hiwi – für die Studierenden zusammengestellt hat. Meist sind das Texte, die du dir kopieren und für die nächste Seminarsitzung vorbereiten sollst.

> **Tipps:**
>
> Plane genug Zeit zum Kopieren ein! Die Kopierer sind öfter mal besetzt, verstopft oder gleich ganz kaputt.
>
> Viele Bibs verfügen über Arbeitsplätze für Studenten, oft auch mit Steckdose für dein Notebook und WLAN.

Career Center/Career Service

Die Career Center sind erst in den letzten Jahren entstanden und sollen dir helfen, an deiner beruflichen Perspektive zu arbeiten, passende Praktika zu finden und schließlich den Berufseinstieg zu schaffen. Sie vermitteln Kontakte in die Wirtschaft, beraten dich und geben dir hilfreiche Tipps.

Fachschaft

Was der AStA für die gesamte Studierendenschaft, ist die Fachschaft für die Studierenden der einzelnen Fachbereiche. Sie kümmert sich um die Belange der Studierenden einer Fakultät und schmeißt Partys. Meistens steht der Fachschaft ein eigener Raum innerhalb der Fakultät zur Verfügung, der zu bestimmten Zeiten besetzt ist und in dem man auch sonst gerne mal abhängt. An vielen Unis herrscht zwischen den einzelnen Fachschaften so etwas wie gutmütige Rivalität, daher gibt es häufig Sportturniere oder sogar Sportligen, in denen sich die verschiedenen Fachbereiche miteinander messen.

Fakultät

Eine Fakultät ist eine Gruppe inhaltlich verwandter Wissenschaften. So gibt es zum Beispiel die Rechtswissenschaftliche Fakultät, die Philosophische Fakultät, die Philologische oder auch die Technische Fakultät. Diese setzen sich jeweils aus mehreren Insituten und Seminaren zusammen. Geleitet wird jede Fakultät von einem Dekan.

Hochschulsport

Beim Hochschulsport hast du die Möglichkeit, die verschiedensten Sportangebote gratis oder zu studentenfreundlichen Preisen zu nutzen. An vielen Unis ist das Angebot breit gefächert und reicht vom Bauch-Beine-Po-Kurs bis zum Taekwondo. Fußball und Badminton gibt's aber natürlich auch. Einen Link zum Angebot des Hochschulsports deiner Uni findest du auf der Internetseite der Uni. Wer es in einer Sportart schon zu ausreichendem Können gebracht hat und einen Trainerschein hat, kann nach Absprache auch selbst Kurse anbieten (s. auch „Freizeit für den kleinen Geldbeutel", S. 190).

> **Tipp:**
> Außergewöhnliche Angebote wie Kletter-, Kanu- oder Ski-Reisen solltest du schon fast ein Semester im Voraus buchen, da sie schnell voll sind.

Institut

Institute an der Uni sind – ebenso wie Seminare – Untereinheiten von Fakultäten. Neben Uni-Instituten gibt es aber auch unabhängige Institute, in denen fast ausschließlich geforscht wird.

International Office

Wie der Name schon sagt, geht es hier um Internationales. Es sollen nicht nur bessere Beziehungen zwischen den Unis der Welt gefördert werden, sondern auch die Mobilität der Studenten. So betreut das International Office sowohl „Incomings", also ausländische Studierende, die an deiner Uni studieren, als auch „Outgoings", z.B. dich, wenn du ins Ausland gehst. Was genau jedoch unter die Fittiche des International Office fällt, ist von Uni zu Uni unterschiedlich. Manchmal wird auch das ERASMUS-Programm (Austausch ins europäische Ausland) hier verwaltet, manchmal aber auch nicht. Wie immer erfährst du Genaueres auf der Homepage deiner Uni.

> **Tipp:**
>
> Die Plätze des ERASMUS-Programms sind heiß begehrt, deshalb kümmere dich mindestens zwei Semester vor dem Auslandsaufenthalt um einen Platz (s. „Wege ins Ausland", S. 258).

Lehrstuhl

Der Lehrstuhl bezeichnet nicht etwa den Stuhl, auf dem der Lehrende sitzt, sondern die Stelle eines ordentlichen Professors. Allerdings sind Lehrstuhl und Professur nicht immer miteinander verbunden, weshalb gilt, dass zwar alle Lehrstuhlinhaber Professoren sind, aber nicht alle Professoren Lehrstuhlinhaber. Wird einem Lehrenden ein Lehrstuhl angeboten, so wird er zur Lehre berufen, man sagt auch: Er hat einen „Ruf" erhalten. Klingt etwas esoterisch, ist aber der Traum eines jeden, der eine akademische Laufbahn anstrebt.

Mensa

Mensa ist Latein und bedeutet „Tisch". Und wenn wir schon bei Latein sind: „Plenus venter non studet libenter" – Ein voller Bauch studiert nicht gern. Doch mit leerem Bauch studiert es sich noch schlechter, deshalb kann in den Mensen an deutschen Hochschulen zu günstigen Preisen gegessen werden. Oft gilt das Essen der Uni-Kantinen als gewöhnungsbedürftig bis ungenießbar, doch tatsächlich bieten viele Mensen (auch) gutes Essen zu fairen Preisen und das sogar wahlweise vegetarisch oder vegan. Also überwinde deine Vorurteile, falls du welche hast, und probier es zumindest mal. Wenn's dir dann trotzdem nicht schmeckt, kannst du immerhin mitreden.

Neben Mensen gibt es an größeren Unis viele Cafeterien und kleine Bistros, die nichts mehr zu tun haben mit dem simplen Aufenthaltsraum, in dem früher ein oder zwei Kaffeeautomaten standen.

> **Tipp:**
>
> Die Studentenzeitung UNICUM prämiert jährlich die besten Mensen mit dem goldenen Tablett.

Prüfungsamt

Hat man am Ende seines Studiums endlich alle relevanten Scheine zusammen, packt man den ganzen Batzen und bringt ihn ins Prüfungsamt. So war das zumindest bis vor kurzem. Heute werden die erbrachten Studienleistungen meist zentral erfasst, so dass auch – sofern die Technik nicht versagt – nichts verloren gehen kann. Beim Prüfungsamt meldest du dich zur Prüfung an, hier wird dein Zeugnis ausgestellt und bei Unklarheiten, Fragen zu Prüfungsmodalitäten, Fristverlängerungen und allem rund um die Prüfung bist du hier richtig.

> **Tipp:**
>
> Wirf frühzeitig einen Blick in deine Prüfungsordnung und verlasse dich bei Fragen zu Prüfungen nicht nur – bzw. lieber gar nicht – auf die Aussagen deiner Profs.

Rechenzentrum

Das Rechenzentrum stellt die informationstechnische Infrastruktur der Universität. Hier werden die Server der Uni und das Uni-Intranet verwaltet und gepflegt. Außerdem gibt es für Studenten Rechner, Drucker und Scanner, die genutzt werden können. Viele Fachbereiche stellen einen Großteil ihrer Materialien online zur Verfügung und an manchen Unis ist die Rückmeldung zum Semester oder die Erstellung von Studienbescheinigungen nur noch online möglich.

Referat

Referate sind Gremien, die sich je nach Satzung der Studierendenschaft mit speziellen Aufgaben der Studierendenvertretung beschäftigen. Sie werden oftmals per Wahl besetzt, an vielen Universitäten gibt es aber ebenso autonome Referate, die sich zumeist um die Belange besonderer Ziel-Gruppen kümmern – studierende Eltern, Studenten mit Behinderung, homosexuelle Studis u.v.m. An jeder Hochschule gibt es in der Regel ein Referat für bestimmte Kerngebiete wie Soziales, Kultur, Finanzen und Hochschulpolitik.

Schlüsselqualifikationen

Um den heutigen Studierenden den späteren Berufseinstieg zu erleichtern, sollen diese nun schon während des Studiums berufs- und persönlichkeitsrelevante Schlüsselqualifikationen erwerben. Dafür wurden an den Universitäten Zentren eingerichtet, die entsprechende Lehrveranstaltungen und auch die Anmeldemodalitäten dafür betreuen und organisieren. Hier kannst du zusätzliche Kompetenzen und Qualifikationen erwerben – in Bereichen wie Kommunikation, Medien, EDV oder Management.

Seminar

Der Begriff Seminar wird dir an der Uni sehr oft begegnen. Ein bisschen knifflig daran ist, dass er ganz unterschiedliche Dinge bezeichnen kann. Ein Seminar kann eine Untereinheit der Fakultät sein, etwa das Englische Seminar – hier studierst du Englisch – als Teil der Philologischen Fakultät. Daneben kann man mit dem gleichen Begriff aber auch die Räumlichkeiten des Fachbereichs (z.B. Fachbibliotheken) bezeichnen („Ich lerne heute im Englischen Seminar.") oder auch bestimmte Lehrveranstaltungen („Ich habe gleich noch ein Seminar.").

Senat

Der Senat ist das wichtigste Entscheidungsgremium der Uni. Die Kompetenzen des Senats sind durch das jeweilige Landeshochschulgesetz festgeschrieben, umfassen aber in der Regel alles, was die Hochschule betrifft. Dazu gehören die Bereiche Forschung, Lehre und Weiterbildung sowie die Einrichtung von Studiengängen und die Zulassungszahlen der Studierenden.

Der Senat ist zugleich die zentrale Vertretung der unterschiedlichen Gruppen, die an einer Uni so rumlaufen. Dazu gehören Professoren, Studierende, aber auch der sogenannte Mittelbau und Mitarbeiter aus Administration und Technik. Ein Teil der Mitglieder kann dem Senat kraft ihres Amtes angehören, wie z.B. der Rektor und die Dekane, der Rest wird von den unterschiedlichen Gruppen gewählt. Das bedeutet, auch an deiner Uni gibt es regelmäßig Wahlen, bei denen du studentischen Vertretern für den Senat deine Stimme geben kannst. Dort sind sie dann aber, was nicht weiter überraschen wird, in absoluter Minderheit.

Studenten- oder Studierendenwerk

Mit dem Studentenwerk wirst du auf jeden Fall früher oder später in Berührung kommen, etwa bei der Wohnungs- oder Jobsuche, wenn du eine Rechtsberatung oder psychologische Betreuung brauchst oder auch einfach, wenn du in die Mensa gehst. Denn die derzeit 58 Studentenwerke in Deutschland kümmern sich um die wirtschaftlichen, kulturellen und sozialen Belange der Studierenden. Das bedeutet, dass sie dich nicht nur beim BAföG-Antrag unterstützen, sondern auch Mensen und Cafeterien betreiben, Wohnheime verwalten, Kinderbetreuung für studierende Eltern anbieten und kulturelle Angebote organisieren. Die vielen Beratungsstellen, die von den Studentenwerken getragen werden, bieten Hilfe bei so ziemlich allen Fragen und Problemen. Ursprünglich ist das Studentenwerk als studentische Selbsthilfeeinrichtung entstanden und heute noch eine von den Unis unabhängige, rechtlich selbstständige Einrichtung.

Studienberatung

An jeder Universität gibt es eine allgemeine Studienberatung. Bei grundlegenden Fragen zum oder Problemen beim Studium bist du hier genau richtig:

- Welches Studium passt zu mir?
- Mein Fach gefällt mir überhaupt nicht.
- Wie ist mein Studiengang aufgebaut?
- Welche Ansprechpartner gibt es für mein spezifisches Problem?

Neben der allgemeinen Studienberatung haben auch die einzelnen Fächer noch Beratungen. So beruft jeder Fachbereich einer Universität einen oder mehrere Studienfachberater, welche dir bei Fragen zum Aufbau oder zur weiteren Organisation des Studiums zur Seite stehen. Hier werden dir nicht nur rein organisatorische Fragen beantwortet, sondern auch spezielle fachliche, da die Fachberater Lehrende aus dem jeweiligen Fachbereich sind.

In vielen Studiengängen ist bei Beginn des Studiums eine Studienerstberatung verpflichtend geworden. Deinen zuständigen Fachberater findest du auf der Internetseite deiner Fakultät oder auch ganz klassisch offline am Schwarzen Brett. Neben den Fachberatern bieten oft auch die Fachschaften Beratungen an, aus der Studi-Perspektive und mit nützlichen Erfahrungen gespickt.

Studierendensekretariat

Hier findest du die zentrale Stelle für Organisationskram und die administrative Seite des Studiums. Das Sekretariat kümmert sich um Immatrikulationen, Exmatrikulationen, Beurlaubungen, Fachwechsel usw.

Studium Generale

Das Studium Generale hat die Aufgabe, den Studi allgemein und umfassend zu bilden. Vom Studium Generale werden Lehrveranstaltungen (Vorlesungen, Seminare und Kurse) angeboten. Diese dienen dem Allgemeinwissen der Studenten, stehen aber auch Externen offen – dem Allgemeinwissen förderlich kann übrigens offenbar auch eine Einführung in Schnelllesetechniken, ein Rhetorik-Kurs, ein Wein-Seminar oder das Lernen von Gitarre oder Tai Chi sein. Die Lehrveranstaltungen sind nicht obligatorisch und man kann deshalb auch keinen studienrelevanten Abschluss oder ECTS-Punkte erwerben. Ein (rechtzeitiger) Blick in das Semester-Programm lohnt sich auf jeden Fall, da bestimmt auch was Interessantes für dich dabei ist.

StuPa – Studierendenparlament

Das Studierendenparlament wird von den Studierenden gewählt – natürlich nur dort, wo es eines gibt. Das StuPa wiederum wählt und kontrolliert dann in der Regel den AStA, die Exekutive der Studierendenvertretung.

StuRa – Studierendenrat

Den Studentenrat/StudentInnenrat/Studierendenrat gibt es vor allem im Osten Deutschlands. Je nach Universität entspricht der StuRa dem StuPa, bildet also die Legislative der Studierendenvertretung oder vereint AStA und Studierendenparlament auf sich und hat somit darüber hinaus exekutive Funktionen.

u-AStA

Einen u-AStA (u = unabhängig) gibt es in den Bundesländern, in denen es keine verfasste Studierendenschaft gibt – in Bayern und (mindestens noch bis Sommer 2012) in Baden-Württemberg. Hier darf sich der AStA nur noch zu sportlichen, musischen und kulturellen Dingen äußern. Daher übernimmt der u-AStA die politische Vertretung der Studierenden. Wie genau diesem jetzt die Befugnis dazu übertragen wird, ist von Uni zu Uni unterschiedlich – informier dich am besten vor Ort. In Baden-Württemberg arbeitet die Grün-Rote Landesregierung gerade an der Wiedereinführung der verfassten Studierendenschaft.

Who is who und wer macht was?

Rektor/in

Triffst du zufällig den Rektor deiner Uni und möchtest ihn mit dem richtigen Titel ansprechen, dann lautet dieser „Eure Magnifizenz" – Eure Großartigkeit, doch dieser Titel wird entweder nur an sehr traditionsbewussten Unis oder bei öffentlichen Veranstaltungen gebraucht, auch der Titel Rektor ist in die Jahre gekommen und in vielen neueren Universitätsverfassungen wird nun der Titel Universitätspräsident vergeben. Der Präsident oder Rektor ist das gewählte akademische Oberhaupt der Universität und kümmert sich um die Ausrichtung der Lehre und Forschung sowie um repräsentative Aufgaben.

Prorektor/in

Der Prorektor ist der offizielle Stellvertreter des Rektors einer Hochschule und meist gibt es davon gleich mehrere. Je nach Verfassung kann er auch den Titel Vizerektor oder Vizepräsident tragen. Zu seiner Tätigkeit als Stellvertreter hat er oft ein eigenes Aufgabengebiet innerhalb des Rektorats, so gibt es etwa den Prorektor für Lehre.

Kanzler/in

Im Gegensatz zum Rektor ist der Kanzler für die Verwaltung der Universität zuständig. Er ist der Dienstvorsitzende des nichtwissenschaftlichen Personals der Hochschule und zuständig für den Haushalt. An katholischen Universitäten ist der Großkanzler noch immer der direkte Ansprechpartner des Papstes.

Dekan/in

Der Dekan ist der Leiter einer Fakultät oder eines Fachbereiches an einer deutschen Hochschule. Im Allgemeinen ist er für die Gestaltung

der Lehre und Forschung in seinem Fachbereich zuständig und entscheidet auch über Finanz- und Personalfragen. Die förmliche Anrede bei offiziellen Anlässen ist übrigens „Eure Spektabilität" – Eure Ehrwürdigkeit.

Professor/in

Professoren sind sozusagen die höchsten Lehrenden (und Forschenden) an deiner Uni. Sie haben eine lange akademische Laufbahn hinter sich, haben erst promoviert, dann habilitiert und wurden anschließend zum Professor berufen. Wenn sie einen Lehrstuhl innehaben, verfügen sie über einen gewissen Etat und haben wissenschaftliche Mitarbeiter und Hiwis in ihrem Dunstkreis. Die Aufgabe des Professors besteht in der eigenverantwortlichen Durchführung universitärer Lehre und Forschung. Reine Forschungs- oder Lehrprofessuren sind in Deutschland aber unüblich.

Außerplanmäßige/r Professor/in — Honorarprofessor/in

Jede Hochschule kann nach von ihr festgelegten Kriterien den Titel „Außerplanmäßiger Professor" sowie „Honorarprofessor" verleihen. Letztere Bezeichnung wird an Personen verliehen, die außergewöhnliche Leistungen in der Forschung und/oder Lehre erbracht haben. Außerplanmäßige Professoren werden oft auch einfach Professoren genannt, haben aber keinen Lehrstuhl inne und müssen ohne den entsprechenden Hiwi- und Mitarbeiter-Apparat auskommen.

Juniorprofessor/in

Seit dem Jahr 2002 trifft man an deutschen Universitäten immer mehr Juniorprofessoren, da in diesem Jahr die Amtsbezeichnung im Zuge des Hochschulrahmengesetzes eingeführt wurde. Die Juniorprofessur erlaubt es jungen Wissenschaftlern mit außergewöhnlicher Promotion, ohne die bisher übliche Habilitation in Forschung und Lehre an Hochschulen mit einer gewissen Eigenverantwortung tätig zu werden.

Privatdozent/in (PD)

Der Privatdozent wird dir sicher auch mal an der Uni begegnen. Er ist ein habilitierter Wissenschaftler, der Lehrveranstaltungen an einer Hochschule anbietet, obwohl er keine reguläre Professorenstelle hat. Als Hochschullehrer sind Privatdozenten eigenverantwortlich und selbstständig mit akademischer Lehre beauftragt.

> **Tipp:**
>
> Nicht alle Privatdozenten sind berechtigt, abschlussrelevante Studienleistungen abzunehmen. Wenn du also planst, bei einem PD Prüfung zu machen, erkundige dich unbedingt rechtzeitig, ob das auch geht.

Mittelbau

Mittelbau ist die langläufige Bezeichnung für alle Wissenschaftlichen Angestellten „unterhalb" des Professors. Mittelbau deshalb, weil sie eben zwischen den Studierenden und den Professoren angesiedelt sind. Besonders in deinen ersten Studiensemestern wirst du auf Dozenten des Mittelbaus treffen, da diese oft für die Proseminare und Einführungsveranstaltungen zuständig sind.

Dozent/in

Die Bezeichnung Dozent oder Dozentin leitet sich von dem lateinischen docere (lehren) ab und bezeichnet eine lehrende Person an der Hochschule oder in der Erwachsenenbildung. Als Dozenten können an einer Uni Professoren, Privatdozenten, wissenschaftliche Mitarbeiter oder Lehrbeauftragte auftreten. In wenigen Fällen übernehmen auch Studenten höherer Fachsemester Aufgaben in der Lehre, dann jedoch in der Rolle des Tutors.

Tutor/in (lat. Begleiter)

Studentische Hilfskräfte oder auch Doktoranden, die Lehrveranstaltungen wie Übungen oder Tutorate leiten, werden als Tutor bezeichnet. Oft bietet ein Tutor begleitende Sitzungen zur Vertiefung des Stoffes von Seminaren oder Vorlesungen an. In manchen Fachbereichen ist es auch üblich, Studienanfängern einen Tutor zuzuweisen, der ihnen bei der Organisation des Studiums und bei Fragen zur Seite steht.

Hiwi

Hiwis sind wissenschaftliche Hilfskräfte. Eigentlich müssten sie WiHis heißen, aber irgendwie tun sie das nicht. An Fakultäten oder auch in zentralen Einrichtungen werden Studenten als Hilfskräfte angestellt und erfüllen je nach Fachgebiet unterschiedliche Aufgaben. Diese Aufgaben können von der Aufsicht in der Unibibliothek bis hin zur Zuarbeit in der Forschung reichen. Am ehesten gelangt man an eine solche Stelle über gute Kontakte zu Mitarbeitern, anderen schon dort arbeitenden Studenten oder Professoren.

Gerade bei Stellen, die die wissenschaftliche Arbeit unterstützen sollen, suchen sich Professoren gerne mal Studenten aus, die ihnen zuvor schon einmal positiv aufgefallen sind. Ansonsten werden Stellen für studentische Hilfskräfte aber auch ausgeschrieben und sind als Aushang am Schwarzen Brett oder auf der Internetseite deiner Fakultät zu finden. Die Stellen sind unter Studenten heiß begehrt, zum einem weil sie mit 7-11 € / Stunde (Berliner haben Glück!) ganz gut vergütet werden, und zum anderen, weil man als Hiwi leicht Kontakt zum Lehrstuhl, zum Prof und zu den Mitarbeitern aufbauen kann und – falls man sich für eine wissenschaftliche Karriere interessiert – schon mal einen Fuß in der Tür hat.

Sekretär/in

Sei es, dass du ein Formular gestempelt haben musst, eine Hausarbeit verspätet einreichen willst, oder schlicht einen Termin bei einem deiner

Professoren brauchst, du kommst um die Sekretärinnen der Hochschule nicht herum. In vielen Fachbereichen sind sie nicht nur einfache Verwaltungsangestellte, sondern gute Seele, helfende Hand und Beraterin zugleich. In der Regel können sie dir weit besser Auskunft über Studienbelange geben als deine Professoren, gerade wenn es um Fristen, Formulare und Anträge geht. Und sie kennen nicht zuletzt die Marotten und Vorstellungen des Profs genau. Also wichtig: Gutes Verhältnis aufbauen!

Gleichstellungsbeauftragte/r

Die Aufgabe der Gleichstellungsbeauftragten besteht darin, der strukturellen Benachteiligung von Frauen an den Hochschulen entgegen zu wirken. Dies gilt insbesondere für soziale, organisatorische und personelle Maßnahmen und für die Umsetzung und Fortschreibung der Frauenförderpläne. Aber auch wenn du dich aufgrund deines Geschlechts im Studium benachteiligt siehst, sind sie die richtigen Ansprechpartner.

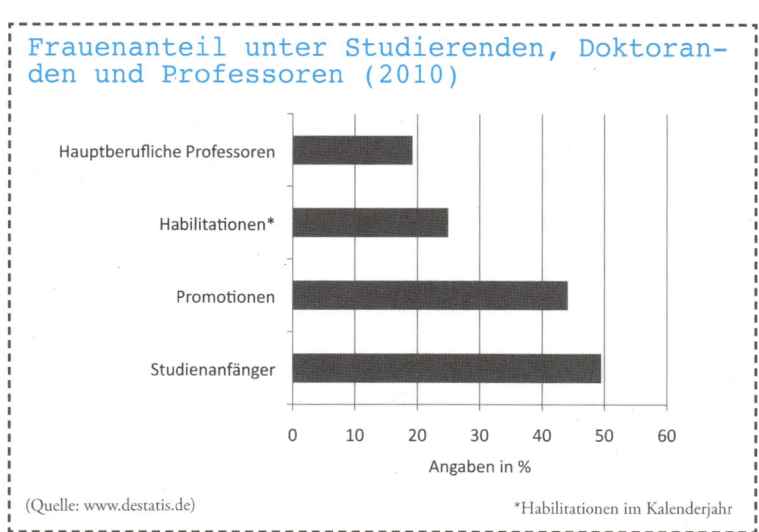

Frauenanteil unter Studierenden, Doktoranden und Professoren (2010)

- Hauptberufliche Professoren
- Habilitationen*
- Promotionen
- Studienanfänger

0 10 20 30 40 50 60

Angaben in %

(Quelle: www.destatis.de) *Habilitationen im Kalenderjahr

Referent/in

Nach den Satzungen der meisten Allgemeinen Studierendenausschüsse gehören neben dem Vorstand des AStA auch mehrere Referenten zur Leitungsebene der Studierendenschaft. Diese sind berufene Experten für einzelne Anliegen der Studenten und vertreten die entsprechenden Referate wie etwa für Finanzfragen, Soziales und Kultur, Fachschaftsangelegenheiten oder Politische Bildung (s. Referat, S. 163). Außerdem ist ein Referent jemand, der einen Vortrag zu einem bestimmten Thema hält.

Hausmeister/in

Bei ihnen liegt die Macht über Gebäudeschließungen, technische Ausstattung der Räume und verlorene Pullis. Meist gibt es an einer Uni ganz viele davon, die sich auf die einzelnen Gebäude aufteilen. Auch hier kann es nicht schaden, sich gut zu stellen. Man weiß ja nie.

Student/in

Tja, das bist du. Falls dir deine Rolle nicht ganz klar ist, kurz zusammengefasst: Lehrveranstaltungen besuchen, Referate halten, Seminararbeiten verfassen, Abschlussarbeiten schreiben, Prüfungen ablegen und dann irgendwann (hoffentlich) deinen ersten akademischen Titel in Händen halten. Zögert sich letzteres heraus, gehörst du irgendwann zur Spezies „ewiger Student".

An der Uni

Irren ist menschlich: wenn's einfach nicht passt

Studiengangwechsel

Historische Anthropologie ist doch nicht so spannend, wie du dachtest? In Germanistik ist der linguistische Schwerpunkt einfach zu groß? Schließlich wolltest du dich mit Literatur beschäftigen und nicht mit Generativer Grammatik – und was ist das überhaupt? Und Mathe hat doch immer so viel Spaß gemacht ... aber das hier???

Niemand ist davor gefeit: Man hat sich richtig gut informiert, das Studienfach klang total toll und die Wunschuni hat einen sogar genommen! Und dann? Ja, dann holt einen die Realität ein und eigentlich, ja ... ist das Fach doch überhaupt nicht das, was man sich vorgestellt hat. Denn viele Fächer sind als Unifach schließlich doch ganz anders, als sie in der Schule waren. Vielleicht merkst du, dass dein Interesse dann doch nicht so ins Detail geht, dass du dich zwar für philosophische Fragen interessierst, aber nicht deinen gesamten Alltag damit verbringen möchtest. Eventuell findest du das Fach auch einfach langweilig oder es ist dir schlicht zu schwer: In der Schule warst du zwar immer ein sicherer Kandidat in Physik, an der Uni kommst du aber einfach nicht mehr mit.

Und dann kommt natürlich noch hinzu, dass sich Interessen auch mal verändern. Vermutlich bekommst du in deiner Zeit an der Uni viele neue Anregungen und unter Umständen entdeckst du plötzlich deine Begeisterung für fremde Kulturen, das Theater, Gesteinsformationen oder gar Landwirtschaft. Vielleicht war dir auch gar nicht klar, was man alles so studieren kann – schließlich gab es viele Uni-Fächer in

der Schule gar nicht. Wieso sich dann mit etwas so Profanem wie Geschichte aufhalten?

Du siehst, es kann viel passieren. Und deswegen geht es auch vielen Studenten so, dass sie früher oder später unzufrieden sind mit ihrer Wahl und dann doch lieber ein anderes Fach studieren möchten. Falls du also irgendwann erkennst, dass das gewählte Fach nicht das richtige ist und du damit nicht glücklich wirst, nur Mut zum Wechsel! Schließlich soll dein Studienfach ja auch interessieren und dir Spaß machen. „Augen zu und durch" ist deshalb zwar ein gerne zitiertes Motto, sollte doch aber nicht für das gelten, was du dir aussuchen kannst.

Vor einem Wechsel solltest du aber natürlich bedenken, dass viele Erstsemesterveranstaltungen nichts mit dem späteren Studium zu tun haben, sondern wirklich nur einen Überblick über das Grundgerüst des Faches geben sollen. Wenn du also schon am ersten Tag das Gefühl hast, dass du dein Fach nicht magst, handle nicht überstürzt. Erkundige dich zunächst, wie das Studium weitergeht. Eine gute Quelle für Infos dazu ist die jeweilige Fachschaft. Da findest du Studenten des Fachs en masse, die wissen, wovon sie reden, und dir bestimmt gerne weiterhelfen. Aber auch die Profis der allgemeinen Studienberatung und die Fachberater können eine gute Hilfe sein. Wenn man sich aber schließlich sicher ist, dass man mit diesem Fach einfach nicht glücklich wird, geht es ans Beschaffen der notwendigen Informationen für einen Fachwechsel.

Vorher reinschauen

Um nicht ein zweites Mal in die „Klingt ja toll!"-Falle zu tappen, solltest du dich über das neue Fach deiner Wahl so gut es geht informieren. Diesmal bist du direkt vor Ort, daher ist es auch leichter als noch zu Schulzeiten, die wichtigen Informationen zu sammeln. Du kannst einfach mal in ein, zwei Vorlesungen reinhören, die Studienordnung konsultieren, damit du weißt, was du alles so belegen musst, mit Studenten des Faches reden und der jeweiligen Fachschaft und dem Studienfachberater einen Besuch abstatten. Wenn du dann sicher bist, dass du dein Fach gefunden hast, steht einem Wechsel nichts mehr im Weg. Außer der Bürokratie natürlich!

Wie gehe ich vor?

Ganz wichtig: Fristen beachten! Auch, wenn du vielleicht ein spontaner Mensch bist, deine Entscheidungen gerne über Nacht fällst und möglichst direkt am nächsten Tag in die Tat umsetzt, musst du leider die Termine und Fristen deiner Uni beachten. Es ist nämlich durchaus nicht jederzeit möglich, einfach so das Fach zu wechseln, sondern bestenfalls semesterweise. Wer zum ersten Fachsemester in ein anderes Studienfach wechseln will, muss sich ganz normal bewerben, wie auch beim alten Fach. Vorsicht: Die Bewerbungsfristen liegen oft noch mitten im Semester! Ob es besondere Bewerbungswege oder -fristen für bereits immatrikulierte Studierende gibt, kann nur das jeweilige Studierendensekretariat klären.

Das Einholen von Informationen dort oder auf der Website der Universität sollte generell möglichst früh erfolgen! Dort gibt es auch Informationen zu den Einstiegsmöglichkeiten in ein höheres Fachsemester. (s. auch Bewerbungsverfahren, S. 56)

In jedem Fall solltest du noch einmal mit der Studienfachberatung des neuen Faches sprechen – die kennen dich jetzt sicher schon. Wenn du zuvor ein verwandtes Fach studiert hast, werden eventuell Leistungen aus deinem alten Fach anerkannt und du musst dich nicht zum ersten Fachsemester bewerben, sondern kannst in ein fortgeschrittenes Semester quereinsteigen. Das kann den Fachwechsel um einiges leichter machen, da viele (aber nicht alle!) Fächer in höheren Fachsemestern nicht mehr zulassungsbeschränkt sind. Das bedeutet: Bekommst du eine Einstufung in ein höheres Fachsemester, ist der Wechsel mit etwas Glück nur noch eine Formalität.

Wirst du nicht höher gestuft, musst du dich ganz normal bewerben und das jeweilige Bewerbungsverfahen durchlaufen. Hier musst du schon im Vorfeld klären: Ist dein Abischnitt gut genug für das Wunschfach? – bedenke: Uni-Semester gelten nicht als Wartesemester! Gibt es ein „Eignungsfeststellungsverfahren", oder wie deine Uni das auch immer nennt, auf das du dich vorbereiten kannst? Musst du eventuell vorher ein Praktikum absolvieren? All das erfährst du normalerweise auch beim Studentensekretariat oder auf der Homepage der Uni oder des jeweiligen Fachbereichs.

Was aber, wenn man zum Wintersemester ein Studium begonnen hat, gerne schon zum Sommersemester wechseln würde, das Studentensekretariat aber sagt, dass das nur zum Wintersemester geht? Ganz einfach: Im neuen Fach nachfragen, ob es möglich ist, schon VOR dem offiziellen Wechsel an Vorlesungen oder Seminaren des neuen Fachs teilzunehmen! Vielleicht kannst du so schon ein oder zwei Veranstaltungen besuchen, die du dir dann später anrechnen lassen kannst.

Und was ist mit BAföG?

Hier gilt erneut das große Mantra des Studienfach-Wechsels: Keine Panik. Der erste Wechsel des Studienfachs bedeutet normalerweise nicht, dass man den Anspruch auf BAföG verliert. Ein Wechsel nach dem ersten oder zweiten Fachsemester macht gar nichts aus und muss in der Regel gegenüber dem Amt nicht einmal begründet werden. Die Sachbearbeiter dort wissen nämlich auch, dass Erwartungen an ein Studium und die Realität an der Uni oft ganz weit auseinander liegen, und nehmen darum pauschal an, dass man einen ausreichend wichtigen Grund hat, wenn man so schnell das Fach wechseln will.

Auch ein Fachwechsel bis zum Beginn des vierten Fachsemesters ist noch möglich ohne den Anspruch auf BAföG zu verlieren, dieser muss dann allerdings mit einem sogenannten „wichtigen Grund" gerechtfertigt werden. In diese Kategorie fallen grundsätzlicher Neigungswandel, mangelnde Eignung (intellektuell, physisch, psychisch), Wandel der Konfession (bei weltanschaulich gebundenen Berufen). Was nicht gilt sind Angaben wie „zu schlechte Berufsaussichten" oder „schlechte Betreuung" im Studiengang.

Jeder spätere Fachwechsel hingegen ist ein echtes Problem und geht fast immer mit finanziellen Einbußen einher. Wer einen sogenannten „unabweisbaren Grund" hat, zum Beispiel Sport studiert und nach einem Unfall im Rollstuhl sitzt, bekommt natürlich weiterhin BAföG, anerkannte Gründe sind allerdings sehr rar und genauestens definiert. Erst nach dem 4. Semester festzustellen, dass man sich doch eigentlich eher für Englisch als für Bio interessiert, ist nämlich in den Augen der BAföG-Ämter definitiv zu spät.

Die einzige Ausnahme stellt eine Schwerpunktverlagerung dar. Wenn das alte Fach mit dem neuen verwandt ist und genug Leistungen aus dem alten Fach anerkannt werden, um in ein höheres Fachsemester einsteigen zu können, so dass man insgesamt maximal 3 oder weniger Semester durch den Wechsel verliert, kann man trotzdem weiterhin mit BAföG rechnen. Um eine Begründung des Wechsels kommt man aber auch hier nicht herum.

Genauere Infos findest du hier:

www.bafoeg-rechner.de

www.bafög.de (die offizielle Seite des Bildungsministeriums)

Vor Ort bieten das Studentenwerk oder auch einige Studierenden-vertretungen kompetente BAföG-Beratungen an.

Uniwechsel

Da ist man nun endlich an der Uni angekommen und was ist? Die Stadt ist doch viel spießiger, als du befürchtet hast. Oder der Schwerpunkt des Faches gefällt dir doch nicht so gut wie der an der Uni drei Städte weiter. Oder der Partner bekommt einen Job am anderen Ende der Republik und man will definitiv keine drei Jahre Fernbeziehung. Vielleicht haben die Leute von hochschulstart.de dich auch schlicht in die völlig falsche Stadt geschickt, wo du es niemals mehrere Jahre aushalten wirst. Oder du möchtest einfach noch mal eine andere Uni kennenlernen oder eine andere Stadt? Was also tun, wenn einer von hundert möglichen Fällen eintritt, die es einem völlig unmöglich machen, in der gewählten oder zugeteilten Studienstadt zu studieren? Wechseln, klar. Aber das ist leider gar nicht immer so leicht und sollte gut bedacht und geplant sein.

Wie funktioniert der Uniwechsel?

Ein Uniwechsel ist grundsätzlich nicht gerade einfacher geworden. Zwar gab es die vielgelobte und vielkritisierte Bologna-Reform, die die Mobilität von Studenten erhöhen und mehr Vergleichbarkeit schaffen sollte, nur hat sich das in der Praxis leider als etwas schwieriger erwiesen als gedacht. Und so ist es eben auch mit dem Uniwechsel nach wie vor kompliziert. Das liegt vor allem daran, dass die Universitäten in ihren Studiengängen unterschiedliche Schwerpunkte setzen – BWL an Uni A ist nicht das Gleiche wie BWL an Uni B. Dadurch schärfen die Unis ihr Profil, das hat aber auch zur Folge, dass die Studienleistungen nicht wirklich vergleichbar und schon gar nicht einfach so übertragbar sind. Informier dich also am besten im Vorfeld, was du dir anrechnen lassen könntest und überlege, was dich der Wechsel „kostet".

Als nächstes musst du dann der Frage nachgehen, ob ein Wechsel der Universität einfach so möglich ist, oder ob du deinen Studienplatz mit jemandem tauschen musst. Darüber informiert dich die Univerwaltung (meist das zentrale Studierendensekretariat) der Ziel-Universität. Informiere dich auf jeden Fall, bevor du irgendwelche Schritte einleitest, wie dich zu exmatrikulieren oder ähnliches. Das kann sonst ordentlich in die Hose gehen.

Irren ist menschlich

Grundsätzlich gilt, dass der Uniwechsel in einen zulassungsfreien Studiengang am einfachsten ist. Normalerweise musst du dich in einem solchen Fall einfach an deiner alten Uni exmatrikulieren und an der neuen einschreiben. Hierbei solltest du unbedingt entsprechende Fristen beachten, denn natürlich geht das nicht einfach so mal während des Semesters. Zu allem Überfluss können die Fristen von Uni zu Uni auch sehr unterschiedlich aussehen.

Bei örtlich zulassungsbeschränkten Studiengängen gestaltet sich der Wechsel schon etwas schwieriger. Hier kann es gut sein, dass du, eventuell sogar in höheren Fachsemestern, über einen NC stolperst, eine Eignungsprüfung machen musst oder man dir die Zulassung verweigert, weil eben gerade kein Studienplatz frei ist. In diesem Fall hast du aber unter Umständen immer noch die Möglichkeit, deinen Studienplatz mit jemandem zu tauschen. Fahr am besten zweigleisig, das erhöht deine Chancen.

Bei Fächern, die generell zulassungsbeschränkt sind und bei denen Studienplätze über hochschulstart.de vergeben werden, ist ausschließlich ein Studienplatztausch möglich.

Der Studienplatztausch

Um einen Studienplatz mit jemandem zu tauschen, musst du zuerst mal jemanden finden, der in die andere Richtung wechseln möchte. Das heißt: Wer von Uni A zu Uni B wechseln möchte, muss jemanden finden, der dafür von Uni B zu Uni A möchte. Möglich ist aber manchmal auch ein Ringtausch: Student A übernimmt den Platz von Student B, der Student C ersetzt, der wiederum den Studienplatz von A übernimmt. Voraussetzung ist aber immer, dass beide/alle das gleiche Fach im gleichen Semester und mit gleichem Leistungsstand studieren.

Ob der Tausch zum ersten Fachsemester möglich ist, ob ein NC für den Wechsel in höhere Fachsemester angesetzt wird und ähnliche Details entscheidet jede Universität grundsätzlich selbst – Auskunft darüber geben die jeweiligen Studierendensekretariate der beteiligten Unis.

Wenn du dann sicher bist, dass das mit einem Tausch theoretisch funktionieren würde, begib dich auf die Suche nach einem passenden

Tauschpartner. Es gibt einige Portale im Internet, teils kostenlos, teils kostenpflichtig, auf denen man inserieren kann, Gruppen in Social Networks und man kann natürlich die Fachschaft des Zielfachs kontaktieren, eventuell kennen die einen ortsspezifischen Weg zum Tauschpartner. Finanzielle Anreize sollten übrigens auf gar keinen Fall im Spiel sein! Beide Hochschulen müssen dem Tausch zustimmen und wenn einer Wind von finanziellen Transaktionen bekommt, kann das Spiel ganz schnell aus sein.

Und jetzt kannst du einfach mal „Studienplatztausch" in einer Suchmaschine deiner Wahl eingeben oder aber du probierst es bei einer der kostenlosen Datenbanken aus der Infobox.

> ### Hier findest du Tauschpartner:
>
> www.studienplatztausch.de (wichtigste Plattform, gefördert von Studierendenvertretungen und vollständig werbefrei)
>
> www.studenten-wg.de/studienplatztausch.html
>
> www.zvs-opfer.de
>
> www.unicum.de/forum/studienorte-und-studienplatztausch

Beschränke dich bei der Suche aber nicht nur auf eine einzige Datenbank. Vielleicht hat gerade hier dein potentieller Tauschpartner nicht inseriert. Behalte also immer gleich mehrere Vermittlungsplattformen im Auge.

Sobald man einen Tauschpartner gefunden hat, müssen beide Beteiligte dies dem jeweiligen Studentensekretariat ihrer Universität mitteilen und sich mit dem Studierendensekretariat der anderen Universität in Verbindung setzen, um die Formalia zu regeln. Wenn der Tausch von beiden Universitäten akzeptiert wird, sollte es keine weiteren Schwierigkeiten geben.

Was kann ich mir anrechnen lassen?

Hast du deinen Studienplatz ergattert, geht der Eiertanz erst richtig los. Dann sollte als nächstes die Studienfachberatung des Zielfaches an der Zieluniversität kontaktiert werden. Dort legt man dar, welche Kurse man bislang besucht hat, welche Module man abgeschlossen hat und wie viele ECTS-Punkte man für was davon erhalten hat. Denke an einen schriftlichen Nachweis über die bisher erbrachten Leistungen – den kannst du dir an deiner alten Uni entweder über deinen Uni-Account selbst ausdrucken oder du musst ihn beantragen.

Dann entscheidet die Ziel-Uni darüber, was anerkannt wird. Anerkannt werden dabei meistens nur abgeschlossene Module, keine einzelnen Kurse aus nicht abgeschlossenen Modulen. Und grundsätzlich gilt – vom Sonderfall Studienplatztausch abgesehen –, dass man nicht damit rechnen darf, alles anerkannt zu bekommen oder ins selbe Semester wie zuvor eingestuft zu werden. Dafür sind die jeweiligen Studiengänge nämlich zu unterschiedlich und bauen inhaltlich in höheren Semestern zu sehr auf die spezifischen Inhalte der vorherigen Semester auf. Insofern ist es nicht nur nachteilig, nicht vollständig hochgestuft zu werden: Das würde unter Umständen die Studiendauer genauso verlängern, da dann im höheren Semester Wissen aus den niedrigeren Semestern des neuen Studiengangs nachgeholt werden muss – zusätzlich zum regulären Semester-Soll manchmal kaum zu schaffen.

BAföG und Uniwechsel

Bei einem Hochschulwechsel muss natürlich auch dein neues zuständiges BAföG-Amt informiert werden. Hierzu benötigt dieses das „Formblatt 1", allerdings ohne Nachweise der Kontostände etc., deine Mietkostenbescheinigung (oder Mietvertrag), die Exmatrikulationsbescheinigung der alten Uni und die Immatrikulationsbescheinigung deiner neuen Hochschule. Dein neues zuständiges BAföG-Amt wird dann deine Akte beim alten Amt anfordern. Wie sonst auch beim BAföG gilt: Immer mindestens 2 Monate vorher um alles kümmern, damit deine Zahlungen nahtlos anschließen können.

Studienabbruch

Viele Studenten wechseln im Laufe des Studiums ihr Fach oder die Uni, weil sie unzufrieden sind mit ihrer Studiensituation. Doch was ist, wenn selbst so ein Wechsel nicht reicht, sondern du einfach das Gefühl hast, dass die ganze Uni nichts für dich ist? Vielleicht nervt dich die ewige Theorie und du sehnst dich eher nach etwas Praktischem, möchtest lieber arbeiten gehen, als zu studieren, oder hast es nach vier Semestern immer noch nicht geschafft, eine einzige Hausarbeit zu schreiben? Du bekommst riesige Zweifel, ob das mit dem Studium wirklich eine gute Idee war? Auch damit stehst du nicht alleine da, nicht umsonst verlässt fast ein Viertel jedes Jahrgangs die Uni ohne Abschluss.

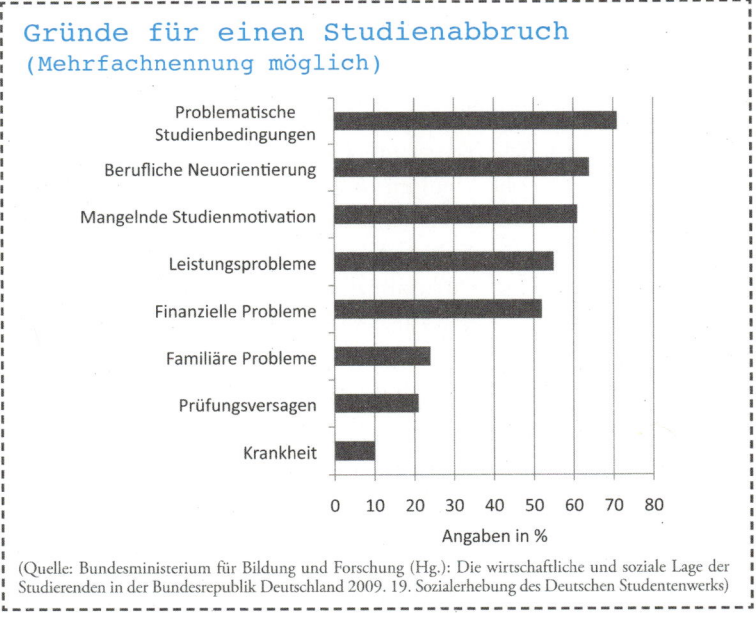

Gründe für einen Studienabbruch
(Mehrfachnennung möglich)

(Quelle: Bundesministerium für Bildung und Forschung (Hg.): Die wirtschaftliche und soziale Lage der Studierenden in der Bundesrepublik Deutschland 2009. 19. Sozialerhebung des Deutschen Studentenwerks)

Dennoch gilt: Jetzt nichts übereilen. Erste Zweifel sind noch kein Grund für einen Studienabbruch. Und selbst, wenn die Zweifel sich häufen: Es ist kein Beinbruch, nach ein paar Semestern noch mal ganz neu durchstarten zu wollen. Wichtig ist nur, dass dieser Schritt gut durchdacht und geplant ist.

Analyse der Situation

Zunächst einmal: Finde auf jeden Fall heraus, was das eigentliche Problem ist. Liegt es am Studium? Steckt das hinter dem Wunsch nach Abbruch oder ist es etwas anderes? Wie du in der Grafik sehen kannst, gibt es eine ganze Reihe von unterschiedlichen Problemen, die Studenten dazu bewegen, ihr Studium abzubrechen. Vielleicht muss das aber in deinem Fall gar nicht der letzte Ausweg sein und die Probleme lassen sich leichter beheben, als du denkst.

Hintergrundinfos gefällig?

Ulrich Heublein, Heike Spangenberg, Dieter Sommer: Ursachen des Studienabbruchs. Analyse 2002. HIS Hochschul-Informations-System GmbH 2003.
www.bmbf.de/pub/ursachen_des_studienabbruchs.pdf

Wenn das Studium nicht das eigentliche Problem ist, versuche, die Probleme zu lösen, statt dein Studium zu schmeißen. Schrecke dabei nicht davor zurück, dir Beratung zu suchen. Du hast mörderische Prüfungsangst? Keine Panik! Dafür gibt es Kurse und das kann man relativ gut in den Griff bekommen. Du kommst finanziell einfach nicht über die Runden? Geh unbedingt mal zur BAföG-Beratung, vielleicht ist da ja doch noch was zu machen. Du kommst mit den Leistungsanforderungen im Studium nicht zurecht und hast das Gefühl, immer hinterher zu hängen? Lernen kann man lernen, auch du!

Beratung, die hilft

Die Studienfachberatung des eigenen Fachs ist die erste Anlaufstelle, wenn man mit seinem Studienfach Probleme hat, die man gerne lösen würde. Für die Frage, ob es sinnvoll ist, das Studium generell fortzusetzen ist die Allgemeine Studienberatung der Universität ein guter Ansprechpartner. Hier kann über Probleme mit dem Lernen, Berufsziele und fachliche Schwierigkeiten gesprochen werden. Gemeinsam wird dort überlegt, ob ein Fachwechsel vielleicht Abhilfe schaffen könnte.

Konkrete Ansprechpartner findest du über die Homepages deines Fachbereichs bzw. der Universität.

Unterstützung bei studienpraktischen oder persönlichen Problemen, wie z.B. mit der Lernbelastung, bieten spezielle Beratungsstellen der Uni, die psychologische Einzelberatung sowie Kurse zu Lerntechniken, zum Zeitmanagement, zu Motivationsproblemen, zu Schreibproblemen, zur Bewältigung von Prüfungsangst, und, und, und ... Die erste Anlaufstelle ist hier immer das örtliche Studentenwerk, das ist für genau sowas da (s. „Erste Hilfe", S. 220).

Genauso kann der Gang zu einer Berufsberatung, dem Career Center deiner Uni oder eventuell der Arbeitsagentur sinnvoll sein. Sollte ein Studienabbruch nämlich in Erwägung gezogen werden, da sich die eigenen beruflichen Wünsche geändert haben, kann ein außenstehender Berater noch mal eine neue Perspektive eröffnen, wie das Studium eventuell doch für den neuen Wunsch genutzt werden könnte.

Perspektive schaffen

Wenn du nun nach gründlicher Analyse und Beratung überzeugt bist, dass ein Studium tatsächlich nichts für dich ist, dann ist das wohl einfach so. Hör auf, dich zu quälen und lass die Uni Uni sein. Aber: Du solltest auf jeden Fall wissen, was du stattdessen machen willst. Jetzt geht es darum, dir eine neue Perspektive zu schaffen. Wie geht es weiter? Und wie findest du etwas, das dir richtig gut gefällt und dich glücklich macht? Eine Perspektive macht Mut und erleichtert den endgültigen Schritt des Studienabbruchs. Sie macht dir deutlich, dass du nicht gescheitert bist, sondern dich aus guten Gründen umorientierst. Prominente Vorbilder gibt es zu Genüge – schließlich haben auch schon Charles Darwin, Bill Gates, Mick Jagger und Stefan Raab ihr Studium abgebrochen.

Natürlich ist es auch in diesem Stadium wieder eine gute Idee, sich beraten zu lassen. Wenn du das bisher in deinem Entscheidungsprozess nicht gemacht hast, schau auf jeden Fall mal beim Arbeitsamt vorbei und lass dich hier ausführlich beraten (s. auch „Erste Schritte Richtung Berufsleben", S. 272).

Exkurs: Das Urlaubssemester

Auf dem Weg zur Entscheidung, wie es weitergeht, kann ein Urlaubssemster hilfreich sein. Denn da hast du die Möglichkeit, 6 Monate am Stück den Weg auszutesten, den du dir für die Zeit nach dem Studienabbruch überlegt hast, um dich neu zu orientieren oder Probleme, die dich an der Fortsetzung des Studiums hindern, zu lösen. Der Vorteil ist, dass ein Urlaubssemester nicht zur Gesamtsemesterzahl gerechnet wird. Wer also nach dem 4. Semester darüber nachdenkt, das Studium abzubrechen, kann mit einem Urlaubssemester auch noch 6 Monate später das Studium abbrechen und trotzdem nur 4 Semester auf dem Zettel stehen haben oder ohne Semesterverlust 6 Monate später ins 5. Semester starten.

Um ein Urlaubssemester zu beantragen, musst du dich rechtzeitig über die Regularien und Möglichkeiten der eigenen Universität informieren. Die meisten Unis erlauben das Einreichen eines Antrags auf ein Urlaubssemester bis zum letzten Tag des vorherigen Semesters. Wenn das Semester also offiziell vom 1.10. bis zum 30.3. geht, kann bis zum 30.3. der Antrag auf ein Urlaubssemester für das nachfolgende Semester gestellt werden. Auch ist es meist notwendig, eine ausreichende Begründung für das Urlaubssemester anzugeben. Nicht nur aus diesem Grund sollte man sich rechtzeitig vor der Entscheidung an die Studienberatung der eigenen Uni wenden.

Ob du auch im Urlaubssemester BAföG-berechtigt bleibst, hängt davon ab, was du während dieser Zeit tust. In einem „studienrelevanten Praktikum" kannst du eventuell deine Bezüge weiterhin erhalten. Auch aus diesem Grund sind gute Beratung und Planung wichtig. Für BAföG-Fragen solltest du dich stets an dein Studentenwerk wenden.

Orientierung

Bevor du das Studium für einen neuen Berufswunsch dann endgültig abbrichst, empfiehlt es sich, ein langes Praktikum im (potenziellen) Wunschberuf zu machen. Dazu eignet sich das oben genannte Urlaubssemester besonders gut. Einmal sechs Monate am Stück in einem Betrieb zu sein oder die Arbeit in zwei verschiedenen Betrieben jeweils drei Monate am Stück live zu erleben, kann hilfreich sein und den neuen Wunsch in einem ganz anderen Licht erscheinen lassen. Wichtig ist, sich nicht voreilig zu exmatrikulieren, da dadurch beispielsweise in der Krankenversicherung große Nachteile entstehen und man vor dem Praxistest der eigenen Wünsche nicht zu sicher sein sollte, dass die neue Idee nun die einzig wahre ist. Man hat ja immerhin auch mal geglaubt, dass dieses Studium das richtige sei ...

Die Hintertür

Wer schon ein paar Semester lang studiert hat, hat schon einige Leistungen erbracht, die man vielleicht nicht ganz unter den Tisch fallen lassen sollte. Was ist zum Beispiel, wenn der gewählte Ausbildungsbetrieb, in dem du nach dem Abbruch unterkommst, nach einem Jahr pleite geht? Oder du dich später doch irgendwie an die Uni zurücksehnst und sei es auch erst in 5 Jahren? Wichtig ist, dass du mit einer Einstufung in ein höheres Fachsemester ein einmal begonnenes Studium mit geringem Zeitverlust auch an einer anderen Uni wieder aufnehmen kannst.

Dafür solltest du dir eine Bescheinigung über alle bisher erbrachten Studienleistungen und belegten Kurse ausstellen lassen und gegebenenfalls darüber nachdenken, ob du im letzten Universitätssemester vor dem Abbruch noch einige Module beenden kannst, um einen sauberen Strich unter das Studium zu setzen. Möglichst viele Module nicht nur angefangen, sondern auch abgeschlossen zu haben, vereinfacht einen eventuellen späteren Wiedereinstieg!

Das Ausstellen einer entsprechenden Bescheinigung sollte normalerweise problemlos über das Sekretariat des Studienfachs möglich sein. Und auch, wenn man sich sicher ist, dieses Fach später nie wieder studieren zu wollen, ist diese Bescheinigung durchaus nützlich: Man kann damit in Bewerbungen nachweisen, dass man in seiner Zeit an der Universität etwas geleistet hat und vielleicht sind sogar genau die Kenntnisse darunter, die gesucht werden.

Und wenn du es dir gut überlegt hast und alle Vorkehrungen getroffen hast, heißt es nur noch: Kopf hoch und ab ins neue Leben!

Freizeit für den kleinen Geldbeutel

Während manch einer denkt, dass Studenten bis in die Puppen schlafen und den Rest der Zeit nur Party machen, muss man doch in Wirklichkeit mitunter richtig fleißig sein. Natürlich darf aber auch der Spaß nicht zu kurz kommen und etwas Ausgleich muss schließlich sein. Mit einem schmalen Budget steht dir zwar nicht immer die Welt offen, aber das sollte dich nicht davon abhalten, sie zu erobern! Mit diesen Tipps bist du jedenfalls auf dem richtigen Weg.

Unisport

Auch ohne viel Geld gibt es genügend Möglichkeiten, sich in seiner Freizeit zu beschäftigen, unter anderem mit Sport. Die meisten Unis bieten dir dafür ein breit gefächertes Programm, an dem du nach Lust und Laune teilnehmen kannst. Hier kannst du beispielsweise beim Konditionstraining, verschiedenen Aerobic-Kursen, Ultimate-Frisbee, Badminton und diversen anderen Sportarten ganz ohne Anmeldung mitmachen. Kommt es allerdings auf die Teilnehmerzahl an, kann es sein, dass du dich im AHS-Büro anmelden musst. AHS steht für „Allgemeiner Hochschulsport". Auch hier gibt es Sprechstunden und wenn du Fragen hast, ruf einfach an oder geh vorbei.

Dank Hochschulsport kannst du unter Umständen sogar Sportarten ausüben, die sonst der monetären Upperclass vorbehalten sind. Unistädte am Meer locken z.B. mit Segeln für lau, andernorts kannst du dafür den Golf-Schläger schwingen.

Generell kann man sagen: Je größer die Uni, desto größer das Sportangebot. Wenn man an deiner Uni Sport studieren kann, sind die Trainingsplätze und Sporthallen sowieso vorhanden und können abends von allen Studierenden genutzt werden. Außerdem findet häufig auch während der Semesterferien ein – abgespecktes – Sportprogramm statt. An einigen Unis gibt es aber einfach zu viele (bewegungshungrige) Stu-

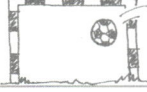

denten, weshalb du dich im Vorfeld gut informieren solltest, um nicht am Ende ohne Sportkurs dazustehen. Teilweise läuft die Anmeldung genauso ab wie für deine „normalen" Unikurse, nämlich online. Die Plätze werden dann nach dem „first come, first served"-Prinzip verteilt. Das heißt für dich dann schon vor Trainingsbeginn: schnell sein!

Sportarten

Standardsportarten wie Leichtathletik, Ballsport oder auch Schwimmen gibt es eigentlich immer. Außerdem sind Trendsportarten wie Yoga, Pilates oder Capoeira an vielen Unis im Angebot. Aber auch exotischere Sportarten, wie zum Beispiel Bogenschießen oder Unterwasserrugby gibt es öfter mal. Einige Unis bieten auch die Möglichkeit, Tauch-, Segel- oder Surfscheine zu machen. Dann findet die Theorie meistens im Winter statt und im Sommer geht's dann entweder an den nahegelegenen See oder wenn möglich ans Meer.

Eigentlich ist beim Hochschulsport wirklich für jeden etwas dabei. Außerdem ist so ein Sportkurs auch eine super Gelegenheit, neue Leute kennenzulernen. Bist du also neu in der Stadt und willst dich nicht an einen Verein binden, bietet dir der Hochschulsport die ideale Möglichkeit, neue Freunde zu finden und Sport zu treiben. An einige Sportarten sind auch „Stammtische" angeschlossen, an denen man alle ein bis zwei Wochen teilnehmen kann, aber natürlich nicht muss. Auch hier kann man die Kursteilnehmer und auch die Trainer besser kennenlernen und sich austauschen.

Der Kostenfaktor ist von Uni zu Uni unterschiedlich. Viele Angebote sind umsonst, richtige Kurse, Scheine etc. kosten aber in der Regel was. Nähere Infos dazu findest du auf der Internetseite des Allgemeinen Hochschulsports deiner Uni oder in einem Sport-Programmheft, das dann normalerweise überall an der Hochschule ausliegt.

Training

Es muss auch Leute geben, die die Sportkurse oragnisieren und leiten. Praktisch, wenn du einen Trainerschein für eine bestimmte Sportart hast oder einen übergreifenden Übungsleiterschein. Das ist aber auch nicht in jeder Sportart notwendige Voraussetzung und viele Unis bieten dir auch die Möglichkeit, vor Ort an einem Lehrgang teilzunehmen. Das Praktische für dich als Trainer ist, dass du die Übungen im Normalfall vor- und mitmachst, d.h. selbst den Sport treibst, der dir gefällt, und dir dabei auch noch ein wenig Geld dazuverdienen kannst.

Kultur

Man muss bekanntlich nicht Geisteswissenschaften studieren, um hin und wieder mal etwas Interesse für pop-, sub-, hoch- oder sonstige kulturelle Freizeitaktivitäten aufzubringen. Die Auswahl ist groß, vor allem in Studentenstädten und den wenigen Metropolen des Landes gibt es meist ein großes Angebot, auch fernab des Mainstreams. Der Studentenausweis verschafft dir dabei große Vorteile!

Studentenrabatt

In den meisten Kultureinrichtungen bekommst du als Student Ermäßigung. Gerade Theaterbesuche und Museumsrundgänge können so um einiges günstiger werden. Und auch im Kino kannst du die neuesten Filme für weniger Geld schauen. Trotzdem ist es sinnvoll, auch nach anderen Angeboten, wie Restkontingenten, Kinotagen und Tagen der offenen Tür Ausschau zu halten. Und Achtung für Spätberufene: Studentenrabatte sind oft ans Alter gebunden!

In manchen Studentenstädten gibt es besondere Vereinbarungen, die der Asta mit viel Einsatz erkämpft hat. Hier bekommst du eventuell Restkarten geschenkt oder kannst mit Gutscheinheften die Stadt unsicher machen.

Kultur an der Uni

Max Frisch hat mal gesagt: „Wir leben in einer Zeit, in der die Menschen nicht mehr in der Lage sind, zu definieren, was Kultur ist." Na und? Sitzt man in seinem ersten Politik-Bachelor-Seminar, muss man ohnehin zu viel definieren. Darüber hinaus mach einfach, was dir Spaß macht: Spiel Theater, such dir eine Blaskapelle oder gründe das neue städtische Kulturzentrum, in dem dann auch alle anderen machen können, was sie wollen.

An der Uni ist es relativ leicht, sich seinen eigenen kulturellen Kosmos zu schaffen: Das Deutsche Seminar und die Fremdsprachen haben ihre eigenen Theatergruppen, an jeder zweiten Pinnwand hängen Zettel für politische, philosophische oder literarische Lesekreise und auch die Musikvereine aus der näheren ländlichen Umgebung wissen, dass die Erstsemester eine neue musikalische Heimat brauchen. Wem das zu provinziell ist, der geht eben ins akademische Orchester. Allerdings werben länger bestehende Gruppen meist schon mit einem konkreten Programm um Nachwuchskräfte; die Orchester haben sich ihre Stücke schon ausgeguckt und müssen nur noch ihre an den Abschluss verlorenen Instrumente ersetzen. Die Theatergruppen laden zum Vorsprechen für ein Theaterstück und die Filmcrews lassen euch auf Zetteln wissen, welche Rollen noch zu besetzen sind.

Um einen Überblick zu bekommen, welchen Gruppen du dich in deinem künstlerischen Schaffensdrang anschließen könntest, hilft ein Blick auf die Uni-Homepage: Das gibt es oft eine Zusammenstellung der studentischen Gruppen und man findet auch mal Unerwartetes, wie die „Akademische Fliegergruppe". Bei den vorhandenen Links gilt aber: Liegt der letzte Veranstaltungshinweis zwei Jahre zurück, gibt es die Gruppe wohl nicht mehr.

Du bist eher der Beobachter-Typ? An vielen Unis gibt es natürlich auch ein Unikino, in dem man zu günstigen Preisen sowohl Blockbuster als auch Arthouse-Filme sehen kann. Auch von verschiedenen Fachschaften werden gelegentlich Filmvorführungen organisiert, die normalerweise gratis sind. Diese sind dann meist thematisch an die Fachrichtung gebunden oder laufen im Original mit Untertiteln (OmU).

Wenn es in deiner Stadt eine Musikhochschule gibt, dann lohnt es sich, auch hier auf Veranstaltungen zu achten. Es werden immer mal wieder Konzerte von Studenten veranstaltet, die man umsonst oder für wenig Geld besuchen kann. Auch die Ausstellungen junger Künstler der Kunsthochschulen sind immer einen Besuch wert und darüber hinaus schonend für den Geldbeutel.

Außerdem gibt es auf fast jedem Campus oder drumherum Cafés oder Kneipen, die kostenlos oder gegen niedrigen Eintritt zu Konzerten, Lesungen und Poetry Slams einladen.

Vorträge

Und überhaupt gibt's ja eh fast jeden Abend einen Vortrag zu irgendetwas, öfter auch mal mit richtigen Größen aus Wissenschaft, Kultur,
Gesellschaft oder Politik. Denn auch die Uni selbst – bzw. das Studium
Generale oder einzelne Fakultäten – organisiert Vortragsreihen zu unterschiedlichsten Themen. Es gibt z.B. interdisziplinär angelegte Vortragsreihen, bei denen Themenfelder aus vielen verschiedenen
Perspektiven betrachtet werden und wo immer mal wieder besondere
Redner zu Gast sind. Außerdem finden laufend Einzelvorträge zu den
unterschiedlichsten Themen statt – von aktuell und heiß diskutiert bis
super-speziell. Es lohnt sich auf jeden Fall, mal vorbeizuschauen und
über den Tellerrand der eigenen Studienrichtung zu blicken: Weiterbildung ist dabei garantiert, gute Unterhaltung natürlich nicht in jedem
Fall.

Nicht vergessen sollte man in dem Zusammenhang, dass man sich bei
Interesse meist ohne Probleme auch in die regulären Vorlesungen anderer Studienfächer setzen kann, wenn man mal Lust hat, seinen Horizont zu erweitern und die Dinge aus einer anderen Perspektive zu
betrachten. So kommt der Germanist zu Fachwissen aus der Tiermedizin und der Informatiker zu mehr als nur einer Ahnung von Inter-
nationaler Politik.

Zwar nicht umsonst, aber für Studenten zu einem ermäßigten Preis,
werden vom Studium Generale jedes Semester auch Kurse angeboten.
Die Auswahl kann hierbei von ein paar Kursen pro Halbjahr bis hin
zu einer unendlichen Liste reichen, die keine Wünsche offen lässt.
Kurse gibt es zu den unterschiedlichsten Themen: Tanzen, Fotografie-
ren und Kunst, Fremdsprachen, Stimmschulung, Entspannungsübun-
gen, Rhetorik, Zeitmanagement oder Bewerbungstrainings. Besonders
für beliebte Kurse sollte man sich jedoch frühzeitig anmelden, da die
Plätze schnell belegt sind.

Wohnheimtutorate

In Wohnheimen kannst du nicht nur wohnen, sondern auch einen großen Teil deiner Freizeit verbringen, z.B. in den von anderen Bewohnern

organisierten AGs – auch Tutorate genannt. Willst du eine neue Sprache lernen, mit anderen zusammen asiatische Kochrezepte ausprobieren
oder schlicht Fußball spielen, dann schau dich um, ob es nicht in deinem Wohnheim und damit kostenlos und ganz praktisch in deiner
Nähe eine passende AG gibt. So kannst du in lockerer Atmosphäre deinem Hobby nachgehen und gleichzeitig neue Leute kennenlernen. Falls
bislang nicht die AG deiner Wünsche angeboten wird und du Lust
hast, deinen Wohnheim-Nachbarn ein bestimmtes Hobby näher zu
bringen, dann stell doch einfach selbst eine AG auf die Beine. Hierfür
gibt es oft auch Wohnzeitverlängerung, als zusätzlichen Anreiz. Allerdings sollte schon jemand mitmachen wollen.

Ehrenamtliches Engagement

Willst du in deiner Freizeit für die Einhaltung der Menschenrechte
kämpfen, dich für bessere Bedingungen in deinem Studienfach einsetzen, Hilfe suchenden Studenten mit einer Telefonberatung zur Seite
stehen, dich in der Politik erproben, eine Theatergruppe leiten oder
dich um orientierungslose Erstsemester kümmern, dann verbindest du
Interesse gleich mit Engagement. Das kostet nichts, du lernst Leute
mit den gleichen Interessen kennen und hast das schöne Gefühl, etwas
Sinnvolles zu tun. Weitere Möglichkeiten und Tipps findest du im Kapitel „To do: Welt verbessern!", S. 198.

Feiern für den kleinen Geldbeutel

Wenig Budget, aber dafür umso mehr Partylaune? Auch feiern ist möglich, wenn man nicht (mehr) allzu viel Geld in der Tasche hat. Gut geeignet sind dafür vor allem WG-Partys. Da feierst du mit vielen
anderen lustigen Leuten in heimeliger Atmosphäre und bekommst für
ein Mitbringsel – eine Flasche Wein, Sekt, ein Sixpack oder einen Salat
– eine breite Auswahl an Getränken und mit Glück auch Essen. Deinen
Beitrag kannst du dabei ganz deiner finanziellen Lage anpassen, zur
Not tut's auch die Flasche, die jemand anderes auf deine letzte WG-
Party mitgebracht hat.

Einladungen bekommt man in Studentenstädten sehr regelmäßig, allerdings ist es gerne gesehen, wenn du zwischendurch auch mal selber den Gastgeber spielst. Aber mit dem Jeder-trägt-etwas-bei-Prinzip hat man auch als Partyveranstalter gute Karten. Ein bis zwei Kästen Bier, je nachdem, wie viele Leute kommen und den Rest bringen die Gäste mit. Das muss dann allerdings gut organisiert sein. Verteile die Knabber- und Getränke-Mitbringsel auf möglichst viele Leute, dann kommt einiges zusammen und keiner wird was vermissen.

Besonders klassische Studentenstädte haben außerdem den großen Vorteil, dass sich erstens Kneipen und Clubs häufen, die sich zweitens auch noch perfekt auf die Zielgruppe Studenten eingestellt haben. Es locken kostenlose Partyreihen mit bezahlbaren Getränkepreisen und Studentage in Kneipen mit Bier für 1,50 €. Auch die einzelnen Fachschaften organisieren Partys, bei denen der Eintritt entweder frei oder zumindest sehr erschwinglich ist. Wenn du selbst in der Fachschaft bist, wird's dann nochmal billiger oder es ist gleich umsonst.

Freizeit für den kleinen Geldbeutel

To do: Welt verbessern!

Ohne studentisches Engagement und die Eigeninitiative von Studierenden sähen die BRD und die meisten Länder der Erde heute ganz anders aus – und viel, viel spießiger. Es hätte nie so große Friedensbewegungen gegeben, Revolutionen und Demonstrationen für mehr Freiheit, Gleichberechtigung und gesellschaftliche Offenheit. Studierende haben mehr Macht, als man als Erstsemester vielleicht denken mag. Also: Nutze deine Energie und engagiere dich! Das macht Spaß und bewirkt was. Du musst ja nicht gleich eine Weltrevolution anzetteln, aber irgendetwas gibt es bestimmt, das dir am Herzen liegt. Außerdem lernt man dabei neue Leute kennen, übt sich in Teamwork und meistert gemeinsam neue Herausforderungen. Du weißt nicht, wo und wie du dich engagieren sollst? Da hätten wir ein paar Ideen ...

Hochschulpolitik

Der Mensch ist neugierig und muss seine Umgebung erkunden. Die Uni als System ist für den herkömmlichen Studenten zunächst einmal unbekanntes Terrain. Doch hier gibt es eine ganze Menge mitzumischen. Wie du das am besten anstellst, erfährst du hier:

Die Fachschaft

Viele verschlägt es zur ersten Orientierung und auch aufgrund der vielen bierseligen Events erst einmal in die Fachschaft des eigenen Studienfaches. Die hat den Vorteil, dass man leicht rein- und wieder rauskommt (man geht im Zweifel einfach mal im Fachschaftsraum vorbei) und man das Ausmaß seines Einsatzes interessen- und arbeitsaufwandgerecht steuern kann: Partys organisieren, Vorlesungsevaluationen durchführen, das kommentierte Vorlesungsverzeichnis gestalten, und, und, und.

Je nach Veranlagung findet man hier vielerlei zu tun und muss dafür nicht einmal das Gebäude verlassen. Außerdem trifft man Leidensge-

nossen für Prüfungsphasen und Ratgeber, die das Martyrium des wöchentlichen Mathe-Zettel-Rechnens schon erfolgreich hinter sich gebracht haben. Auch die soziale Komponente ist also nicht zu verachten.

StuRa, StuPa, AStA & u-AStA

Möchtest du die Interessen deines Faches an der Uni noch stärker vertreten, kannst du von hier aus weiter in die Hochschulpolitik einsteigen. Die Institution, die alle Studierenden vertritt, ist je nach Bundesland unterschiedlich organisiert. Es gibt Studierenden-Parlamente, Studierenden-Räte oder auch sogenannte u-Modelle. Die ausführende administrative Institution, die Beschlüsse umsetzt und die tägliche Arbeit macht, ist aber meist der AStA bzw. u-AStA, der (unabhängige) Allgemeine Studierenden-Ausschuss. (s. auch „An der Uni: Was ist was?", S. 158)

Genauso unterschiedlich wie die Modelle sind auch die Wahlsysteme und Zugangsmöglichkeiten. Irgendeine Form von Wahl – und damit auch Wahlkampf – gibt es aber immer. In der Regel ist das Kandidieren nicht sehr schwer. Meist gibt es auch politisch nicht an Parteien ausgerichtete Listen, falls du gerne unabhängig von einem Parteibuch antreten willst.

In diesen Institutionen spielen sich dann die studentische Selbstverwaltung als solche, die politische Willensbildung und Debatten ab. Und hier fallen die Entscheidungen, wofür das meiste Geld ausgegeben werden soll. Fast immer gibt es die Referate Hochschulpolitik, Finanzen, Ökologie, Verkehr und Kultur (s. auch „An der Uni: Was ist was?", S. 163). Außerdem existieren darüber hinaus meist feministische Referate und solche, die sich für die Interessen von Schwulen und Lesben einsetzen oder für die Intergration von Behinderten.

Da zumindest in den studentischen Vertretungsorganen alle Macht von den Studierenden ausgeht, ist das mächtigste Gremium an der Uni die Vollversammlung aller Studierenden. Hier werden die Studentenstreiks und großen Proteste beschlossen. Der Name täuscht allerdings etwas: Denn zur Vollversammlung ist der Raum nicht immer voll – es kommt nämlich nur ein kleiner Bruchteil aller Studis. Alles andere würde ja auch jeden (Diskussion-)Rahmen sprengen ...

Fakultätsrat & Senat

Von der Fachschaft aus ist es nur noch ein Katzensprung in den Fakultätsrat, das offizielle Verwaltungsgremium der heimatlichen Geistesschmiede. Hier sitzen gewählte Vertreter der Hochschullehrer, des akademischen Mittelbaus, der technischen Mitarbeiter und ein paar gewählte Studi-Vertreter. Für den Fakultätsrat gibt es gesonderte Wahlen und da die Studierenden nur wenige Sitze haben, musst du schon ein bisschen Hochschulpolitik gemacht haben – oder anderweitig bekannt sein – damit deine Unterstützerschar auch groß genug ist.

Im Fakultätsrat kann man sein diplomatisches Geschick einer ersten Prüfung unterwerfen. Während die Profs darum kämpfen, dass ihre Forschungsrichtung aus der nächsten Berufung gestärkt hervor- und alles andere untergeht, kannst du als Studentin in dieser Arena den Lobbyismus der Studifreundlichkeit erproben und Allianzen schmieden – GEGEN Arbeitsüberlastung und schlechte Organisation und FÜR Ausgewogenheit und Wahlfreiheit.

Im Senat geschieht Ähnliches auf größerer Bühne, nur muss man sich auch mit Grundsatzfragen und anderen Fächern auseinandersetzen. Denn der Senat ist das höchste Entscheidungs- und Kontrollgremium an der Hochschule. Auch hier haben die Hochschullehrer in der Regel satzungsbedingt die Mehrheit. Dann gibt es noch Vertreter des Mittelbaus und anderer Uni-Angestellter und nicht einmal eine Handvoll gewählter Studis.

Als Student hier reinzukommen erfordert schon einige Popularität und viel Erfahrung in der Hochschulpolitik. Im Senat wird Delegieren bzw. Teamarbeit zum besten Freund. Denn alles wissen, mitkriegen und vorbereiten kann eine einzelne Person nun mal nicht. Es sei denn, man ist der einzige Studi, der in den Aufsichtsrat des Unternehmens Universität darf. Das oberste Lenkungsgremium eurer Ausbildungsstätte vollgepackt mit Leuten, die eine solche schon seit mindestens zwanzig Jahren nicht mehr besucht haben, kann euch den Manager-Crashkurs nach dem BWL-Studium ersparen.

Mikrokosmos Universität

Die hochschulpolitische Arbeit ist interessant und manchmal erreicht man auch etwas – davon kann man dann die nächsten zwei Jahre zehren. Allerdings sollte man sich im Klaren darüber sein, dass die Studis hier „Politik machen", wenn auch beschränkt auf den Mikrokosmos Uni. Das bedeutet, wie in der großen Politik auch, Koalitionsverhandlungen, Kompromisse, manchmal auch (aus der eigenen Perspektive betrachtet) falsche Beschlüsse von Vollversammlungen, auf denen immer die gleichen 200 Leute rumhängen.

Das Schöne ist: Im Gegensatz zur Politik im wahren Leben bekommt man hier die aufgewandte Lebenszeit zumindest ein bisschen wieder ersetzt: Abhängig davon, in welchem Gremium du dich engagiert hast, bewilligt man dir ein paar Semester Prüfungszeitverlängerung und auch das BAföG-Amt finanziert dich weiter.

Für die Hochschulpolitik spielen (vor allem in Bezug auf die Studierenden selbst) auch die Hochschulgruppen der politischen Parteien eine große Rolle. Alle sind sie vertreten: Die Roten, Grünen, Schwarzen, die anderen Roten, die mit Kaper-Flagge und ein kleiner Rest der Gelben … nur braune Gruppen gibt es zum Glück meistens keine.

In den Hochschulgruppen geht's natürlich vor allem um Uni-Politik und die Interesssen der Studis, aber auch die großen gesellschaftlichen Themen und das politische Weltgeschehen bleiben nicht außen vor. Der Vorteil hochschulpolitischer Gruppen ist, dass du mit Gleichgesinnten diskutieren und Pläne schmieden kannst, ohne gleich richtig in einer Partei aktiv werden zu müssen. Andererseits bekommst du schon einen guten Eindruck von den Strukturen und der Diskussionskultur in politischen Parteien – also unbedingt zu empfehlen, bevor du deine Polit-Karriere startest.

Politisches Engagement

Willst du dich aber in erster Linie mit anderen Dingen beschäftigen als mit den Mauern, die um deine Bibliothek gebaut sind, dann solltest du den Verband oder die Partei deines Vertrauens aufsuchen und in der realen Welt Politik machen.

To do: Welt verbessern!

Hier gibt es nun einige Möglichkeiten: Lobbyarbeit für die Dinge, die einem am Herzen liegen, der parteipolitische Rundumschlag oder jetzt schon einmal Sorge dafür tragen, dass man nach dem Abschluss vernünftige Arbeitsbedingungen vorfindet. Ob du nun in eine der vielen Nichtregierungsorganisationen, zum BUND, in eine Partei oder eine Gewerkschaft gehst: Du wirst auf jeden Fall Menschen finden, die deine Meinung zu den drängenden Fragen der Gegenwart teilen.

Bei Parteien wird es erfahrungsgemäß schwieriger, das eigene Ding durchzuziehen, denn die sind nicht auf ein Thema abonniert. Außerdem muss man sich hier erstmal die Hoheit im Meinungskampf erobern. Allerdings kann man dann das glückliche Gefühl erleben, dass im Gemeinderat oder auf der nächsten Landesdelegiertenkonferenz der mitverfasste Antrag angenommen und gegebenenfalls sogar umgesetzt wird. Liegt einem also etwas an der Gestaltung der städtischen Wohnungs- oder Jugendpolitik oder hat man konkrete Vorschläge für die Agrarpolitik des bewohnten Bundeslandes, sollte man sich zu der Partei seines Vertrauens begeben.

Viele Menschen aber haben ein Herzensthema, um das sie sich kümmern wollen und möchten zudem nicht in den Machtkampf zwischen Mandatsträgern und Fußvolk der Mitgliederversammlungen geraten, sondern lieber sachliche Diskussionen führen.

Für die meisten gängigen Themen gibt es große nationale oder internationale Organisationen; für die Umwelt, für Menschenrechte, für Entwicklungshilfe, für Tierschutz und vieles mehr. Diese sind meist bekannt, haben Ortsvereine und eine Struktur, in der man sich sofort einfinden kann. Hier macht man dann ganz unterschiedliche Dinge wie Briefaktionen, Unterschriftenaufrufe, Demonstrationsbeteiligungen, Vortragsreihen oder Umweltdienste.

Es gibt aber auch viele lokale Initiativen, die sich konkreter mit der Situation vor Ort beschäftigen und sehr gezielt arbeiten. Gehe einfach mal auf Suchmaschinen-Tour und du wirst bestimmt fündig.

Bei diesen Vereinen geht es oft um kleine Projekte, bei denen man konkret und leicht etwas verändern kann. Zum Beispiel bei der Krötenwanderung Tiere vor dem Überfahrenwerden retten oder eine

Städtepartnerschaft pflegen. Für das große Ganze muss man aber auch hier den politischen Dschungel von Gremien und Ausschüssen betreten. Die Diskussionen bei den NGOs sehen dabei nicht groß anders aus als bei einer Partei, nur dass man vielleicht mehr „Weltverbesserer aus Prinzip" trifft. Das muss aber auch nicht immer angenehm sein.

Hier wird die Welt verbessert: Verbände mit Hochschulgruppen an vielen Unis

Amnesty International: für Menschenrechte in aller Welt, www.amnesty.de

BUND: Bund für Umwelt und Naturschutz – vom Krötenzaun bis zur Anti-Atom-Aktion, www.bund.net

NABU: Naturschutzbund – die Konkurrenz zum BUND, www.nabu.de

Greenpeace: Schutz von Lebensgrundlagen und Tieren, mit Hang zur Action, www.greenpeace.de

Attac: Netzwerk für Globalisierungskritiker, www.attac.de

UNICEF: Kinderhilfswerk der Vereinten Nationen, www.unicef.de

---

Geht es dir vor allem um soziale Gerechtigkeit, dann kannst du dich auch in einer Gewerkschaft einbringen. Als Student ist das in der Regel die GEW (Gewerkschaft für Erziehung und Wissenschaft). Hier kannst du ohne weiteres eintreten und dich auf den unterschiedlichen Ebenen für die Belange der (jetzigen und zukünftigen) Studis als „Beschäftigte" an den Hochschulen stark machen. Infos und Kontaktdaten dazu findest du hier: www.gew.de/Studierende_in_der_GEW.html

Für bestimmte Berufsgruppen gibt es gesonderte Gewerkschaften, denen du mit entsprechendem Studienfach beitreten kannst: Im Medienbereich beispielsweise die Deutsche Journalistinnen- und Journalisten-Union als Teil von ver.di (www.dju.verdi.de/junge-journalisten) oder bei den Medizinern den Marburger Bund: www.mb-studenten.de.

Soziales

Es gibt viele Menschen, die Hilfe gebrauchen können. Und es gibt viele Gruppen, die genau für diese Menschen händeringend nach Helfern suchen. Ein guter Grund, das Ehrenamt für sich zu entdecken. Je nachdem, welche Gruppe dir am meisten am Herzen liegt bzw. wo in deinen Augen das größte Problem der globalen oder universitären Gesellschaft liegt, kannst du deine helfenden Hände sozialen Initiativen anbieten. Davon gibt es wie gesagt viele; sei es der AStA, der das Studieren für Menschen mit Behinderung enthürden will, oder die örtliche Straffälligenhilfe, die bei der Wiedereingliederung in ein normales Leben hilft. Sei es die Gestaltung des jährlichen Festes im Asylbewerberheim oder die anonyme Telefonberatung burn-out-bedrohter Studis zu nachtschlafener Zeit.

Also trau dich! Auch wenn du noch keine Erfahrung hast. Denn meist wissen die Organisationen selbst am besten, was die Engagierten wissen müssen, und bieten entsprechende Schulungen an.

Bei der lokalen Hilfe vor Ort ist das Schöne, dass man ein direktes Feedback bekommt und merkt, wenn man geholfen hat. Aber auch wenn man sich einer Gruppe anschließt, die gegründet wurde, um einem bestimmten Dorf in Afrika Wasser und Strom zu finanzieren, und vielleicht nie vor Ort sein wird, kann man sich auf das Ziel freuen. Es lohnt sich bestimmt.

Religion

Die Religion ist für viele Menschen ein großer Identifikationsfaktor. Nicht wenige wollen Ihren Glauben gemeinschaftliche teilen und Erfahrungen weitergeben. Das Einfachste ist natürlich, da anzuknüpfen, wo man zu Hause aufgehört hat: bei der Arbeit in der örtlichen Gemeinde. Zieht man um, bekommt man meist einen Willkommensbrief seiner neuen Gemeinde, so dass man gleich weiß, wo man am nächsten Sonntag der Predigt lauschen und sich engagieren darf. Für alle, denen das nicht genug ist und die lieber die große Gemeinschaft der Gläubigen feiern wollen, sind die überkonfessionellen Gruppierungen an der Uni zu empfehlen.

Aber vielleicht hast du ja auch gerade erst einen Glauben für dich entdeckt oder willst einmal „reinschnuppern". Dafür eignen sich die Hochschulgemeinden und -gruppen der diversen Religionen und Glaubensrichtungen. Die größeren Weltreligionen findest du mit Sicherheit an jeder Hochschule irgendwie vertreten. Bei den kleineren heißt es manchmal: selbst eine Gruppe organisieren. Eventuell bist du aber auch bekennender Religions-Skeptiker? Wie wäre es dann mit einer Agnostiker-Hochschulgruppe?

Erstsemesterbetreuung & Betreuung von Austauschstudenten

Hast du dich selbst nun in den unzähligen Gängen und Gebäuden deiner Hochschule orientiert und sogar das exzellent versteckte staatliche Prüfungsamt hinter den Werkstätten der mechanischen Verfahrenstechnik aufgespürt, dann wird es Zeit, deine Weisheit weiterzugeben.

Jedes Semester wird eine Flut von Erstsemestern und ausländischen Studierenden an deine Uni geschwemmt und die sind aufgeregt und orientierungslos. Ein Programm für die Hilfesuchenden bieten neben Uni und Fakultäten meist auch die Fachschaften – und alle sind auf deine Mithilfe angewiesen.

Die Veranstaltungen für Erstis sind meist ähnlich gestrickt: Man führt durch Stadt und Uni, zeigt den Neulingen die wichtigsten Hörsäle, Toiletten, Kneipen und klärt sie darüber auf, welche Gerichte in der Mensa unbedingt zu meiden sind. Außerdem geht es natürlich um das kleine Uni-Einmaleins, das man braucht, um die erste Überforderungswelle zu überstehen.

Der persönliche Vorteil, sollte man denn auf diesen aus sein, ist evident: Man lernt seine Stadt und seine Uni noch besser kennen und sieht sie mal wieder mit den Augen eines Neuankömmlings, aufgeregtes Kribbeln inklusive. Außerdem lernt man neue Leute, ihre Fächer und Motive für Uni und Stadt kennen und bekommt mit Glück einen Hauch von Weisheitsanbetung zurück. Geld für deine Mühen gibt's natürlich auch ein bisschen.

To do: Welt verbessern!

Sollte man sich für die Betreuung von ausländischen Studierenden entschieden haben, kriegt man zudem noch Facebook-Freunde aus aller Herren Länder und kann seinen Fremdsprachenschatz ausbauen. Hast du einmal selbst die Erfahrung als Austauschstudent gemacht, kannst du dich auch der Pflege einer bestimmten Landeskultur widmen. Bei den meisten Unis (oft auch angesiedelt beim Studentenwerk) gibt es Gruppen für einzelne Länder, in denen sich heimgekehrte Deutsche und ausgereiste Gaststudis in erinnerungsseligen Koch- und Kulturabenden ergehen.

Engagement zum selber machen

An den Unis gibt es also vieles, aber längst nicht alles. Denkst du, die Wiese vor dem Chemiehochhaus eignet sich ganz hervorragend für einen studentisch gestalteten Skulpturenpark? Und wer denkt überhaupt an die Kinder in Burundi? Projekte, die es anzupacken gilt. Und zwar von dir und Gleichgesinnten.

Um die zu finden, kannst du ganz klassische Wege gehen: Einen Flyer entwerfen, ihn an jede Pinnwand heften und gegebenenfalls vor der Mensa verteilen. Da kündigst du am besten schon mal das erste Treffen an (zur Not in einer allgemein bekannten Kneipe). Du richtest eine Website ein, oder noch niederschwelliger eine Facebook-Seite und jede Hochschule, die was auf sich hält, hat heute einen Studi-Newsletter, dessen Redaktion immer auf der Suche nach neuen, heißen Themen ist. Vielleicht darfst du ja auch was in der Unizeitung schreiben, melde dich doch einfach mal bei den Leuten im AStA.

Hast du Leute gefunden, die wie du Feuer und Flamme sind, müsst ihr erst mal ein bisschen Geld für Skulpturenmaterial und Spendendosen auftreiben. Da wendet ihr euch zuerst an den AStA. Dort gibt es Gremien, die sich mit der Verteilung der von euch geleisteten Pflichtbeiträge und bereitgestellter Uni-Gelder beschäftigen und etwas davon gerne Menschen wie euch geben, die etwas Sinnvolles damit anstellen.

Aufwandsentschädigung und Co.

Je nachdem, in welcher Organisation du dich engagierst und was du da machst, bekommst du möglicherweise eine Aufwandsentschädigung. Da du ehrenamtliche Arbeit leistest, ist das aber kein Lohn, den du versteuern musst. Das gilt allerdings nur, solange der Jahresbetrag, den du für deine Tätigkeit bekommst, 2100 € nicht übersteigt (derzeitige Gesetzeslage). Diese Summe wird dann auch vom BAföG-Amt oder der Krankenkasse nicht als Einkommen gewertet und macht also bei deinen sonstigen Ansprüchen keinen Ärger.

Und für die Karrierebewussten: Ein Engagement für die gute Sache macht sich immer schön im Lebenslauf und lässt auch schon mal darüber hinwegsehen, dass man eigentlich schneller hätte fertig werden können. Hilfreich ist es vor allem dann, wenn man sich vorstellen kann, mit einer ähnlichen Tätigkeit auch später mal seinen Lebensunterhalt zu verdienen. Wer als Studi schon bei Mitgliederversammlungen der Partei, Gewerkschaft oder von Amnesty mit Einsatz und Sachverstand aufgefallen ist, hat später bessere Chancen den Job im Abgeordnetenbüro oder der Geschäftsstelle zu bekommen. Allerdings sollte man nicht schon mit diesem Ziel in ein ehrenamtliches Engagement starten. Denn das fällt auf und kommt selten gut an. Besser, man ist mit dem Herzen dabei.

überlebens-
tipps für
den Alltag

Die erste eigene Wohnung, dein erster eigener Haushalt, frisch in einer anderen Stadt und ein ganz neuer Lebensabschnitt, so geht es den meisten Erstis. Jetzt bist du auf dich gestellt – willkommen im wirklichen Leben. Unsanft aus Mamis Nest geplumpst oder heilfroh, endlich dein eigenes Reich zu haben? So oder so, viele spannende, lehrreiche und anstrengende Herausforderungen warten darauf, von dir in Angriff genommen zu werden. Damit du auch in Krisensituationen tapfer bleibst und dir nicht die Stimmung vermiesen lässt, gibt es hier die passenden Überlebenstipps.

Katerstimmung

Die kleinste Bewegung lässt den Kopf schmerzen, die Sonnenstrahlen kitzeln nur ein jämmerliches Stöhnen aus dir heraus und dein Magen rebelliert nonstop? Sieht aus, als wäre Katerstimmung angesagt. Wenn man zu viel und zu feucht gefeiert hat – und das gehört zu einem klischeehaft ausgewogenen und ausgelassenen Studentenleben nun mal dazu – spürt man die Folgen spätestens am nächsten Tag.

Das einzige, wirklich wirksame Mittel, einen Kater zu vermeiden ist Verzicht. Wer nicht zu den wenigen, aber hartnäckigen Abstinenzlern überlaufen will, kann nur versuchen, den Schaden zu begrenzen. Dafür lohnt es sich, die Ursache der Beschwerden genauer zu untersuchen und zu fragen:

Alkohol — was stellt er mit dir an?

Genau genommen handelt es sich bei dem sympathisch klingenden Kater um eine leichte Alkoholvergiftung. Wie man schon während des Alkoholkonsums merken kann, entzieht der Alkohol dem Körper Wasser. Nicht umsonst stehst du ständig in der Schlange vor der Toilette

an. Diese Dehydration führt zu Kopf- und Gliederschmerzen. Mit dem Wasser verabschieden sich auch wichtige Mineralstoffe aus dem Körper, was zusätzlich für Müdigkeit, Konzentrationsschwäche und Schwindelgefühle sorgt. Übelkeit und Erbrechen werden durch eine Überreizung der Magenschleimhaut hervorgerufen.

Vorsorge — ist ja bekanntlich besser als Kopfschmerzen

Man kann einem Kater gut vorbeugen, wenn man ein paar einfache Regeln befolgt. Bevor du dich der Feierlaune hingibst, empfiehlt es sich, eine fetthaltige Grundlage zu schaffen. Pizza mit viel Käse, Pasta mit öliger Soße, Bratwurst mit Pommes — schmeiß alle Diätvorhaben über Bord und lass es dir schmecken. Fett- und eiweißhaltige Nahrung verlangsamt die Alkoholaufnahme in den Blutkreislauf. Auch bei Knabberzeug lohnt es sich zuzugreifen. Zusätzlich gilt: trinken, trinken, trinken — und zwar Wasser. Um dem Wassermangel vorzubeugen solltest du auch zwischendurch mal nicht-alkoholische Getränke einschieben und vor dem Schlafengehen noch einmal 1-2 Liter Wasser zu dir nehmen.

Nachsorge — jetzt gilt zu retten, was zu retten ist

Wenn der Morgen inklusive Kater schon da ist, kannst du nur noch versuchen, dem Körper alles Verlorengegangene möglichst schnell wiederzugeben: Wasser, Mineralstoffe, Sauerstoff. Also brav viel trinken — bei Übelkeit zur Sicherheit lieber ohne Kohlensäure — eventuell kann man das Wasser ganz leicht salzen oder mit diversen Mineralstofftabletten pimpen. Es bietet sich tatsächlich auch ein Katerfrühstück an, das je nach dem Ausmaß der Magenrebellion dekadent mit Spiegelei und Speck vonstatten gehen oder darin bestehen kann, sich vorsichtig an einen trockenen Toast heranzutasten. Auch eine simple Gemüsebrühe ist eine gute Alternative. Der geliebte Kaffee macht zwar scheinbar wacher, ist aber eine zusätzliche Reizung für den Magen und kann daher auch gerne noch etwas warten. Danach kannst du dir mit einer schönen Dusche und ausgiebigem Zähneputzen eine wunderbare Frische-Illusion erzeugen und vielleicht schaffst du es ja dann, einen kleinen Spaziergang zu machen. Macht nicht unbedingt Spaß, aber Sauerstoff bringt den Kreislauf wieder in Schwung.

Pleitegeier

Wenn du nicht von Geburt an reichbegütert oder überdurchschnittlich diszipliniert bist, wird es eines Tages auch bei dir soweit sein und der Pleitegeier wird seine Kreise ziehen. Wie man mit wenigen Euro am besten einen langen Zeitraum überbrückt, gehört zu den Grundkenntnissen, die man im Laufe eines richtigen Studentenlebens erwerben kann.

Konzentrier dich auf das Wesentliche!

Alle Ausgaben müssen nun radikal gekürzt werden, es gilt: Hauptsache satt! Vorbei sind die Zeiten der leckeren Kochevents, die Ansprüche müssen runtergeschraubt und der Magen nur noch gefüllt werden. Iss einfach und iss billig! Das Klischee von Nudeln mit Tomatensoße funktioniert dabei ausgezeichnet. Und auch Kartoffeln machen gut satt und sind sehr kostengünstig zu haben! Zusätzlich bieten sich asiatische Yum-Yum-Suppen an, die es für wenige Cent in jedem gut sortierten Supermarkt oder Thailaden gibt. Frisches Obst und nicht-saisonales Gemüse müssen ausnahmsweise mal Mangelware bleiben, auch an Fleisch kann reichlich gespart werden. Bitte beachte: Hier ist der Verzicht gemeint und nicht das Kaufen minderwertiger Produkte!

In diversen Billig-Discountern finden sich äußerst preiswerte Fertiggerichte, die sich selbst zum gleichen Preis nicht nachkochen lassen. Bei frischer Ware solltest du auf saisonale Angebote achten oder kurz vor Ladenschluss über den Markt schlendern. Hier kann man mit etwas Glück zu Ausverkaufpreisen zuschlagen.

Preiswert essen kannst du natürlich auch in den meisten Mensen, denn das ist ja Sinn und Zweck der Sache. Da bekommst du eine große Auswahl und täglich wechselnde Gerichte für ein paar Euro – je billiger das Gericht, desto liebevoller wird es zubereitet ... oder andersrum? Vor allem Suppen und Eintöpfe sind unschlagbar günstig.

Vermeidungsstrategien

Größere Ausgaben lässt dein Budget nicht zu, aber in den nächsten zwei Wochen haben drei deiner Freunde Geburtstag? Erinnere dich zurück an dein Kleinkindalter und bastel liebevoll Gutscheine, die in passenden zeitlichen Abständen eingelöst werden dürfen. Besonders gemeinsame Aktivitäten, wie zum Beispiel Frühstücken gehen, ein Kinobesuch oder Wellnesstag kommen immer sehr gut an. Du kannst deiner Kreativität freien Lauf lassen!

Du lässt dir trotz Ebbe auf dem Konto nicht die Laune vermiesen und willst endlich mal wieder richtig feiern? Durchforste die Eventkalender nach Partys mit freiem Eintritt, den gibt es für Studenten meistens an mindestens einem Tag in der Woche. Super sind natürlich auch der beliebte Gratis-Begrüßungsschnaps oder andere Spezial-Angebote. Zur Not tut's aber auch eine Flasche Billigwein zum Vorglühen (und danach, s. „Katerstimmung", S. 208).

Geld muss her!

Wenn auch die besten Sparfüchse am Ende sind, ist klar, du musst dir was einfallen lassen. Eine beliebte Möglichkeit ist das Care-Paket von den Eltern. Natürlich kann man schlicht und einfach um einen kleinen Zuschuss bitten, wahrscheinlich machst du Mami und Papi aber eine noch größere Freude, wenn sie dir Leckereien einpacken dürfen. Sie leben damit ihre Fürsorglichkeit aus, du kannst deinen Kühlschrank füllen und alle sind glücklich und zufrieden.

Wenn du dir selbst helfen willst, hilfst du am besten auch anderen und zwar mit einer Blutspende. Je nach Spende-Ort wirst du nicht nur mit einem richtig guten Gewissen, sondern mit einer Finanzspritze (meist in den Unikliniken) oder einem kalorienhaltigen Fresspaket (z.B. beim Roten Kreuz) belohnt.

Einen schnellen Verdienst versprechen außerdem Schwarze Bretter an der Uni, Flohmärkte und Online-Auktionen: tausche einfach deinen alten Kram, z.B. teure, aber mittlerweile nutzlose Studien-Literatur gegen freudiges Geklimper im Geldbeutel.

Zusätzlich gibt es an fast jeder Uni Jobvermittlungsstellen beim Studentenwerk. Hier kann man sich spontan kurzfristige Tages-Jobs besorgen, die meistens bar bezahlt werden. Also krempel die Ärmel hoch, denn mit Hilfsarbeiten, wie Umzugskisten schleppen, tapezieren oder Daten erfassen kannst du dein Budget auf dem schnellsten Weg deutlich aufbessern.

Ach ja: Auch Vorbeugen ist möglich!

Willst du die Pleite-Erfahrungen nicht zwangsläufig wiederholen, gibt es da einige Strategien zur geregelten Finanzplanung. Ein (vollständig geführtes) Haushaltsbuch verschafft dir zum Beispiel im ersten Monat einen Überblick über deine Ausgabenstruktur. Im zweiten Monat kannst du dann schon Lehren aus den Fehlern des Vormonats ziehen. Jede Einsparung steht wie ein kleiner Fleißpunkt drin und „unnötige" Ausgaben können sich leider auch nicht mehr vertuschen lassen. Mit einem gut geführten Haushaltsbuch lassen sich übrigens Eltern auch sehr gut beeindrucken – und sehen sich dann vielleicht moralisch in der Pflicht, den Monatszuschuss zu erhöhen, oder senden immerhin ab sofort Care-Pakete.

Ist dir das zu viel Selbst-Kontrolle, du willst am Monatsende aber zumindest genug zu essen haben, selbst wenn da das Konto erfahrungsgemäß leer ist? Dann hilft eine unantastbare Bar-Kasse: Dort bunkerst du zu Monatsbeginn das Essensgeld für den ganzen Monat. Das kann dir dann keiner per Abbuchung mehr wegnehmen. Jetzt musst du nur noch dich selbst daran hindern, es doch für etwas anderes auszugeben.

Mottenplage

Wer kennt sie nicht, diese lästigen kleinen Viecher, die aus allen Ecken gekrochen und geflattert kommen, wenn sie sich in ihrer wohligen Umgebung eingenistet haben? Sie sind nicht sehr wählerisch und verbreiten sich in Windeseile.

Diese kleinen Insekten sind nachtaktiv und werden durch geeignete, „schlecht verpackte" Nahrung (Klamotten bzw. Mehl, Müsli, jede Form von Getreide, in harten Fällen sogar Nudeln!) und Licht in deiner

Küche oder deinem Zimmer angelockt. Unter den zahlreichen Arten von kleinen Ungeheuern gibt es eigentlich vor allem zwei, die uns den letzten Nerv rauben: Kleider- und Lebensmittelmotten.

Lebensmittelmotten

Sind sie erstmal da, wird man sie so schnell nicht wieder los. Es sei denn, man mistet radikal aus. Diese sehr kleine Mottenart ist je nach Unterart irgendwie zwischen braun und silbrig gefärbt und verbreitet sich sehr schnell. Wenn du Pech hast, siehst du sie auch als kleine weißliche Würmchen, die sich von der Decke abseilen. Wirklich sicher sein kannst du dir, wenn die Motten sich vorwiegend im Vorratsschrank aufhalten oder dir beim Öffnen der Müsli-Packung entgegenfliegen. Auch wenn das Müsli wie an unsichtbaren Fäden an der Packung hängt, ist das ein untrügliches Zeichen für Lebensmittelmotten.

Strategien gegen Lebensmittelmotten

Ausmisten ist angesagt! Bei Lebensmittelmotten hilft wirklich nur noch eins: Ausmisten! Offene bzw. angebrochene Nahrungsmittel wie Mehl, Reis, Nudeln, Müsli und Hülsenfrüchte sofort entsorgen. Am besten man schaut wirklich alles durch, weil sich die Larven auch an geschlossene Verpackungen heften und dort verpuppen können. Vorratsschränke und Schubladen sollten also auch gründlich geputzt werden – gerade in den Ritzen verpuppt es sich wunderbar.

Wo und wann sich genau die erste Motte an deinen Sachen vergriffen hat, ist meist nicht feststellbar, ist aber im Endeffekt dann auch egal. Sehr Motten-erfahrene Studis achten schon im Supermarkt darauf, ob man Anzeichen für Motten sieht. Häufig nimmt man sie nämlich unbemerkt von dort mit nach Hause, wo sie es sich dann so richtig gemütlich machen.

Ob Lebensmittel befallen sind, merkt man am ehesten an den feinen Spinnfäden – wenn Haferflocken in Bündeln verdächtig an der Packung kleben, Obacht! Noch offensichtlicher sind dann nur noch Kotrückstände oder krabbelnde weiße Larven. Falls du die Entdeckung erst beim wieder Wegräumen deiner Frühstücksflocken machst – keine Panik, giftig sind die Motten nicht.

Wenn dann alle offenen und/oder geschlossenen Verpackungen entsorgt sind, hängt der skrupellose Studi noch sogenannte Pheromonfallen auf, die vor allem die männlichen Motten anlocken sollen. Sind diese ausgeschaltet, ist die Vermehrung nämlich unmöglich. Tipp: Diese Fallen sollten nicht in Fensternähe aufgehängt werden, weil sie sonst eine allzu vielversprechende Verlockung für jede vorbeifliegende, männliche Motte wären.

Auch die Schlupfwespe soll bei der Bekämpfung von Motten helfen, da sie der natürliche Feind der Motte ist. Man kann sie in Naturkostläden kaufen (als Eier auf einer Karte) und sobald alle Motteneier gefressen sind, verlässt sie brav die Wohnung. Wichtiger Hinweis: Sie ist klein und sticht nicht! Und eins ist sicher, deine neuen Teilzeit-Haustiere sind ein kurioses Gesprächsthema.

Um eine Rückkehr der flattrigen Mitbewohner zu verhindern, ist es besonders wichtig, alles sauber zu halten, was mit Nahrungsmitteln zu tun hat. Am besten verpackt man lose Lebensmittel gut in (luftdicht) verschlossene Behälter und verstaut sie dann im Küchen- oder Vorratsschrank.

Kleidermotten

Auch die Kleidermotte ist sehr hartnäckig. Gelb bis dunkelbraun schillernd nistet sie sich vor allem im Kleiderschrank, im Teppich oder in Polstermöbeln ein. Manchmal siehst du eine vorbeiflattern, besonders die Larven fressen sich aber mit gesundem Appetit durch deine Kleidung und so entstehen Löcher oder „kahle Stellen".

Strategien gegen Kleidermotten

Der wohl älteste Trick gegen Kleidermotten ist, Lavendel im Schrank aufzuhängen, den mögen Motten nämlich gar nicht. Einziger Wermutstropfen: die Kleidung nimmt den Geruch auch an. Wer das nicht mag, kann auch Mottenpapier kaufen, das geruchlos ist. Einfach zwischen die Kleidung legen oder hängen.

Außerdem können Fliegengitter am Fenster hilfreich sein, wenn man die Kleidermotten draußen halten will. So ein Fliegengitter ist außerdem multifunktional und hilft auch noch gegen Mücken und allerlei

anderes Insektenviehzeug. Hat man allerdings schon Motten-Larven im Kleiderschrank, bringt das natürlich nichts. Regelmäßiges Staubsaugen empfiehlt sich ebenso, insbesondere bei Teppichboden – und übrigens auch nicht nur wegen der Motten.

Schimmelbefall

Diese grünlich-braunen oder schwarzen Flecken da an der Decke waren aber nicht schon immer da, oder? Sieht irgendwie eklig aus … das ist doch nicht etwa … Ja, sehr wahrscheinlich ist es das, was du denkst. Schimmel entsteht ziemlich schnell und taucht dann an den unterschiedlichsten Stellen auf. Meistens findet man ihn in der Nähe von Fenstern, im Bad oder hinter Möbeln, die zu dicht an der Wand standen, denn an diesen Stellen sammelt sich Feuchtigkeit.

Bekämpfung

Am besten nicht direkt zu den härtesten Schimmelbekämpfungsmitteln greifen. Die enthalten zumeist Chlor und sind sowohl für dich als auch für die Tapete oder Farbe an deiner Wand nicht allzu gesund. Hausfrauentricks sind beispielsweise: Mit Wasser verdünnten Essig (im Verhältnis 9 zu 1, d.h. 90 ml Wasser und 10 ml Essig) oder 70%igen Alkohol auf die Stelle tupfen und ruhig auch ein wenig schrubben, wenn der Fleck hartnäckiger ist.

Bei größerem Schimmelbefall solltest du dich auf jeden Fall vom Fachmann beraten lassen. Frag doch einfach mal bei der Verbraucherzentrale nach, hier gibt es nicht nur viele hilfreiche Informationen, sondern auch preisgünstige Beratung. Ist der Befall stark, musst du unbedingt den Vermieter informieren, da starker Schimmelbefall nicht nur deine Gesundheit gefährdet, sondern auch der Immobilie schadet. Ist der Schimmel schon vor dir da gewesen, solltest du den Vermieter gleich in die Pflicht nehmen – der muss sich dann um schnelle Beseitigung kümmern.

Tipps zur Vorsorge

Zur Vermeidung von Schimmel ist es am wichtigsten, dass du richtig lüftest. Auch hier gehen die Expertenmeinungen ein wenig auseinander. Einig sind sie sich jedoch darin, dass das Fenster ganz aufgemacht werden muss. Also das Fenster nur zu kippen, reicht nicht! Wenn möglich öffnest du am besten alle Fenster gleichzeitig, damit die Luft einmal quer „durchziehen" kann. Stoßlüften ist hier am effektivsten und 5 Minuten solltest du es schon aushalten. Und am besten wiederholst du das Ganze so 3-4 mal am Tag. Ist vielleicht lästig, aber sich um Schimmelbefall zu kümmern ist noch sehr viel lästiger.

- Im Bad und in der Küche ist die Wahrscheinlichkeit eines Schimmelbefalls am größten. Deshalb immer beim Kochen das Fenster öffnen (hier zur Not auch nur kippen) und nach dem Duschen oder Baden ausgiebig lüften. Ein Bad ohne Fenster ist deshalb natürlich sehr viel anfälliger.

- Stelle deine Möbel wenn möglich nicht direkt an die Wand ran, sondern lasse lieber noch ein paar Zentimeter Abstand. So kann die Luft besser zirkulieren.

- Du hast zusätzlich noch die Möglichkeit dir einen Luftentfeuchter zu besorgen, die gibt es weniger effektiv, aber preiswert und richtig teuer, aber mit spürbarer Wirksamkeit.

- Absolut hilfreich ist auf jeden Fall ein Hygrometer, das gibt es in Bau- und Elektrofachmärkten. Damit kannst du sowohl Temperatur als auch Luftfeuchtigkeit messen und sofort gegensteuern, wenn die Feuchtigkeit überhand nimmt. Sehr gut merkt man damit auch, wenn die Wohnung Baumängel aufweist, dann steigt die Luftfeuchtigkeit nach dem Lüften nämlich viel zu schnell wieder an.

- Für Sparfüchse sei noch bemerkt: auch zu niedrige Raumtemperaturen können Schimmel begünstigen, weil die kalte Luft weniger Feuchtigkeit aufnehmen kann! Unter 18 Grad Raumtemperatur sollte es also dauerhaft nicht haben. Die paar Euro Gespartes zahlen sich dann nämlich nicht unbedingt aus.

Die Eltern kommen

Das Telefon klingelt. „Hallo Schatzilein, wir sind gerade in der Gegend und da dachten wir, wir könnten doch noch kurz bei dir vorbei schauen ...Wir freuen uns – bis gleich!" Es ist deine Mutter oder dein Vater, die/der dir mitteilt, dass sie/er in einer halben Stunde bei dir ist. Man könnte vermuten, manche Eltern wollen mit Überraschungsbesuchen die Lage sondieren. Oder vielleicht hast du den Termin einfach vergessen? Ob Kontrollbesuch oder nicht – man will seinen Eltern nicht die Illusion nehmen, dass all ihre Erziehung für die Katz war, so viel ist klar. Also gar nicht weiter drüber nachdenken, denn jetzt zählt nur noch eins: aufräumen! Und zwar so schnell es geht.

Wenn du nach einem kurzen Wohnungscheck feststellst, dass da nichts mehr zu retten ist, bleibt nur der allseits beliebte Plan B: „Du, Mama, hier um die Ecke hat ein tolles Café aufgemacht. Das müssen wir unbedingt ausprobieren." Wenn du diesen Trick schon die letzten beiden Male genutzt hast, solltest du diesmal vielleicht den Zauberstaub auspacken. Der beste und älteste Tipp: alles in Schränke stopfen (nur darauf achten, dass die Schranktüren auch richtig zugehen) oder unter dem Bett verstauen. Oberflächliche Ordnung ist die halbe Miete. Ganz wichtig: Nicht das Klo vergessen, nach einer mehr oder weniger langen Autofahrt wird es sicher benutzt und dabei (un)absichtlich inspiziert werden.

Tipps

- Immer eine Backmischung parat halten: Wenn der Kuchen nach 10 Minuten im Ofen ist, hast du den Rest der Zeit zum Putzen.

- Eine leere Kiste bietet immer viel Stauraum und lässt sich zudem sehr gut unter dem Bett aufbewahren.

- Der Staubsauger ist der schnellste Schmutzentferner – pfeife bei Zeitdruck auf kehren, wischen und Krümel vom Tisch sammeln.

- Extra-Tipp bei toleranten Mitbewohnern: Den ganzen Krempel mal eben ins andere WG-Zimmer werfen.

Wenn gar nichts mehr hilft ... probier es mit einer Ausrede:

- Du bist strebsam! Das Lernen für eine wichtige Prüfung beansprucht dich zu 100 %.

- Du bist organisiert! Der (improvisierte) Putzplan zeigt: Am nächsten Tag ist Wohnungsputz.

- Du bist aktiv! „Ich bin fast nie zu Hause."

- Oder wenn all das nicht ankommt, die letzte Lösung:
  Du hinterlässt eine fette Schleimspur. „Ach Mami schau, ohne dich geht einfach gar nichts ..."

Überlebenstipps für den Alltag

Erste Hilfe !

Manchmal kommst du alleine einfach nicht mehr weiter. Du hast Ärger mit deinem Vermieter, juristische Probleme, weil du bei der letzten Demo etwas über die Stränge geschlagen hast, du fürchtest dich extrem vor der nächsten Prüfung oder kommst morgens einfach nicht mehr aus dem Bett? Vielleicht sind es drängende externe Faktoren, die dir das Leben schwer machen, vielleicht geht es dir auch einfach schlecht. Grundsätzlich gilt: Such dir immer Hilfe, wenn du das Gefühl hast, alleine nicht weiter zu kommen. Das muss dir nicht peinlich sein und ist eher ein Zeichen für Stärke. Du kennst deine Grenzen und weißt: Jetzt müssen auch mal andere Leute mit anpacken!

Juristische Probleme …

Der Chef rückt nicht mit der Kohle für den Nebenjob heraus? Du wurdest bei einem Internetgeschäft geprellt? Du wurdest von einem Auto angefahren und sollst jetzt Schadensersatz zahlen? Dann brauchst du juristischen Beistand! Eine Rechtsberatung bei einem Anwalt ist mit hohen Kosten verbunden, die von den meisten Studenten kaum getragen werden können. Deshalb bieten viele Studentenwerke kostenlose Rechtsberatungen an, für die du lediglich deinen Studentenausweis brauchst. Infos findest du immer über die Internetseite deines Studentenwerks. Und auch der Asta kann mit Rechtsberatungen weiterhelfen. Erkundige dich!

Was aber tun, wenn es keine Rechtsberatung für Studierende an deiner Universität gibt? Wenn du, wie viele Studenten, nur über ein geringes Einkommen verfügst, kannst du in dem Fall versuchen, Rechtsberatungshilfe vom Amtsgericht zu erhalten. Die Rechtshilfe wird einkommensabhängig vergeben, du musst also einen Personalausweis, einen Mietvertrag und einen Nachweis über die Höhe deines Einkommens mitbringen. Nach der Prüfung erhältst du ein Berechtigungsschreiben, mit dem du zu einem Anwalt deiner Wahl gehen kannst. Bei diesem ist dann eine einmalige Gebühr von 10 € zu zahlen. Wenn du dich in einem Verfahren vertreten lassen musst und nur ein geringes Einkommen hast, kannst du bei Gericht auch Prozesskostenhilfe beantragen. Rechtsberatungshilfe und Prozesskostenhilfe können auch von ausländischen Studierenden in Anspruch genommen werden!

> **Tipp:**
>
> Frage bei deinen Eltern nach, ob du über sie rechtsschutzversichert bist, denn sollte ein Mietstreit vor Gericht landen, kann es richtig teuer werden.

Der Vermieter macht Ärger ...

Ein Studentenleben kann so schön sein, wenn die Fenster in der Wohnung dicht sind, die Heizung funktioniert und das Wasser läuft. Was aber, wenn der Vermieter Ärger macht? Wie soll man bei Forderungen des Vermieters reagieren, wenn man sie für unangemessen hält? Und welche Rechte habe ich überhaupt als Mieter? Mietrecht ist immer wieder ein Thema bei Studenten, schließlich wohnen fast alle zur Miete und da gibt es einiges an Konfliktpotenzial zwischen Mieter und Vermieter.

Wer nicht gerade Jura mit Schwerpunkt Mietrecht studiert, kann die Fülle des Themas kaum überblicken. Was kannst du aber tun, wenn du selbst einmal Probleme mit deinem Vermieter hast? Oft hilft schon eine einfache Internetrecherche, denn unendlich viele Foren beschäftigen sich mit dem Thema. In jeder Buchhandlung kannst du außerdem Ratgeber zum Thema „Mietrecht" erhalten. Die klassische, jedoch auch kostspielige Variante ist der Beitritt in den Mieterschutzbund (z.B. unter www.mieterschutzbund.de), denn hier bekommst du fachkundige Beratung und Hilfe, wenn es um den Schriftverkehr mit dem Vermieter geht. Die günstige Alternative: An vielen Hochschulen bieten auch das Studentenwerk oder der AStA spezialisierte Mietrechtsberatungen an.

Prüfungsangst ...

„Das schaffe ich nie! Die Prüfung kann ich einfach nicht bestehen. Ich verstehe das einfach nicht!" Ähnliche Gedanken hat jeder Student im Laufe seines Studiums mal. Und etwas – oder auch mal etwas mehr – Lampenfieber vor einer Prüfung ist nicht nur normal, sondern kann dir sogar helfen, in der Prüfung dein Bestes zu geben. Manchmal kann die Angst allerdings so stark werden, dass du gar nicht mehr abschalten kannst, dir die schlimmsten Szenarien ausmalst und auch körperliche Symptome dazukommen: Dir ist ständig übel, du kannst nicht mehr schlafen, hast Herzrasen oder Schweißausbrüche.

Dann leidest du sehr wahrscheinlich unter akuter Prüfungsangst. Wer sich mit solchen Problemen herumschlägt, fühlt sich oft allein, dabei geht es immer mehr Studenten in Deutschland ähnlich, was u.a. daran erkennbar ist, dass die psychologischen Beratungsangebote des Studentenwerks immer häufiger in Anspruch genommen werden. Viele Experten sehen den Grund dafür in der Umstellung der Studiengänge auf das Bachelorsystem. Seit der Umstellung wird fast jede Leistung bedeutend für die Endnote im Studium. Daher wird jeder Prüfung höhere Bedeutung zugemessen und so erhöht sich der psychische Druck, der auf die Studenten einwirkt.

Denk nicht, dass du mit deinem Problem alleine klarkommen musst und es sich ja eigentlich nur um eine Lappalie handelt. Massive Prüfungsängste können ein echtes Krankheitsbild sein und verlangen nach kompetenter Hilfe! Viele Studentenwerke bieten nicht umsonst psychologische Beratungen an. Eine Beratungsstelle an deiner Uni findest du unter www.studentenwerke.de --> Beratung und Soziale Dienste --> Psychologische Beratung oder direkt über die Seite deines Studentenwerks. Wenn du aus irgendeinem Grund nicht zum Studentenwerk gehen willst, kannst du natürlich auch eine psychotherapeutische Praxis aufsuchen, die Kosten für die Beratung und/oder Therapie werden von der Krankenkasse übernommen.

Vielleicht ist deine Prüfungsangst aber auch nicht so stark ausgeprägt, dass es ein großes Problem darstellt, du bist nur einfach immer so schrecklich nervös. Dann kannst du natürlich auch alleine daran arbeiten, die Prüfungen etwas entspannter zu überstehen. Vorweg ist es gut zu wissen, dass unsere Gefühle meistens durch Gedanken beeinflusst werden. Daher ist es auch relativ gut möglich, Angstprobleme durch Training in den Griff zu bekommen. In einem ersten Schritt solltest du dich fragen, ob die pessimistische Einschätzung deiner Chancen auch tatsächlich richtig ist. Häufig wirst du feststellen, dass dies nicht so ist. Hat man sich erst einmal klargemacht, dass man sich ausreichend auf eine Prüfung vorbereitet hat, kann man mit solchen Überlegungen auch Einfluss auf seine Prüfungsangst nehmen. Auch Methoden aus dem „positive thinking" können dir helfen: „Ich habe viel gelernt, deshalb werde ich auch eine Menge Fragen beantworten können."

Experten empfehlen, Szenarien, vor denen man Angst hat, immer wieder durchzuspielen, am besten im Rollenspiel mit einem Freund oder einer anderen Vertrauensperson. Wer zum Beispiel befürchtet, in einer Prüfung kein Wort mehr herauszukriegen, kann im Rollenspiel gegenteilige Erfahrungen sammeln und Strategien entwickeln, was im schlimmsten Fall zu tun ist – zum Beispiel den Prüfer auf deine Situation hinweisen. So vermeidest du, dass dein Schweigen als Nicht-Wissen ausgelegt wird. Generell gilt: Prüfer haben mehr Verständnis, als du denkst. Ein Gespräch im Vorfeld der Prüfung kann die Spannung weiter reduzieren – dann musst du deine Angst nämlich nicht auch noch krampfhaft überspielen.

Wer unter Prüfungsangst leidet, sollte sich auf jede Prüfung inhaltlich gut vorbereiten. Nur auf Lücke zu lernen, verstärkt die Ängste ungemein. Erstelle dir einen Arbeitsplan und streiche alle erlernten Themenbereiche auf diesem durch. Das zeigt dir Schwarz auf Weiß, was du schon alles gelernt hast – und das beruhigt enorm. Solltest du trotz guter Vorbereitung immer noch sehr aufgeregt sein, kann es dir helfen, einen Zeitplan für die Prüfung zu haben. Das hilft übrigens immer, auch wenn du nicht unter Prüfungsangst leidest, gerade bei schriftlichen Prüfungen (Als Beispiel: 10 min Lesen der Aufgabenstellung, 10 min Thesen sammeln ...).

223

Depression, Angsterkrankung, Burnout & Co ...

„Ich fühle mich so erschöpft, dass ich einfach den ganzen Tag im Bett bleiben möchte." „Ich bekomme immer ganz plötzlich Panikattacken." „Ich schaffe das einfach alles nicht mehr ..." Kommen dir solche Gedanken bekannt vor? Psychische Probleme sind unter Studierenden relativ weit verbreitet, ja, sie leiden sogar häufiger darunter als ihre Altersgenossen. Die Phase des Studiums ist eben neben ihren ganzen Vorteilen auch eine sehr schwierige Lebensphase.

Da ist der Leistungsdruck an der Uni, jede Prüfung zählt und man hat Angst, etwas zu verhauen. Und die Abschlussnote muss doch gut sein, schließlich möchte man ja vielleicht noch einen Master obendrauf setzen. Gleichzeitig steht man unter finanziellem Druck. Das Geld reicht hinten und vorne nicht und der Nebenjob frisst kostbare Zeit. Und was ist mit der Berufsperspektive? Was mache ich eigentlich wenn die Uni mal vorbei ist? Gleichzeitig fehlt manchmal einfach die Struktur. Klar muss man arbeiten, aber das tut man zu Hause oder in der Bib, ohne Ansporn vom Chef oder Solidarität der Kollegen und ohne Lob von außen. Man ist selbst dafür verantwortlich, dass man vorankommt, dass man motiviert ist, dass man Erfolg hat. Und dann ist man vielleicht auch neu in der Stadt, gerade von zu Hause ausgezogen und fühlt sich manchmal furchtbar alleine.

Es ist also kein Wunder, wenn du mal durchhängst, keine Motivation hast und einfach mal Erholung brauchst. Das ist nicht besorgniserregend, sondern ganz normal. Man muss aber unterscheiden zwischen „Ich brauche jetzt mal 'ne Pause" und einem ernsthaften psychischen Problem. Denn wenn es kritisch wird, brauchst du Hilfe!

Die häufigsten psychischen Erkrankungen sind bei Studenten Depressionen und Angsterkrankungen. Auch Burnout – die Krankheit, die man immer mit gestressten Managern in Verbindung bringt – nimmt immer mehr zu.

Oft sind es gar nicht zuerst psychische Symptome, die wahrgenommen werden, sondern körperliche wie Durchfall, ständige Kopfschmerzen, Herzrasen, Schlafstörungen und Magenschmerzen.

Was tun, wenn's brennt?

Problem erkennen und akzeptieren
Gestehe dir ein, dass du ein Problem hast und akzeptiere das erstmal. Es ist keine Schande, dass es dir schlecht geht, es zeugt auch NICHT von Schwäche, du bist NICHT selber schuld und „sich zusammenreißen" – was andere dir vielleicht raten – bringt auch nichts! Du bist eben gesundheitlich angeschlagen, nicht weniger, aber auch nicht mehr!

Du bist nicht alleine!
Mach dir klar, dass du mit deinem Problem nicht alleine bist. Psychische Erkrankungen sind weit verbreitet.

Psychische Erkrankungen sind behandelbar
Psychische Erkrankungen sind heutzutage sehr gut behandelbar. Es gibt Therapien, es gibt Medikamente und vor allem sehr viele Menschen, die genau darauf spezialisiert sind!

Sprich darüber!
Sprich darüber! Es ist ganz egal, ob du dich einem Freund, Mitbewohner oder deinen Eltern anvertraust, doch es ist wichtig, nicht mit schwierigen Problemen alleine zu bleiben. Und meistens merkst du dann auch ganz schnell, dass sich andere Menschen mit ähnlichen Problemen herumschlagen, nur bisher nie darüber gesprochen haben.

Such dir professionelle Hilfe!
Solltest du dich also mal für längere Zeit schlecht fühlen und irgendwie keinen Ausweg finden, dann wende dich an die Experten!

Am unkompliziertesten ist das beim Studentenwerk. Die haben eine eigene psychologische Beratungsstelle, bei der man ohne große Hürden und relativ schnell einen Termin bekommt. Hier findest du gut geschulte Ansprechpartner, die dir bei Depressionen, Identitätskrisen, Selbstzweifeln, Ängsten und vielem mehr fachkundig zur Seite stehen. Seid ihr euch einig, dass eine Therapie oder eine medikamentöse Behandlung vermutlich Sinn geben würde, wird man dir hier Adressen nennen, an die du dich wenden kannst. Die psychologische Beratungsstelle deines Studentenwerks findest du hier: <u>www.studentenwerke.de</u> --> Beratung und Soziale Dienste --> Psychologische Beratung

An vielen Unis oder Universitätskliniken gibt es eine psychologische oder psychotherapeutische Ambulanz, die gleichzeitig die Ausbildungsstätte für angehende Psychotherapeuten ist. Meist ist man hier also auf dem neuesten Stand der Forschung. Die Therapeuten sind zwar jung, aber dafür umso engagierter und halten immer wieder Rücksprache mit ihrem Ausbilder. Einmal schnell die Suchmaschine füttern und du weißt Bescheid, ob es in deiner Stadt so etwas gibt.

Natürlich gibt es dann auch noch niedergelassene Psychotherapeuten und davon – gerade in größeren Städten – eine ganze Menge. Wenn du also eine Therapie machen willst, einfach das Branchenbuch aufschlagen und anrufen. Noch besser ist natürlich, wenn du eine Empfehlung hast. Gut ist auf jeden Fall, dass du 6 Termine Zeit hast, einen Therapeuten „auszuprobieren". Das zahlt die Krankenkasse. Wenn du das Gefühl hast, ihr passt irgendwie nicht zusammen, versuch es noch mal – bei jemand anderem!

Manchmal kann auch der Weg zum Hausarzt der niederschwelligste sein. Der hört sich erst einmal deine Probleme an und überweist dich dann weiter.

Vielleicht geht es dir so schlecht, dass du dich nicht in der Lage fühlst, dich selbst um einen Termin zu kümmern. Dann wende dich an eine Person, der du vertraust, und bitte sie, die Termine für dich zu regeln.

Depression

gedrückte Stimmung, Interesse- und Freudlosigkeit, Antriebsstörungen, Konzentrationsstörungen, mangelndes Selbstwertgefühl, Gefühl von tiefer Traurigkeit und innere Leere, schnelle Erschöpfung, ständiges Grübeln, Angstzustände, Schlaf- und Appetitstörungen, Rückzug aus dem normalen Leben, Abbruch der sozialen Kontakte

Burnout

Chronische Müdigkeit, seelische Erschöpfung, Energiemangel, Schlafstörungen, Konzentrations- und Gedächtnisprobleme, Leistungsverlust, Sozialer Rückzug, Vernachlässigung von Freizeitaktivitäten, Distanzierung von der Arbeit, Gefühl der Überforderung, Selbstzweifel, erhöhte Gereiztheit, innere Leere, Lustlosigkeit, Initiativlosigkeit

Angststörung

Herzrasen, Nervosität, Unruhe, Vermeidungsverhalten, Atemnot, Schwindel, Zittern, Panikattacken, Brustschmerzen, Enge-Gefühl, Angst vor der Angst, ständiges Sorgen und Grübeln, Schlafstörungen, Muskelverspannungen, Erregtheit, Schwitzen, Durchfall, Gefühl der körperlichen Schwäche

Schreibblockade

„Wenn ich erst mal den ersten Satz geschrieben habe, dann wird das schon …" Die klassische Schreibblockade trifft nicht nur Schriftsteller, sondern auch Studierende aller Fachrichtungen, schließlich muss auch im Studium so manches „Meisterwerk" zustande gebracht werden. Zunächst mal, wenn es dich trifft: Beruhige dich, du bist in guter Gesellschaft, denn auch Größen wie Douglas Adams, Dostojewski und J.R.R. Tolkien litten unter häufigen und schweren Schreibblockaden.

Bei einer Schreibblockade fällt es dem Betroffenen schwer, einen Text zu beginnen, weiterzuschreiben oder generell seine Gedanken zu verschriftlichen. Während die einen einfach nur keinen Anfang finden, quälen sich die anderen durch den gesamten Text. Das Hauptproblem ist oft, dass man noch kein genaues Ziel bzw. keine klare Struktur im Kopf hat oder dass man mit zu perfektionistischen Ambitionen an den Text herangeht.

Hier haben wir einige Tipps zusammengestellt, die beim Überwinden einer Schreibblockade helfen können. Es gibt aber ganz unterschiedliche Schreibtypen, daher wird die eine Strategie bei dir vermutlich besser funktionieren, die andere eher nicht. Probiere einfach aus, was dir liegt.

Nicht ablenken lassen!

Du lässt dich leicht ablenken? Dann beseitige, bevor du mit dem Schreiben anfängst, mögliche Störfaktoren wie Telefon, laute Geräusche oder einen unaufgeräumten Schreibtisch. Erlege dir ein zeitweiliges Facebook-Verbot auf, checke während der Arbeitsphasen nicht deine E-Mails und häng ein „Bitte nicht stören!"-Schild an deine Tür, um auch von den kommunikationsfreudigen WG-Mitbewohnern nicht abgelenkt zu werden.

... oder gerade

Probiere das Gegenteil: Manchem kann es gerade helfen, mitten im Trubel zu sitzen oder die Musik laut aufzudrehen und so den richtigen Flow zu finden.

Vermeide Vermeidungsverhalten!

Nein, es wird jetzt nicht erst das Bad geputzt, gestaubsaugt oder eingekauft. Es wird auch nicht endlos weiter nach Material gesucht. Sei ehrlich zu dir selbst: Ist es nicht langsam Zeit zum Schreiben?

Kleine Häppchen

Strukturiere deinen Text vor, indem du eine Gliederung machst und den Text in kleine Abschnitte teilst. Die kannst du dann nacheinander in kleinen Häppchen abarbeiten. So wirst du nicht von einer riesigen Schreibaufgabe bedrängt, sondern hast nur ein paar kleine Textchen zu schreiben.

Warmschreiben

Manchen hilft es auch, sich im Vorfeld mit einigen kleineren Texten „warmzuschreiben", sich also in Schreibstimmung zu bringen.

In Umgangssprache schreiben

Schreibe erstmal so, als ob du jemandem von deinem Thema, deinen Gedanken und Schlüssen erzählen würdest – Umgangssprache ist dabei unbedingt erlaubt! Einen wissenschaftlichen Text kannst du später dann immer noch daraus machen.

Schreib einfach drauflos!

Du musst dabei auch nicht mit dem ersten Satz beginnen. Das macht es meistens einfacher und nimmt dir die Angst vor dem leeren Blatt. Fang irgendwo an und notiere alles, was dir einfällt. Lass alle Ansprüche an Stil und Struktur fallen und schreib. Nachbearbeiten kannst du immer noch.

Routine bekommen

Mach dir das Schreiben zur Routine. Schreib eine Zeit lang immer mal wieder auf, was du am Tag gemacht hast, was dir durch den Kopf geht usw.

Ortswechsel

Wenn du beim Schreiben merkst, dass es nicht weitergeht, versuch es mal mit einem Ortswechsel, um neue Anregungen zu erhalten. Vielleicht klappt es gemütlich auf dem Sofa oder in der Bibliothek dann gleich viel besser als am Schreibtisch.

Erstmal Ansprüche runter!

Generell gilt: Verzichte auf den Anspruch, sofort den perfekten Text aufs Papier bringen zu müssen, denn das erzeugt nur unnötigen Druck und ist auch gar nicht umsetzbar.

Korrigiert wird erst zum Schluss!

Korrigiert wird am Ende, nicht immer wieder zwischendrin nach jedem Satz.

Verstärkung anfordern!

Falls du es alleine nicht schaffst, such dir Kommilitonen, mit denen du dich zum Schreiben verabredest. So bist du unter der Beobachtung der anderen und gezwungen, bei der Sache zu bleiben. Darüber hinaus kannst du mit den anderen über dein Thema sprechen und bekommst so noch die ein oder andere Anregung.

Wenn überhaupt nichts hilft, dann wende dich an die psychologische Beratungsstelle des Studentenwerkes, wo man sich genau mit solchen „studentischen" Problemen auskennt und dir helfen wird, deine Schreibblockade zu überwinden. Die jeweilige Beratungsstelle findest du unter www.studentenwerke.de --> Beratung und Soziale Dienste --> Psychologische Beratung.

An zunehmend mehr Unis werden über das Studentenwerk oder Studium Generale auch eine extra Schreibberatung und spezielle Kurse angeboten, die dir Hilfestellung beim Schreiben geben oder dir bei deinem aktuellen Text helfen.

Prokrastination

Hast du das Gefühl, dass du alles mögliche machst, nur nicht das, was du dir eigentlich vorgenommen hattest? Dass der Abgabetermin immer näher rückt, aber du es einfach nicht schaffst, dich aufzuraffen und anzufangen, sondern stattdessen die Wohnung noch mal putzt, endlich die CD-Sammlung autobiografisch ordnest und all die anderen kleinen Dinge tust, die du sonst nie tun würdest? Dieses Phänomen des Aufschiebens von wichtigen Aufgaben kennt wohl jeder mehr oder weniger und du vermutlich auch.

Natürlich heißt das aber nicht, dass jeder unter Prokrastination leidet, der ab und zu mal aufschiebt. Denn dieses Verhalten ist angesichts unangenehmer Aufgaben recht normal. Ist dein Aufschiebeverhalten nicht ganz so drastisch, aber so störend, dass du etwas daran ändern möchtest, können vielleicht folgende Tipps Abhilfe schaffen und dazu führen, dass du deine Aufgaben rechtzeitig und stressfreier erledigen kannst.

Reflektieren

Reflektiere dein eigenes Verhalten und deine Gewohnheiten: Was und warum schiebst du auf? Nur wer sich seines Verhaltens bewusst ist, kann seine Gewohnheiten durchbrechen und ändern.

Planen

Mache dir einen Tagesplan, mit den Zielen/Aufgaben, die du an diesem Tag erledigen wirst (nicht willst! – das Handeln beginnt bereits im Kopf), bleibe dabei immer realistisch und nimm dir nur so viel vor, wie du auch erledigen kannst, sonst schlägt die Motivation sehr schnell in Frust um.

Setze dir für jede Aufgabe einen realistischen Zeitrahmen, in dem du die Aufgabe erledigt haben musst, damit du nicht in Versuchung kommst zu trödeln. Plane dabei aber auch genug Zeit für Ruhepausen und Spontanes ein! Pausen und genügend Schlaf sind wichtig, denn wer unausgeruht und schlapp ist, neigt eher dazu aufzuschieben. Unterteile die großen Aufgaben in kleinere Teilaufgaben, so dass sie nicht wie ein unüberwindlicher Berg erscheint. So musst du auch nicht zu lange auf das Gefühl warten, etwas geschafft zu haben. Hake ab, was du erledigt hast.

Belohne dich!

Belohne dich, wenn du ein (Etappen-)Ziel erreicht hast, das motiviert ungemein.

Anstrengend, aber nützlich: Sport

Treibe Sport: Körperliche Ausgeglichenheit hilft beim Stressabbau, macht belastbarer, aktiv und den Kopf frei. Das erleichtert es dann auch, schwierige Aufgaben in Angriff zu nehmen.

Lass dir ein schlechtes Gewissen machen

Erzähle anderen, wann du eine Aufgabe erledigt haben willst, so ist der Druck höher, die Aufgabe auch wirklich bis dahin erledigt zu haben. Denn es ist viel schwieriger, sein Aufschieben vor anderen einzugestehen, als es nur vor sich selbst rechtfertigen zu müssen. Du kannst andere auch ganz bewusst bitten, deine Fortschritte regelmäßig zu kontrollieren.

Gewohnheiten ändern

Mache es dir zur Gewohnheit, eine Aufgabe direkt in Angriff zu nehmen! Wenn es für dich zur Normalität geworden ist, Aufgaben zeitnah und effizient anzugehen, hast du es geschafft.

Verstärkung anfordern!

Falls du es alleine einfach nicht auf die Reihe bekommst, such dir eine Lerngruppe oder schließ dich für bestimmte Aufgaben mit anderen zusammen. In der Gruppe ist die Motivation höher, weil man die anderen nicht hängen lassen will und man sich gegenseitig ermuntert und mitzieht. Darüber hinaus dient die Gruppe als Kontrollinstanz und ermahnt, falls Abmachungen nicht eingehalten werden.

Hast du das Gefühl, du wirst das ewige Aufschieben einfach nicht los und es ist zu einem chronischen Verhalten geworden? Führt es dazu, dass du Aufgaben trotz schwerwiegender negativer Konsequenzen nicht erledigst und du im Grunde nicht mehr leistungsfähig bist? Dann ist es Zeit, das Problem mit professioneller Hilfe in Angriff zu nehmen.

Mache dir klar, dass es sich schon lange nicht mehr um bloße Faulheit handelt, sondern um ein ernstzunehmendes Problem, dass du angehen solltest. Erste Anlaufstelle ist auch hier wieder die psychologische Beratungsstelle des jeweiligen Studentenwerks, die dir mit professioneller Beratung oder mit Kursen zur Seite steht oder dich weitervermitteln kann: www.studentenwerke.de --> Beratung und Soziale Dienste --> Psychologische Beratung

Du brauchst einfach mal jemanden zum Reden?

Hast du Probleme mit deinem Studium, Prüfungsangst, Stress in der Beziehung oder mit den WG-Mitbewohnern? Oder möchtest du einfach nur mal reden und es ist gerade keiner da, der dir zuhört? Oder willst du gar nicht, dass jemand etwas von deinen Problemen erfährt? Für alle diese Fälle gibt es mittlerweile an immer mehr Universitäten eine „Nightline", eine kostenlose, von Studenten für Studenten betriebene Telefonhotline, bei der du anonym deine kleinen oder großen Sorgen loswerden kannst. Da es sich bei den Gesprächspartnern um

Studenten handelt, erhebt dieses Zuhör- und Informationstelefon natürlich keinen Anspruch auf Professionalität und kann schon gar nicht eine psychologische Beratung ersetzen. Aber es ist eben jemand da, der dir zuhört, der eine unvoreingenommene Sichtweise auf deine Probleme hat, dir hilft, wieder klare Gedanken zu fassen und eventuell die nächsten Schritte zu planen.

Eine Übersicht über alle Nightlines und die Zeiten, zu denen du anrufen kannst, findest du unter: www.nightline.uni-hd.de/nightlines/Erreichbarkeit.html

Wenn man gerade nicht studieren kann …

Manchmal brauchst du vielleicht einfach eine längere Pause. Du bist krank, erschöpft, schwanger oder suchst nach einer neuen Perspektive. Das Gute ist, du kannst in deinem Studium pausieren und ein Urlaubssemester einlegen. Das kannst du in ganz unterschiedlichen Situationen beantragen, die alle nur eins gemein haben – nämlich, dass sie ein reguläres Studium an deiner Hochschule verhindern. Hierzu zählen nicht nur Erkrankungen, sondern auch Praktika, die während des Semesters absolviert werden müssen oder Auslandsaufenthalte. Ein Antragsformular auf ein Urlaubssemester erhältst du in deinem Studierendensekretariat oder online auf der Homepage deiner Uni. Während deines Urlaubssemester giltst du zwar als immatrikuliert, kannst allerdings keine prüfungsrelevanten Studienleistungen ablegen. Du kannst für die Zeit des Urlaubssemesters Arbeitslosengeld beantragen, ob du (weiter) BAföG erhältst, hängt davon ab, was du während des Urlaubssemesters machst. Infos dazu bekommst du bei deinem Studentenwerk.

233

Wichtig:

- Das Urlaubssemester gilt nicht als Fachsemester und wird daher nicht auf deine Studienzeit angerechnet.
- Achte auf die Fristen! Ein Urlaubssemester kann nicht im Nach hinein beantragt werden.

Unterwegs:
nach Hause zu Mutti
oder in die weite Welt

Es gibt viele Gründe, seiner Studentenbude für eine gewisse Zeit den Rücken zu kehren. Sei es, weil die Eltern Geburtstag haben, die goldene Hochzeit der Tante ansteht, du dringend eine Auszeit vom Lern- und Hausarbeitenstress brauchst, oder dein Kühlschrank mit dem elterlichen „Care-Paket" wieder aufgestockt werden muss.

Früher oder später wirst auch du einmal das Weite suchen, um Familie oder Freunde zu besuchen oder dir einen Urlaub zu gönnen. Dann wird sich dir unweigerlich die Frage stellen: Wie komme ich am günstigsten und schnellsten an mein Ziel? Möglichkeiten gibt es im mobilen Zeitalter viele und alle haben Vor- und Nachteile. Einen Überblick bekommst du hier - natürlich auf studentische Bedürfnisse abgestimmt.

Die Bahn

Die einfachste Methode zu reisen ist sicherlich immer noch die Bahn. Egal ob Lang- oder Kurzstrecke: Hat man erst mal seine Sachen gepackt, heißt es nur noch Karte kaufen, einsteigen und am Ziel wieder aussteigen. Gepäck kannst du sogar mitnehmen, soviel du willst bzw. soviel du tragen kannst. Mit einem reservierten Sitzplatz (kostet extra) hast du es bequem, egal wie voll der Zug ist, und steigst schließlich völlig entspannt am Zielbahnhof aus. Soweit der Idealfall. Wenn du jedoch nicht bloß von Hamburg nach Berlin oder München und wieder zurück reist, wird es schon etwas verzwickter. Da heißt es dann öfter mal umsteigen, zwischendurch immer wieder warten und den Anschlusszug auch mal verpassen. Außerdem sind da noch die zum Teil beachtlichen Kosten, die mit einer Standardfahrt verbunden sind und das auf den ersten Blick etwas unübersichtliche Preissystem der Bahn. Aber: Man kommt mit der Bahn fast überall hin und wenn der Zug einem mal vor der Nase wegfährt, nimmt man einfach den nächsten, das ist schon praktisch! Und: Es gibt viele Spezialangebote und Vergünstigungen extra für Studierende:

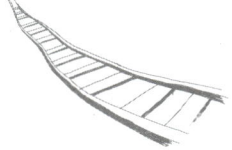

Bahncard

Eine Art Rabattkarte für deine Bahnfahrten. Du kaufst zuerst die Karte und bekommst damit dann Rabatt auf deine Fahrten.

Bahncard 50
Die kostet ermäßigt, also für Studenten, 122 € jährlich (Stand 2012) und du erhälst 50 % Rabatt auf deine Bahnfahrten. Das rentiert sich schon bei einigen längeren Strecken im Jahr. Großer Vorteil: Die Ermäßigung gilt für dein Ticket und ist nicht an irgendeinen Zug gebunden. Außerdem gibts Ermäßigungen auf die Leih-Fahrräder (Call a Bike) und beim Carsharing der Bahn.

Bahncard 25
Kostet ermäßigt 39 € (Stand 2012) und du erhälst 25 % auf deine Bahnfahrten. Auch hier der Vorteil: Keine Zugbindung. Zweiter großer Vorteil: Es gibt noch mal 25 % Rabatt auf Sparangebote.

Sparpreis

Ab 29 € geht es durch ganz Deutschland, für Strecken bis 250 km gibt es die Fahrt sogar ab 19 €. Deine Mitfahrer erhalten weitere Rabatte und du kannst noch mal deine Bahncard 25 anrechnen lassen. Bereits 3 Monate vor der Fahrt kannst du buchen.

Achtung beim Sparpreis!

- Es besteht Zugbindung, d.h. dein Ticket gilt nur für einen bestimmten Zug.
- Du musst dein Ticket spätestens 3 Tage vorher kaufen.
- Es gibt nur ein begrenztes Kontingent, also kümmere dich rechtzeitig um deinen Fahrschein.

Quer-durchs-Land-Ticket

Mit diesem Ticket kannst du einen ganzen Tag lang beliebig viel durch die Gegend fahren. Gilt nur für Regionalzüge und nur unter der Woche: Immer von 9 Uhr morgens bis 3 Uhr am Folgetag. Eine Person zahlt 42 Euro, jeder weitere deiner bis zu 4 Mitfahrer aber nur 6 €.

Länder-Tickets

Du willst dein Bundesland gar nicht verlassen? Dann ist vielleicht das Länder-Ticket das richtige für dich: 5 Leute fahren schon ab 21 € im gesamten Regionalverkehr. Gültig von 9 Uhr (am Wochenende schon ab 0 Uhr) bis um 3 Uhr am Folgetag.

Tipp:

Mit der Angebotsberatung auf der Internetseite der Bahn findest du das beste Angebot für dich. Da gibst du einfach ein, wo es hingeht, wann und wie du reisen möchtest und wer alles mitkommt. Und schon wird dir die günstigste Lösung präsentiert.

www.bahn.de --> Angebotsberatung

Spezielle Tickets und Angebote:
www.bahn.de/sparpreis

Schönes-Wochenende-Ticket

Und wieder gilt: Ein ganzer Tag, maximal 5 Leute, nur Regionalverkehr, dafür aber auch nur 40 €. Gilt Samstag und Sonntag von 0 Uhr bis 3 Uhr des Folgetages.

Pro Bahn

- sowohl bei Lang- als auch bei Kurzstrecken geeignet
- flexibel
- Du kannst massig Gepäck mitnehmen.
- Fahrtzeit lässt sich zum Arbeiten oder Relaxen nutzen.
- Günstiger bei früher Buchung und in der Gruppe
- Produziert am wenigsten CO_2.

Contra Bahn

- bei spontaner Buchung teuer
- mitunter häufiges Umsteigen
- Zu Stoßzeiten droht ohne Reservierung ein Stehplatz.

Der Bus

Oft vergisst man, dass es den guten, alten Bus ja auch noch gibt. Das hat vermutlich zum einen etwas mit den vielen Negativ-Berichten über unseriöse Kaffeefahrten zu tun, bei denen leichtgläubigen Omis das Geld aus der Tasche gezogen wird. Aber es liegt sicherlich auch daran, dass es in Deutschland bis vor kurzem keinen Überland-Busverkehr gab, weil es ihn per Gesetz nicht geben durfte. Denn der Bahn steht laut Personenbeförderungsgesetz ein Quasi-Monopol beim Fernverkehr zu. Busse dürfen demnach nur dann auf den gleichen Strecken fahren, wenn das Angebot eine eindeutige Verbesserung darstellt. Das soll sich aber ändern, so dass in Zukunft mit einer ganzen Latte von Überlandbussen gerechnet werden kann.

Eine Gesetzeslücke gefunden hat das Unternehmen DeinBus.de. Hier funktioniert der Busverkehr ähnlich wie eine Mitfahrzentrale. Wenn genug Leute eine Strecke zu einem bestimmten Termin fahren wollen, wird ein Bus gechartert. Das ist umweltschonend und besonders günstig. Koordiniert wird das ganze über die Internetseite:
www.deinbus.de

Zwischen den größeren Städten Europas verkehren Buslinien hingegen nach festem Fahrplan oft mehrmals täglich und das zu sehr günstigen Konditionen, so kann man schon für 29 € von Berlin nach Paris fahren. Busreisen sind im Gegensatz zu Flugzeug oder Bahn oft erheblich preiswerter und das auch, wenn man sich spontan zu einer Reise entschließt.

Mehr Infos rund um den Bus

Strecken, Preise und weitere Informationen findest du auf einem der vielen Busreiseportale:

www.reisebus24.de
(Anbietervergleich für Linienfahrten und Busreisen)
www.berlinlinienbus.de
(Linienbusse von fast überall nach Berlin und zurück)
www.touring.de
(Linienbusse von Deutschland nach ganz Europa und nationale Ziele entlang der Strecke Mannheim - Frankfurt - Hamburg)

Und Angst vor Nackenstarre oder Klaustrophobie musst du auch nicht haben, denn die meisten Reisebusse sind mittlerweile sehr komfortabel und bieten vor allem auf längeren Strecken mehr Platz als beispielsweise ein Flugzeug – was aber zugegebenermaßen auch keine Kunst ist. Bei Müdigkeit gilt auch im Bus: Sitz nach hinten klappen, Oropax rein und Schlafmaske auf!

Einen Sitzplatz erhält man im Gegensatz zur Bahn in einem Reisebus garantiert und kommt so nie in die Verlegenheit, seine Reise zwischen zwei Gepäckstücken und der Toilettentür im Stehen ertragen zu müssen. Auch die langen Wartezeiten, die einen oft am Flughafen erwarten, entfallen. Zwar ist das Flugzeug in der Luft bedeutend schneller, doch gerade auf Mittelstrecken kann der Bus gut mithalten.

Pro Bus

- preisgünstig auch bei spontanem Fahrtantritt
- Sitzplatzgarantie
- keine langen Wartezeiten
- kein Umsteigen
- Gewicht des Gepäcks ist egal.
- umweltfreundlich
- Gut, um Kontakte zu knüpfen.

Contra Bus

- kaum Bewegungsfreiheit
- Man kann nicht rumlaufen.
- kein Entkommen vor ungeliebten Mitfahrern
- derzeit noch eingeschränkte Strecken- und Zielauswahl

Die meisten Buslinien fahren ihre Ziele direkt an, auch wenn es natürlich zu Pausen kommt. Doch zumindest das Umsteigen entfällt und wenn der Koffer oder der Reiserucksack das entsprechende Gewicht hat, wiegt dieses Argument umso schwerer. Den Busfahrer interessiert nämlich das Gewicht des Gepäckstückes nicht, da bei den meisten Anbietern nur nach der Anzahl der Gepäckstücke gegangen wird. Wer es darüber hinaus gern gesellig mag und mit seinen Mitreisenden ins Gespräch kommen möchte, ist mit einer Busreise bestens beraten.

Bus fahren beruhigt übrigens auch das Gewissen, denn Reisen mit dem Bus bedeutet in der Regel Klimaschonen, besonders dann, wenn der Bus voll besetzt ist. Dass Busfahren umweltfreundlicher ist als Fliegen, wird niemanden überraschen, aber auch im Vergleich zum vollbesetzten PKW oder der Bahn schneidet der Bus gut ab. Und beim Primärenergie-Verbrauch benötigt ein Reisebus für Fertigung, die erforderliche Infrastruktur und den Betrieb je Kilometer nur die Hälfte im Vergleich zur Bahn und nur ein Drittel eines Pkws.

Das eigene Auto

Ein eigenes Auto: Das bedeutet Freiheit und Mobilität rund um die Uhr. Vielleicht hast du ja das Glück, zum Abi Omas alten Opel bekommen zu haben oder hast einen Nebenjob, der dir den Luxus eines Autos ermöglicht. So oder so, sei gewiss, dass das schnell die Runde unter deinen Kommilitonen machen wird, denn: Wer im Studium über ein eigenes Auto verfügt, ist heiß begehrt. Plötzlich steht jedes Wochenende ein Umzug oder die Kaffeefahrt zu IKEA an und du hast, ehe du dich versiehst, viele neue Freunde.

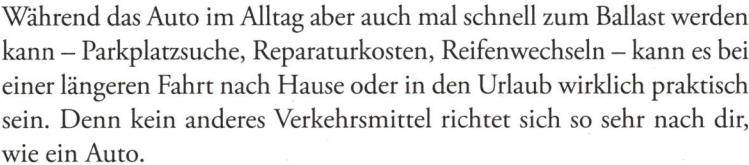

Während das Auto im Alltag aber auch mal schnell zum Ballast werden kann – Parkplatzsuche, Reparaturkosten, Reifenwechseln – kann es bei einer längeren Fahrt nach Hause oder in den Urlaub wirklich praktisch sein. Denn kein anderes Verkehrsmittel richtet sich so sehr nach dir, wie ein Auto.

Pro

- Flexibilität
- Spontaneität bei Reisen
- lautes Musikhören möglich

Contra

- hohe Kosten
- Staugefahr
- Stress am Steuer
- hoher CO_2-Ausstoß

239

Aber: Es gibt eben auch andere Autofahrer, mit denen du dir die Straße teilen musst. Und das bedeutet öfter mal Stau und angespannte Nerven, denn fahren musst du natürlich selbst. Und genau deswegen kannst du die Reisezeit auch für nichts anderes nutzen: Kein gutes Buch, keine DVDs, keine Arbeit. Das bedeutet, du bist zwar wahnsinnig flexibel, steigst am Ziel aber vermutlich kaputt und etwas gestresst aus deinem Auto aus. Und dazu kommt: Das Auto ist eines der wenigen Verkehrsmittel ohne Studentenrabatt. Die Ausgaben richten sich nicht nach deinem Budget und das Auto kostet sogar Geld, wenn es bloß in der Garage herumsteht.

Deine Ausgaben drosseln kannst du im Prinzip nur, wenn du weitere Mitfahrer mitnimmst, auf die du zumindest die Kosten für deine Fahrt umlegen kannst. Wo du Mitfahrer findest, kannst du im Kapitel „Mitfahrgelegenheit" lesen.

Per Anhalter

Du willst billig und spontan nach Hause zu deinen Eltern fahren, hast aber nicht das nötige Kleingeld für die Fahrt parat? Wenn du etwas Abenteuerlust mitbringst, geht das trotzdem. Ab an die Straße und Daumen raus oder Pappschild hochgehalten!

Pro Trampen

- gut bei Langstrecken
- umsonst
- neue Leute kennenlernen

Contra Trampen

- seltsame Begegnungen
- Restrisiko
- laaaaaange Wartezeiten

Sicherlich kennst du sie auch, die vollgepackten Gestalten, die mit einem Schild am Straßenrand stehen und auf eine kostenlose Mitfahr-

gelegenheit hoffen. Und da ist auch schon der große Vorteil des Trampens: Es ist in der Regel gratis oder nur mit minimalen Kosten verbunden. Und manchmal ist auch noch eine interessante Begegnung mit drin.

Trampen empfiehlt sich vor allem für längere Strecken, viele Anhalter-Portale im Internet raten von Kurzstrecken-Trampen, wie nachts von der Disco nach Hause ab, da hier das Risiko von sexuellen Übergriffen oder Diebstahl erheblich höher ist als auf Langstrecken. Wenn du dich generell alleine nicht traust, dann funktioniert Trampen auch zu zweit. Mehr Leute sollten es allerdings nicht sein, da sonst die Wahrscheinlichkeit, dass überhaupt jemand anhält, rapide abnimmt.

Tipps zum Trampen:

- Am besten, du suchst dir eine Begleitung, das ist netter und obendrein sicherer.

- Sprich direkt Autofahrer an, die dir vertrauenserweckend vorkommen. Am besten, du suchst die nächste Raststätte oder Tankstelle aus und ergreifst selbst die Initiative!

- Lass dich wieder an einer Raststätte absetzen, das erhöht die Chance schnell weiter zu kommen.

- Wenn dir ein Autofahrer nicht ganz geheuer vorkommt, aggressiv ist oder angetrunken oder du einfach ein schlechtes Gefühl hast, lass es!

- Sicher dich ab: Ruf jemanden an und gib ihm das Kennzeichen durch oder schreib eine SMS. Lass das den Fahrer wissen.

Mehr Infos

Weitere nützliche Informationen und Sicherheitshinweise findest du auf diesen Internetseiten:
www.abgefahren-ev.de
www.anhalterfreunde.de

Die Mitfahrgelegenheit

Trampen ist dir zu riskant? Du willst aber trotzdem billig fahren und gegen fremde Menschen hast du grundsätzlich auch nichts? Dann probier es doch mal mit einer Mitfahrgelegenheit.

Eine Mitfahrgelegenheit ist die organisierte Mitnahme von Reisenden im eigenen Pkw (oder auch mal auf seinem Mehrpersonenticket der Bahn). Bist du im Besitz eines Autos, kannst du dir über ein Portal Mitreisende suchen, die dir dann einen Anteil der Reisekosten zahlen. Und wenn du keinen fahrbaren Untersatz hast, kannst du dir jemanden suchen, der dich für wenig Geld mitnimmt. Denn Ziel ist es, dass alle möglichst kostengünstig ans Ziel kommen. Erstreckten sich Angebote früher eher auf den deutschen Raum oder waren sogar nur regional nutzbar, so kann man heute fast ganz Europa mit Mitfahrgelegenheiten bereisen.

Lange wurden solche Fahrgemeinschaften über niedergelassene Zentralen organisiert und vor allem von Pendlern genutzt. Mittlerweile werden die meisten Mitfahrgelegenheiten aber über Onlineportale geregelt. Im Internet findest du deshalb gleich eine ganze Reihe von Seiten, auf denen Mitfahrer oder Mitfahrgelegenheiten gesucht werden. Die sind meist kostenlos und du findest schnell, was du suchst.

Hier findest du Mitfahrgelegenheiten

www.mitfahrzentrale.de
www.mitfahrgelegenheit.de
www.mifaz.de

Aber auch direkt an deiner Uni gibt es vielleicht ein extra schwarzes Brett oder einen Zettelkasten für Mitfahrgelegenheiten.

Problem: So manches Mal taucht ein Fahrer oder Mitfahrer leider nicht auf und man bleibt als Fahrer auf seinen Kosten sitzen oder verliert als Mitfahrer viel Zeit und muss dann doch schnell noch auf eine teurere Transportalternative umsteigen. Zum Glück sind die meisten, die Fahrten anbieten oder nutzen aber zuverlässig, ein Restrisiko bleibt jedoch. Bei vielen Portalen kann bzw. muss man sich deshalb registrieren und

ein bestimmtes verbindliches Buchungsverfahren nutzen, das eine Zahlung garantiert und über das Fahrer und Mitfahrer einander bewerten können.

Pro Mitfahrgelegenheit

- Geld einsparen
- neue Leute kennenlernen
- unkomplizierte Vermittlung

Contra Mitfahrgelegenheit

- nicht auf allen Strecken und jederzeit verfügbar
- Gefahr von unzuverlässigen/unseriösen Fahrern/Mitfahrern
- Es kann bei voll besetztem Wagen recht kuschelig werden.

Viele Zentralen unterscheiden zwei Arten von Angeboten: Zum einen eine einmalige Fahrt, die oft über eine längere Strecke geht, und zum anderen regelmäßige Fahrten. Schaust du einmal auf den verschiedenen Portalen nach, merkst du sofort, wie groß das Angebot ist. Auf viel befahrenen Strecken wie zum Beispiel Berlin-Leipzig/Leipzig-Berlin fahren pro Tag gut 50 Mitfahrgelegenheiten und ein Platz ist auf dieser Strecke schon für 6 € zu bekommen.

Die Vermittlung einer Mitfahrgelegenheit ist unkompliziert. Auf den meisten Portalen meldest du dich mit deinen Daten und deiner E-Mail-Adresse an und kannst sofort, nachdem du dich eingeloggt hast, nach einer passenden Fahrt suchen. Hast du die richtige Mitfahrgelegenheit gefunden, erhältst du vom Portal die Kontaktdaten des Anbieters (meistens eine Handynummer), setzt dich mit ihm in Verbindung und ihr macht einen Treffpunkt aus, von dem es losgehen kann. Wichtig: Wenn du viel Gepäck dabei hast, solltest du nachfragen, ob dafür auch Platz ist.

Das Reisen mit einer Mitfahrgelegenheit setzt ein gewisses Maß an Vertrauen gegenüber dem Fahrer voraus. Solltest du ein mulmiges Gefühl haben, weil das Auto z.B. keine Nummernschilder hat oder der Fahrer eine Fahne, dann entschuldige dich höflich und steig einfach nicht ein. Es kann dich niemand zwingen, eine Mitfahrgelegenheit zu nutzen.

Auch wenn du während der Fahrt Probleme mit dem Fahrstil deines Anbieters hast, sprich ihn darauf an. Eine Mitfahrgelegenheit sollte ein gemeinschaftliches Reisen sein. Wenn es gut läuft, kann man sich auch nett unterhalten und neue Leute kennenlernen.

Tipp für Frauen:

Die Seite „Frauenfahrgemeinschaft" bietet ausschließlich Fahrten von Frauen für Frauen an. www.frauenfahrgemeinschaft.de

---

Nach der Fahrt bezahlst du dann deinen Anteil an den Fahrer. Solltest du einmal in die Verlegenheit kommen, eine Fahrt nicht nutzen zu können, obwohl du sie bereits mit dem Fahrer vereinbart hast, sage bitte schnellstmöglich ab, damit der Anbieter noch die Chance hat, jemand anderen zu finden. Andersherum gilt das natürlich auch: Hast du eine Fahrt angeboten, die du dann doch noch absagen musst, melde dich, sobald du es weißt, bei den Leuten, die du mitnehmen wolltest. Sonst stehen die nämlich im Regen.

Mitfahrgelegenheiten bieten dir nicht nur die Möglichkeit, Geld zu sparen, sondern auch CO_2, denn es gilt noch immer: Je mehr Personen in einem Pkw mitfahren, desto besser wird die Klima-Bilanz pro Kopf.

Fliegen

Manche Strecken sind einfach zu lang, um sie noch mit Bus, Bahn oder Pkw zu bewältigen, besonders wenn du gerade ein Auslandssemester einschiebst oder generell im Ausland studierst. Dann ist es Zeit, sich einen Flug zu suchen.

Gerade in den letzten Jahren ist das Fliegen immer günstiger geworden und teilweise werden schon fast verrückte Preise auf den Internetpräsenzen der Fluglinien angeboten. Auch wenn die neu eingeführten Steuern auf Kerosin und steigende Flugplatzabgaben dieser Entwicklung einen Dämpfer verpasst haben, sind Flüge dennoch so billig wie nie zuvor. Das gilt insbesondere für Verbindungen innerhalb Europas. Im Vergleich ist der Flieger außerdem in der Regel die schnellste Art zu Reisen, gerade auf längeren Strecken. Sieht man mal von den recht nervigen Wartezeiten vor dem Start ab, gibt es kaum Unterbrechungen, die meisten innereuropäischen Flüge sind ja auch Direktflüge.

> **Tipp:**
>
> Informiere dich im Vorfeld einer Reise, ob es nicht günstiger ist, Geschenke und andere Mitbringsel per Post zu versenden, als den Aufschlag für Übergepäck zu zahlen.

Fliegt man mit einer der bekannten Billigfluglinien, erwischt es einen dann aber doch manchmal kalt, wenn man sein Reiseziel erreicht hat. Denn viele Flughäfen liegen gottverlassen in den Peripherien der Großstädte und Fahrten von einer Stunde und mehr ins Stadtzentrum sind keine Seltenheit. An manchen Flughäfen bieten nur private Unternehmen einen Transport in die Stadt an und lassen sich diese Dienste teuer bezahlen. Es kann dann schon mal vorkommen, dass du für den Transport vom Flughafen in die Stadt mehr bezahlen musst als für den Flug selbst. Für viele ist die begrenzte Gepäckmenge von lediglich 15 Kilo, die auch noch in ein recht kleines Fach passen muss, ein echtes Ärgernis. Du kannst natürlich auch größere Gepäckmengen mit dir führen, das aber nur gegen einen saftigen Aufpreis.

> **Tipp:**
>
> Lebensmittel und Genusswaren aus Nicht-EU-Ländern dürfen meist nicht eingeführt werden.

Auch die Terrorangst der vergangenen Jahre hat das Reisen mit dem Flugzeug nicht unbedingt angenehmer gemacht. Es gilt: Wer fliegt, muss durch anstrengende Sicherheitskontrollen. Und Cremes, Getränke und andere Flüssigkeiten lässt du lieber gleich zu Hause, genauso wie Feuerzeuge oder Streichhölzer.

Um einen Flug im Internet zu buchen, brauchst du eine Kreditkarte; wenn du keine hast, kannst du natürlich auch ganz klassisch ins Reisebüro gehen. Viele Internetseiten vergleichen die Angebote der vielen Airlines und suchen dir auf Knopfdruck den besten Preis heraus.

Flüge online vergleichen

www.flugreisen.ab-in-den-urlaub.de
www.opodo.de
www.billigflieger.de
www.swoodoo.com

Gewissen erleichtern und was für die Umwelt tun

www.atmosfair.de/emissionsrechner/rechner
www.goclimate.de/kompensation/rechner
www.myclimate.org

Bei Flugreisen gilt: Je eher du buchst, desto preiswerter kannst du fliegen. Auf kurzen Strecken solltest du aber vom Flugzeug absehen, da es das mit Abstand klimaschädlichste Transportmittel ist und es mit Fahrt zum Flughafen, Einchecken, Koffer holen usw. auch nicht schneller geht als mit anderen Verkehrsmitteln.

Pro Fliegen

- in der Regel einziges Verkehrsmittel bei echten Langstrecken
- meist kostengünstig auch bei kürzeren Strecken
- Du bist schnell am Ziel.

Contra Fliegen

- klimaschädlichstes Transportmittel
- für Buchung oft Kreditkarte notwendig
- lange Wartezeiten
- aufwändige Kontrollen
- Spontanes Reisen ist teuer.

Extra-Contra bei Billigfliegern:

- nur Handgepäck kostenfrei
- hohe Kosten für zusätzliches Gepäck
- oft abgelegene Flughäfen (Extra-Kosten für Taxi oder Bus)

247

Auf und davon. Wege ins Ausland

Auslandsaufenthalt, ja oder nein ?

Viele Studienanfänger wissen schon früh: „Ich will unbedingt für ein Semester/ein Jahr ins Ausland!" Und die Auslands-Begeisterung hat in den letzten Jahrzehnten stetig zugenommen. Um dir einen kleinen Eindruck zu verschaffen, hier ein paar aussagekräftige Zahlen:

Absolvierten 1973 lediglich 3 % der Studis an Universitäten ein Auslandsstudium, waren es 1994 schon 10 % und 2009 bereits 18 %. Nimmt man alle studienrelevanten Auslandsaufenthalte (Studium, Praktikum, Praktisches Jahr etc.) zusammen, fallen die Zahlen noch beeindruckender aus: Von 2000 bis 2009 lag die Zahl der Studierenden mit Auslandsaufenthalt nie unter 32 %. Dabei hängt die Quote der Auslandsaufenthalte aber stark vom Fach ab. Am häufigsten ziehen Sprach- und Kultur- sowie Wirtschaftswissenschaftler für einige Zeit in die Welt hinaus. Seltener treibt es angehende Ingenieure, Mathematiker und Naturwissenschaftler über die Grenzen.

Die Entscheidungsfindung

Fragt man Studierende nach ihren Plänen für einen Auslandsaufenthalt während ihrer Studienzeit, erhält man mit hoher Wahrscheinlichkeit eine Antwort, die sich in eine der folgenden Schubladen einsortieren lässt:

1.) „Interessiert mich nicht."
2.) „Dafür fehlt mir das Geld."
3.) „Dafür fehlt mir die Zeit."
4.) „Ich sprech doch nur Deutsch und Frrrrrängisch."
5.) „Klar! Das mach ich dann aber ganz spontan!"

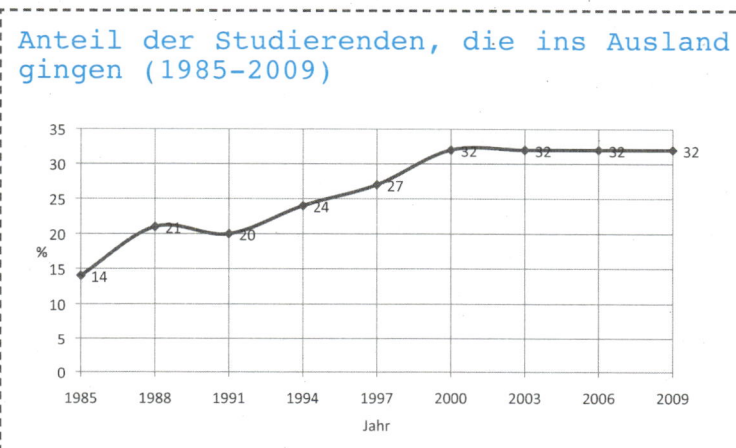

Anteil der Studierenden, die ins Ausland gingen (1985-2009)

(Quelle: Heublein/Schreiber/Hutzsch: Entwicklung der Auslandsmobilität deutscher Studierender. HIS: Projektbericht, September 2011.)

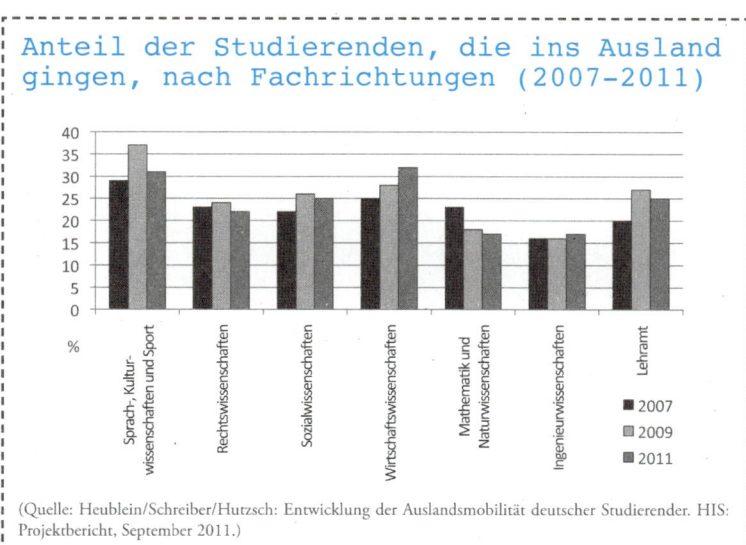

Anteil der Studierenden, die ins Ausland gingen, nach Fachrichtungen (2007-2011)

(Quelle: Heublein/Schreiber/Hutzsch: Entwicklung der Auslandsmobilität deutscher Studierender. HIS: Projektbericht, September 2011.)

Jede dieser Äußerungen hat sicher nicht von der Hand zu weisende Hintergründe: Wer sich nicht durch Organisationsstress in Deutschland und Eingewöhnung im Ausland ablenkt, kann sich mit ganzer Kraft und Konzentration dem Studium widmen. Wer ohnehin knapp bei Kasse ist, erspart sich weitere finanzielle Ängste und Risiken. Wer schnell durchs Studium kommen will oder muss, läuft an der Heimat-Uni nicht Gefahr, am Ablaufplan vorbei zu studieren. Wer ein Studium in der Muttersprache absolviert, vermeidet schlechte Noten durch fehlende Fremdsprachenkenntnisse. Und wer sich weder im In- noch im Ausland um überhaupt irgendetwas sorgt, lebt ohnehin recht sorgenfrei – zumindest dann, wenn er sich nicht gerade über eine verpasste Frist ärgert.

Wenn du zu einer oder gleich mehrerer dieser Gruppen gehörst und die genannten Vorzüge schätzt, sei gewarnt! Denn dieses Kapitel soll dafür sorgen, dass du aus Schublade 1, 2, 3, 4 oder 5 in Schublade Nr. 6 wechselst:

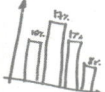

> „Ich habe Kosten und Nutzen eines Auslandsaufenthaltes gründlich abgewogen und die Möglichkeiten finanzieller Förderung und Vereinbarkeit mit meinem Studium abgeklärt."

Ob dem dann ein Ja oder Nein zum Auslandsstudium/-praktikum o.Ä. folgt, bleibt natürlich dir überlassen und ist abhängig von deiner individuellen Situation. Da ein Auslandsjahr/-semester aber unglaublich bereichernd und spannend sein kann, folgen hier 6 maßgeschneiderte Plädoyers dafür.

An die Uninteressierten - Motivation

Der Gedanke, mal ins Ausland zu gehen fasziniert dich nicht? So gar nicht? Kein bisschen? Nun gut. Neben Fernweh und Neugier auf fremde Länder und Sitten, die sich nicht in 14 Tagen Halbpension ergründen lassen, gibt es durchaus auch ganz handfeste Gründe, den Sprung an eine ausländische Uni zu wagen.

Als Motivation verpönt, aber nicht minder wirkungsvoll: Ein Auslandssemester pimpt den Lebenslauf – und das ziemlich unabhängig von deinem späteren Berufsfeld. Denn automatisch (wenn auch nicht unbedingt berechtigt) wird dir nicht nur interkulturelle Kompetenz attestiert, sondern auch die Beherrschung der jeweiligen Fremdsprache, persönliche Reife und ein gewisses Organisationsgeschick.

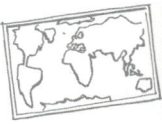

Aus akademischer Sicht kann ein Perspektivwechsel auf das eigene Fach ebenfalls bereichern. Wenn zum Beispiel im Lehramtsstudium ständig von Skandinavien oder in den Naturwissenschaften von den USA die Rede ist, schau dir doch mal an, wie und mit welchen Schwerpunkten dein Fach dort studiert wird. Im Idealfall profitierst du zudem von besseren Studienbedingungen im Vergleich zu deiner Heimat-Uni. Dazu kommt: Du lernst ganz viele Menschen aus deinem Wunschland und aus aller Welt kennen – damit bleiben dir mit etwas Glück nicht nur Freunde auf dem ganzen Erdball, sondern auch (Übernachtungs-)Kontakte, falls dich das Auslands-Fieber dann endgültig packt.

An die Rechner – Finanzierung

Nichts ist schlimmer, als im Land der Träume angekommen zu sein und dann nicht das Geld zu haben, es sich anzusehen. Dicht gefolgt von dem Umstand, aus finanziellen Gründen ganz auf einen Auslandsaufenthalt verzichten zu müssen. Glücklicherweise ist beides vermeidbar. Dafür gilt wie immer bei finanziellen Engpässen die einfache Devise: Ausgaben runter, Einnahmen rauf.

Eine enorme finanzielle Belastung können die Studiengebühren sein. Sollten diese in deinem Wunschland anfallen, erkundige dich, ob es dafür Unterstützung gibt. Im besten Fall werden sie dir ganz erlassen, so z.B. bei einem Auslandsaufenthalt im Rahmen des ERASMUS-Programms. Kommst du dort unter, kannst du 3 bis 12 Monate in einem europäischen Land studieren, ohne Studiengebühren zu zahlen.

Ein weiterer großer Posten ist, wie ja auch in Deutschland, die Miete. Da die in Metropolen meist beträchtlich höher ist als in beschaulicheren Universitätsstädten, könntest du dich versucht fühlen, wegen etwas weniger Miete die weitaus unattraktivere Stadt zu wählen. Das ist an sich ein ganz vernünftiger Gedanke. Allerdings hast du in einer internationalen Großstadt wesentlich bessere Chancen auf einen interessanten Nebenjob. In diesem Fall hättest du die aufregendere Stadt und eine finanziell einigermaßen entspannte Situation, statt in der langweiligen Stadt zu sitzen, und zwar ohne Geld, um ihr weiter zu entkommen, als dein Fahrrad dich trägt. Außerdem gibt es auch im Ausland Wohnheime, in denen Studenten günstig wohnen können. Oft gibt es ein Extra-Kontingent für Austauschstudenten, so dass es leicht ist, dort einen Platz zu ergattern.

Entgegen anderslautender Berichte hat sich noch niemand reich gespart. Etwas Geld musst du also schon in die Kasse bekommen. Und je weniger du dafür tun musst, desto mehr Zeit bleibt für Studium und die Erkundung des Gastlandes. Die Auswahl entsprechender Geldquellen ist zwar nicht endlos, aber immerhin groß. An Platz eins steht das Auslandsbafög. Das bekommst du unter Umständen auch, wenn du in Deutschland nur ablehnende Bescheide geerntet hast. Ein Versuch

lohnt sich also. Großes Plus: Die durch Auslands-Bafög geförderten Semester werden nicht auf deine Förderungshöchstdauer im Inland angerechnet. Und es kommt noch besser: Es gibt Zuschüsse für Hin- und Rückreise, für anfallende Studiengebühren, höhere Lebenshaltungskosten und nicht zuletzt eine Auslands-Krankenversicherung. Du solltest den Antrag allerdings mindestens 6 Monate vor Abreise einreichen!

Nimmst du an einem Austauschprogramm teil, erhältst du möglicherweise auch Zuschüsse aus dessen Topf, so z. B. bei ERASMUS. Mit einer genauen Summe kannst du hier im Vorfeld allerdings nicht rechnen, da die Beihilfe von Semester zu Semester variiert. Generell sind die ERASMUS-Zuschüsse eher Zubrot als Lebensgrundlage.

Planungssicherheit schaffst du dir dagegen entweder mit einem Bildungskredit oder einem Stipendium. Prüfe zuerst, ob du vielleicht ein Stipendium ergattern kannst. Die Möglichkeiten dazu sind zahlreich und teilweise recht spezifisch. Einen guten Überblick bietet die Internetpräsenz des Deutschen Akademischen Austausch Dienstes (DAAD). Falls du schon Stipendiat bist, erkundige dich bei deiner Stiftung nach den Möglichkeiten einer Förderung im Ausland.

Einen zinsgünstigen Bildungskredit erhältst du beispielsweise auf Antrag beim Bundesverwaltungsamt in Köln. Dieser ist außerdem ohne gegenseitige Anrechnung mit Auslands-Bafög kombinierbar. Im Notfall kämen aber vielleicht auch Studienkredite von Kreditinstituten infrage. Da solltest du aber vorher ganz genau die Konditionen vergleichen. (Webadressen zur Finanzierung s. Infobox)

Tipp:

Auch für studienrelevante Praktika kannst du Stipendien erhalten, sogar ein Erasmus-Programm für Praktika existiert. Wenn dein Praktikum (ausreichend) bezahlt ist, hast du natürlich gleich einige Sorgen weniger.

Hilft alles nichts, bleibt das ganz traditionelle Mittel zum Gelderwerb: Arbeit. Ein Nebenjob im Ausland bietet aber weit mehr als „nur" die Sicherheit, pünktlich die Miete zahlen zu können. Er hilft dir auch,

Land und Leute kennenzulernen. Leute, weil du bei den meisten Jobs fernab der Uni auf „Einheimische" treffen wirst, die dir noch einmal eine völlig andere Perspektive eröffnen können als deine Kommilitonen. Und Land, weil du dir so das Taschengeld zusammenverdienen kannst, das du brauchst, um dir mal mehr von deinem Wunschland anzusehen als Flughafen und Uni-Stadt. Solltest du neben Studium und sozialem Leben etwas Zeit haben, könnte sich ein Job also auch dann lohnen, wenn du auf das Pfund, den Dollar oder den Peso nicht unmittelbar angewiesen bist. Zu den bürokratischen Erfordernissen in deinem Gastland können dir die Mitarbeiter des International Office oder des Career Centers deiner Gast-Uni zuverlässig Auskunft geben. Als heimische Anlaufstellen kommen das Akademische Auslandsamt und die Auslandsvermittlung der Bundesagentur für Arbeit infrage.

An die Stress-Geplagten

Nie Zeit, stets gehetzt, immer spät dran oder einfach viel zu viel zu tun? Und da noch ins Ausland? Ganz ausgeschlossen! Vielleicht ja nach dem Studium. Oder für ein Praktikum in den Semesterferien. Das dann aber ja nicht zu lange, schließlich warten da noch andere Verpflichtungen.

Zugegeben, nicht jeder ist in der komfortablen Situation, seine (Studien-)Verpflichtungen warten lassen zu können. Aber auch als durchschnittlicher, finanziell mittelmäßig ausgestatteter Student hast du die Zeit, kurz innezuhalten und zu überlegen, ob ein Teilstudium an einer anderen Uni tatsächlich so unmöglich ist. Es muss ja kein ganzes Jahr sein. Und ECTS-Punkte kannst du ja auch in anderen Ländern sammeln. Aber selbst, wenn es in deinem Wunschland keine ECTS-Punkte gibt, kannst du die Anrechenbarkeit von Leistungen bei deinen Fachberatern in Erfahrung bringen.

Ja, vielleicht wird an der Gast-Uni in spe ein wichtiges Modul nicht angeboten, das es an der Heimat-Uni aber nur alle zwei Semester gibt. Versuch, es vorzuziehen und belege, was dir dadurch fehlt, im Ausland. Und ja, im schlimmsten Fall studierst du ein Semester länger, vielleicht sogar zwei. Im allerschlimmsten Fall aber schaffst du dein Studium in Rekordzeit, hast mit Anfang 20 einen tollen Job, sitzt an deinem Schreibtisch und ahnst, dass du irgendetwas verpasst hast.

Solltest du also auch nur den geringsten Wunsch hegen, ins Ausland zu gehen, nimm Informationsveranstaltungen wahr, geh zum Akademischen Auslandsamt, deinem ERASMUS-Koordinator an der Uni und ringe jedem eine E-Mailadresse ab, der auch nur in etwa deine Fächer studiert und das scheinbar Unmögliche schon geschafft hat: ein Semester raus aus dem Alltag – trotz Uni-Stress.

An die Eineinhalblingualen - Sprachkenntnisse

Du sprichst ein bestechendes Deutsch, dein Französisch, Arabisch oder Finnisch ist aber eher hervorstechend ... schlecht? Dann solltest du nicht TROTZDEM ins Ausland wollen, sondern gerade DESHALB. Kein Klassenzimmer, Volkshochschulraum oder gar Selbstlernkurs bietet dir ansatzweise die Möglichkeiten eines Auslandaufenthalts.

Ins fremdsprachige Ausland zu gehen, ohne die Sprache perfekt zu beherrschen, mag einem Sprung vom 10 m-Turm gleichen. Wenn der aber erst geschafft ist und du danach sicher durchs Becken schwimmst, fragst du dich vielleicht sogar, wovor du eigentlich solche Angst hattest. Voraussetzung dafür ist allerdings – um im Bild zu bleiben – eine gewisse Füllhöhe des Beckens, sonst knallst du auf Beton. Oder etwas weniger plastisch: Ganz ohne sprachliche Basis geht es nicht.

Da ein Auslandssemester ohnehin eine Vorlaufzeit von ein- bis eineinhalb Jahren haben sollte (in der Theorie zumindest), hast du aber ausreichend Zeit, deine Lücken vorher zu schließen. Im Semester, bevor es losgeht, kannst du dir noch mal gründlich Grammatik und Vokabeln in deinen Kopf prügeln, am besten mit Hilfe von Sprachkursen an der Uni oder auch bei der Volkshochschule. Wirkungsvoll kann in solchen Situationen auch ein Tandempartner sein. Idealerweise natürlich aus deinem Gastland – dann gibt's zur Sprachschulung auch gleich die ersten Lektionen in praktischer Landeskunde. Solltest du übrigens über eine Uni-Partnerschaft ins Ausland gehen, stehen die Chancen ganz gut, dass Studenten der Partner-Uni gerade in deiner Stadt studieren. Vielleicht kannst du einen davon bei einer ERASMUS-Party, Internationalen Woche oder ganz altmodisch über einen Aushang am Schwarzen Brett kennenlernen.

255

Sollten alle guten Vorsätze scheitern, musst du auf deinen Lernzuwachs im Land vertrauen – und hoffen, dass er schnell genug einsetzt, um das ein oder andere Modul zu bestehen. Aber auch im Zielland gibt es meist Sprachkurse für Austauschstudenten (Vorsicht: Bewerbungsfristen beachten!) oder im Notfall Volkshochschulen oder andere Kursanbieter, letztere dann allerdings kostenpflichtig.

Übrigens: In vielen Ländern/Fächern sind auch Kurse auf Englisch üblich (teils extra für Austauschstudenten) – das fällt dir am Anfang vielleicht leichter als die exotischere Sprache deines Wunschlandes. Studierst du eine Sprache, die nicht der des Ziellandes entspricht, hast du es sowieso leichter: Auch die Vorlesungen und Seminare im Zielland finden dann ja in deiner Fach-Sprache statt.

Beim Praktikum/Job im Ausland gibt es auch die Möglichkeit, ein internationales Unternehmen oder eine internationale Organisation auszuwählen, bei denen die Dienstsprache Englisch oder Französisch ist. Dann geht es im Job immerhin flüssiger zu als in der Freizeit – wo man ja auch mal mit Händen und Füßen durchkommt.

An die Planlosen - Vorbereitung

„Life is what happens to you while you're busy making other plans." Damit mag John Lennon durchaus Recht gehabt haben. Ganz ohne Plan ist dann aber auch doof. Das merkst du spätestens dann, wenn dein Studium vorbei ist und sich das mit dem Ausland irgendwie nicht ergeben hat. Koffer packen und in den Flieger steigen mag beim Last-Minute-Trip funktionieren. Wenn du aber nicht übermäßig wohlhabende Eltern hast und dein Bachelor-Studium nach einer einstelligen Fachsemesterzahl abschließen musst, kommst du um eine Planung nicht herum.

Je mehr du dich nun wunderst, was es da groß zu planen geben soll, desto unbedingter solltest du dieser Frage nachgehen. Eine erste Antwort kann dir die Checkliste für das Auslandsstudium geben, die der DAAD veröffentlicht hat (s. Infobox). Die siehst du dir besser schon mal an, wenn das Thema Auslandssemester für dich eigentlich noch gar keins ist. Denn die ersten Entscheidungen solltest du demnach eineinhalb Jahre vor Abflug fällen. Also flugs nachgeschaut!

Was gibt es da groß zu planen?

Einiges, sagt der DAAD. Hier findest du auch gleich eine nützliche Checkliste: www.daad.de --> Infos für Deutsche --> Tipps vorab --> Vorüberlegungen zum Auslandsstudium

Überzeugt? Auf ins Wunderland!

Und wenn du nun angekommen bist in „Schublade 6", und dich für einen Auslandsaufenthalt entschieden hast, du alles ausfallsicher geplant und an alle Eventualitäten gedacht hast, dann kannst du dein Auslandssemester ganz gelassen auf dich zukommen lassen … und dir dafür selbst einen Orden verleihen. Denn du wärst wohl der Erste in der Geschichte, dem es gelungen ist, vor einem Auslandsaufenthalt locker und entspannt zu bleiben. Denn mal ernsthaft: Irgendwas ist doch immer, denn kein noch so pedantisch konzipierter Plan immunisiert gegen Zufall, menschliches Versagen oder schlicht Pech. Eine ausgefeilte Vorbereitung reduziert zwar das Risiko, dass etwas schiefgeht. Ausräumen kann sie es aber nicht. Und das wäre doch auch ziemlich langweilig! Besser, du hältst es beim Aufbruch wie Alice im Wunderland: 80% Neugier, 10% Mut und 10% kindliche Naivität. Und dann auf ins Abenteuer!

Wege ins Ausland

Es gibt mittlerweile wirklich viele Möglichkeiten, während deines Studiums einige Zeit im Ausland zu verbringen. Neben dem klassischen Auslandssemester, bei dem du an einer Universität im Ausland studierst, kannst du auch ein Praktikum absolvieren, dein im Lehramtsstudium vorgeschriebenes Schulpraktikum im Ausland machen oder auch einen Teil des Praktischen Jahres im Medizinstudium. Als deutscher Muttersprachler mit entsprechenden Kenntnissen der Sprache des Wunschlandes kannst du dich als Assistant Teacher bewerben, oder du suchst dir einfach für ein paar Monate einen Job in deinem Traumland. Wenn du nur Reisen und dabei das Land entdecken möchtest, geht das natürlich auch. Für die Finanzierung vor Ort gibt es die berühmte Kombination „Work & Travel". Jetzt musst du dich nur noch entscheiden, welchen Weg du nehmen möchtest. Damit du bei deiner Entscheidung – und vor allem wenn diese gefallen ist – die wichtigsten Infos zur Hand hast, findest du auf den folgenden Seiten alles zu den unterschiedlichen Möglichkeiten, für einige Zeit ins Ausland zu gehen.

Das Auslandssemester

Bei einem Auslandssemester studierst du an einer ausländischen Universität, bist dort auch eingeschrieben und sammelst Studienleistungen, die du für deinen Studiengang zu Hause angerechnet bekommen kannst. An deiner Heimat-Uni nimmst du normalerweise ein sogenanntes „Urlaubssemester" – das Semester wird dann nicht auf deine Fachsemesterzahl angerechnet.

Theoretisch kannst du überall da, wo es Hochschulen gibt, auch ein Auslandssemester absolvieren. In der Regel gilt aber: Je ausgefallener dein Ziel, desto schwieriger die Umsetzung und die spätere Anerkennung deiner Leistungen.

Organisieren lässt sich so ein Auslandssemester auf vielen unterschiedlichen Wegen: Entweder du bewirbst dich im Rahmen eines festen Austauschprogramms, du nutzt eine Austauschorganisation, eine direkte Partnerschaft zwischen deiner Uni und der Gast-Uni oder – wenn das alles nicht klappt – du organisierst dir alles selbst. Für alle vier Mög-

lichkeiten gilt: Wenn's geht 1,5 Jahre vor dem geplanten Aufenthalt schon Informationen sammeln und mit der Planung beginnen! Wenn du später anfängst, kann es zwar immer noch klappen, für einige Fristen, z.B. bei Bewerbungen auf Stipendien, wird es aber eng. Deshalb immer zuerst klären: Welche (Bewerbungs-)Fristen muss ich einhalten, wenn ich im Semester XY ins Ausland möchte. Welchen Weg du einschlagen musst, hängt von der Ausgefallenheit deines Ziel-Landes und den Vorgaben und Kontakten deiner Uni bzw. Fakultät ab.

Per Austauschprogramm innerhalb Europas - einfacher geht es nicht

Innerhalb Europas funktioniert ein Auslandssemester in der Regel am einfachsten über das ERASMUS-Programm. Fast jeder Student, der ins europäische Ausland möchte, nutzt es. Es gibt an jeder Uni für jeden Fachbereich ERASMUS-Koordinatoren, die Info-Veranstaltungen machen, dir bei der Bewerbung und Vorbereitung helfen und den Kontakt zu deinen Ansprechpartnern an der Gast-Uni herstellen. Meist finden im Rahmen des Programms auch vorbereitende und begleitende (Intensiv-)Sprachkurse und ein Einführungsprogramm an der Gast-Uni statt.

Auch die Anerkennung deiner Studienleistungen im Ausland funktioniert gut – solange du dich an die zuvor getroffenen Absprachen hältst. Studiengebühren an der ausländischen Uni fallen für dich keine an. Sogar eine finanzielle Unterstützung ist im Programm inklusive – allerdings reicht die nicht, um alle Kosten zu decken: maximal 300 Euro pro Monat bekommst du und das nicht regelmäßig jeden Monat, sondern gebündelt. Zusätzliche Finanzierungsquellen sind also notwendig.

Alle Infos zum ERASMUS-Programm, Bewerbungsmodalitäten, den Voraussetzungen der Gast-Länder und -Unis sowie deine Ansprechpartner findest du unter www.eu.daad.de --> ERASMUS-Programm oder ERASMUS-Koordinatoren.

Allerdings bietet dir deine Hochschule sicher auch über die eigene Homepage maßgeschneiderte Informationen und die Kontaktadressen der lokalen ERASMUS-Koordinatoren. Hier erfährst du auch gleich,

welche Universitäten aus deinen möglichen Zielländern ein Partner-Abkommen mit deinen Fachbereichen haben und demnach für dich im Rahmen von ERASMUS offen stehen. Erfahrungsberichte von Ex-Erasmus-Studierenden (aus Internet-Foren oder direkt vom International-Office/ERASMUS-Büro deiner Hochschule) helfen, einen Eindruck vom Programm in deinem Wunschland/an deiner Wunsch-Uni zu geben.

> **Tipp:**
>
> Für deinen Studiengang gibt es keine Partneruni in deinem Wunschland?
>
> Oft gibt es bei anderen Fachbereichen Restplätze, die du nutzen kannst. Nach Absprache ist dann an der Gastuni trotzdem ein Studium in deinem Fach möglich.

Damit du teilnehmen kannst, musst du regulär an einer deutschen Hochschule eingeschrieben sein, bei Beginn des Auslandsaufenthaltes dein erstes Studienjahr vollendet haben und eine Uni wählen, mit der eine Kooperationsvereinbarung seitens deiner Heimat-Uni besteht. Details zur Bewerbung, Platzvergabe und weiteren Formalitäten erhältst du bei deinem ERASMUS-Koordinator.

Und, was bringt dir das ganze? Das Programm garantiert dir einen festen Rahmen, eine gute Betreuung und gewisse Sicherheiten: Du unterbrichst dein Studium nicht, sondern erwirbst weiter studienrelevante ECTS-Punkte. Du bekommst je nach Ausrichtung der Gast-Uni einen neuen Blick auf dein Fach und kannst Kurse belegen, die zu Hause nicht angeboten werden. Außerdem verbesserst du deine Sprachkenntnisse, v.a. im akademischen (Uni) und im sozialen Bereich (Kommilitonen), und lernst Kommilitonen aus dem Gastland und aus vielen anderen Ländern kennen.

Runter vom alten Kontinent: Auslandssemester im außereuropäischen Ausland

Der Deutsche Akademische Austauschdienst ist die Institution für dein Auslandssemester außerhalb Europas. Über die Homepage des DAAD bekommst du detaillierte Länderinfos und Informationen zu übergreifenden sowie länderspezifischen Austauschprogrammen und Förderungen.

Die wichtigsten Programme:

TEMPUS für „Nachbarregionen der EU" (faktisch zählt dazu aber fast die ganze Welt)

ERASMUS-MUNDUS (nur für Master- und Promotions-Studierende)

Die regionalen Programme **ALFA III** (Lateinamerika), **ATLANTIS** (USA), **EDULINK** (Afrika, Karibik und Pazifik) und **ICI ECP** (Australien, Neuseeland, Japan, Südkorea).

Alle Infos findest du auf den entsprechenden Unter-Seiten oder direkt über die interaktive Weltkarte auf: www.daad.de --> Infos für Deutsche --> Studienmöglichkeiten --> Länderinformationen und Studienbedingungen

Ansprechpartner vor Ort findest du im International Office deiner Uni.

Der direkte Draht: Uni-Partnerschaften in der ganzen Welt

Von direkten Uni-Partnerschaften kannst du auch als Austauschstudent sehr profitieren. Gerade Universitäten im nicht-europäischen Ausland sind manchmal nicht sehr gut über Programme mit der EU verbunden. Eine direkte Uni-Partnerschaft kann dir trotzdem einen Weg an deine Traum-Uni bahnen. Informationen dazu erhältst du auch hier über das International Office deiner Universität.

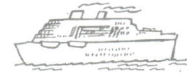

Selbst organisieren: (Fast) alles ist möglich!

Du hast ganz konkrete Vorstellungen, in welches Land und an welche Uni du möchtest, aber keines der Programme, keine Kooperation und keine Austauschorganisation deckt dein Ziel ab? Das bedeutet dann leider sehr viel Arbeit für dich: Denn du hast keine spezialisierten Ansprechpartner vor Ort, musst ganz viel Korrespondenz mit Austausch-Koordinatoren der gewünschten Gast-Uni führen, alle bürokratischen Hürden selbst überspringen, alle Bedingungen und Formalitäten eigenhändig recherchieren, dich gesondert um ein Stipendium/eine Finanzierung kümmern und zu allem Überfluss wahrscheinlich auch sehr um eine Anerkennung deiner Leistungen an deiner Heimat-Uni kämpfen.

Das klingt jetzt aber letztlich doch schlimmer, als es meistens ist. Denn irgendjemand hat diesen Weg bestimmt auch schon vor dir beschritten. Es gibt sicher Erfahrungsberichte oder Foren zu deinem Vorhaben im Internet, die Ansprechpartner im International Office deiner Uni unterstützen dich, soweit sie es können und andere deutsche Universitäten, die eventuell ein Abkommen mit deiner Traum-Uni haben, werden sich auch nicht sträuben, dir weiterzuhelfen.

Bekommst du das schließlich alles hin, kannst du aber nicht nur dein Auslandssemester vorweisen, sondern auch ein ausgezeichnetes Organisationstalent und große Durchsetzungskraft. Das beeindruckt nicht nur an der Uni sondern sicher auch im Vorstellungsgespräch.

Praktikum im Ausland

Ein Praktikum im Ausland bringt dir praktische Erfahrungen und berufsrelevante Sprachkenntnisse auf einen Schlag. Leider gibt es für Auslands-Praktika im Vergleich zu Auslands-Semestern ein weit weniger entwickeltes Austauschsystem.

Selbst organisieren

Häufig musst du dir direkt eine Praktikumsstelle bei deiner Wunschfirma/-institution besorgen – über Ausschreibungen, Job-/Praktikums-

Portale oder eine Initiativ-Bewerbung – und die Einreise-, Aufenthalts- und Arbeitsgenehmigungen selbst organisieren. Innerhalb Europas ist das noch einfach, außerhalb wird es schwieriger.

Dann musst du natürlich noch entscheiden, ob du das Praktikum in die Semesterferien quetschst oder dafür ein „Urlaubssemester" nimmst. Bei Pflicht-Praktika wird dir diese Entscheidung mittels genauerer Vorgaben meist abgenommen. Insbesondere in solchen Fällen stehen dir die Studierendenberatung bzw. das Career Center deiner Uni zur Seite. Hilfe bei der Suche und Organisation bieten auch die Zentrale Auslands- und Fachvermittlung der Bundesagentur für Arbeit (ZAV) oder private Organisationen, bei denen du allerdings teilweise tief in die Tasche greifen musst. Gerade bei unbezahlten Praktika ist das schwer zu finanzieren – und irgendwie auch nicht ganz gerechtfertigt.

Tipp:

Hier kannst du auch kostenlos die Broschüre „Wege ins Auslandspraktikum" herunterladen, die dir alle grundlegenden Informationen gut aufbereitet zur Verfügung stellt:
www.zav-auslandsvermittlung.de --> Studierende --> Praktikum im Ausland

Austauschprogramme für studentische Praktikanten

Feste Austausch-Programme für studienrelevante Praktika gibt es aber eben auch. Die ideale erste Anlaufstelle ist auch hier der DAAD (www.daad.de --> Infos für Deutsche --> Praktika). Hier findest du Informationen zu passenden Anprechpartnern, Vermittlungsstellen für fachbezogene Praktika, europäische und internationale Organisationen, Praktika weltweit, Förderungsmöglichkeiten und gute Literaturhinweise.

Für die EU besteht außerdem die Möglichkeiten eines ERASMUS-Praktikums in europäischen Unternehmen – hier erhältst du praktischerweise weitere Infos bei dem ERASMUS-Koordinator deiner Uni. Das Programm sichert dir „Mobilitätszuschüsse" von max. 400 € pro

Monat, feste Ansprechpartner, einen EU-Praktikumsvertrag zwischen Hochschule, Unternehmen und Studierendem, eine gute Vorbereitung über (Intensiv-)Sprachkurse und eine Anerkennung als Studienleistung mittels ECTS-System. Möchtest du ein Praktikum bei einer Internationalen Organisation oder der EU machen, ist das Carlo-Schmid-Programm das Richtige für dich.

Alle weiterführenden Infos unter www.daad.de --> Infos für Deutsche --> Praktika

Für Mediziner: PJ und Famulatur im Ausland

Möchtest du einen Teil deines praktischen Jahres im Ausland absolvieren, bekommst du Informationen zu möglichen Ländern, Bewerbungs- und Anerkennungsmodalitäten und Fristen auf den Internetseiten deines entsprechenden Landesprüfungsamtes. Notwendige Formulare stehen in der Regel ebenfalls zum Download bereit. Hier, über die Fachberater oder die Fachschaft an deiner Uni erhältst du Listen der Lehrkrankenhäuser im Ausland, die für die Ableistung des PJs in Frage kommen. Zentrale Anlaufstation in Deutschland ist zudem die Bundesvertretung der Medizinstudierenden in Deutschland e.V. (BVMD). Aber auch der DAAD bietet gezielte Informationen und eine Zusammenstellung spezifischer Fördermöglichkeiten.

> ### Wichtige Anlaufstellen im Netz
>
> www.bvmd.de/ausland
> www.daad.de --> Infos für Deutsche --> Studienmöglichkeiten -->Ausgewählte Fächerinformationen --> Medizin

Assistent Teacher und Schulprakti-kum im Ausland

Möchtest du ein Schulpraktikum für dein Lehramtsstudium im Ausland absolvieren, ist es umso wichtiger, dass dir dieses später auch für deine Ausbildung angerechnet wird. Details solltest du mit dem zugehörigen Landesprüfungsamt und dem Zentrum für Lehrerbildung klären. Auch die Studienberatung für Lehramtsstudierende an deiner Uni kann dir sicher weiterhelfen. Die zentrale Austauschorganisation für Lehramtsstudierende ist der Pädagogische Austauschdienst. Hier bekommst du die wichtigsten Infos und Beratung für die verschiedenen Austauschprogramme.

Aber nicht nur als Lehramtsstudent hast du die Möglichkeit als Assistant Teacher an einer Schule oder Bildungseinrichtung im Ausland zu arbeiten – auch ohne pädagogisches Studium ist das möglich. Als Assistent Teacher unterstützt du einheimische Lehrkräfte im Unterricht. Du bekommst so einen einmaligen Eindruck von der Lernkultur deines Wunsch-Landes und bist gleichzeitig Kulturbotschafter der BRD.

Je nach Zielland sind die Voraussetzungen andere, in manchen Ländern musst du vier Fachsemester absolviert haben, in anderen geht kaum etwas vor dem 6. Fachsemester bzw. Bachelor-Abschluss. Aktuell bestehen Austausch-Abkommen mit Australien, Belgien, China, Frankreich, Großbritannien, Irland, Italien, Kanada, Mexiko, Neuseeland, Schweiz, Spanien und den USA. Die Dauer des Aufenthaltes liegt je nach Land zwischen 6 und 11 Monaten. Deine Lebenshaltungskosten vor Ort werden übernommen, Krankenversicherung und die Unterbringung ist nur bei manchen Ländern inklusive. Die Anreise musst du auf jeden Fall selbst finanzieren – bei China und Australien gibt es aber Zuschüsse.

> **Mehr Infos:**
>
> Detaillierte Informationen, alles zur Bewerbung und die Voraussetzungen für alle in Frage kommenden Länder findest du online unter www.kmk-pad.org --> Programme --> Fremdsprachenassistent

Jobben im Ausland

Möchtest du für ein Semester ins Ausland, um dort zu arbeiten, ist deine erste Anlaufstelle die Zentrale Auslands- und Fachvermittlung der Bundesagentur für Arbeit. Hier findest du extra für Studierende aufbereitete Informationen und Hilfe bei der Jobsuche. Bist du parallel zum Job an einer Gast-Uni eingeschrieben, findest du außerdem Hilfe bei der dortigen Jobvermittlung.

> ## Erste Infos für den Job im Ausland
>
> www.zav-auslandsvermittlung.de --> Studierende --> Jobben im Ausland

Eine brauchbare Suchmaschine, mit der du schon von zu Hause Auslandsjobs finden kannst, ist beispielsweise www.vergleichen.de --> Jobs & Kontakte --> Jobs weltweit. Hier findest du Vollzeit- und Nebenjobausschreibungen aus aller Welt und kannst gezielt nach Ländern und Rahmenbedingungen suchen. Die Sprache des Ziel-Landes solltest du aber schon kennen – um die Job-Angebote auch lesen zu können. Ähnlich gut funktioniert die Suche unter www.stepstone.de --> Jobs weltweit.

Häufig ist es trotzdem nicht so ganz einfach, eine entsprechende Stelle im Ziel-Land zu finden und alle Formalia zu regeln. Deshalb haben sich auch einige kommerzielle Anbieter etabliert, die das für dich übernehmen. Ist praktisch und niederschwellig, du hast feste Ansprechpartner, aber: Vermittlung, Betreuung und Abwicklung kosten unter Umständen richtig Geld! Und bis du die richtige Agentur gefunden hast, geht auch Zeit und Energie drauf.

Als Animateur ins Ausland?

Möchtest du beim jobben vor allem Sonne tanken? Als Animateurin in den Süden bringen dich verschiedene Reiseanbieter und Hotelanlagen, bei denen man direkt nach Jobangeboten suchen oder einfach mal nachfragen kann. Vor allem für große Anbieter musst du dich sogar richtig casten lassen, bevor du Richtung Sonne und Strand abheben darfst.

Mehr Infos:

Hier findest du einige Infos, Castingtermine und viele weiterführende Links:

http://animateure.de

www.animateur-im-ausland.de

Wwoofen

In den letzten Jahren immer beliebter geworden ist das „Wwoofen" (Wwoof = „World Wide Opportunities on Organic Farms" oder auch: „Willing Workers on Organic Farms"). Wenn du wwoofst, hilfst du ein paar Stunden am Tag auf einem Öko-Bauernhof und erhältst dafür Kost und Logis – und manchmal noch ein kleines Taschengeld.

Teilnehmende Farmen gibt es auf der ganzen Welt. Das Wwoofen ist also eine günstige Möglichkeit, deine Traumländer und die dortige Landwirtschaft hautnah kennenzulernen. Du besserst nicht nur deine Sprachkenntnisse auf, sondern kannst auch mal einen Blick raus aus dem akademischen Elfenbeinturm werfen. Teilnehmede Farmen und Höfe liefert dir das weltweite Netzwerk, nationale oder unabhängige Wwoof-Organisationen. Auf der Internetseite der Dach-Organisation kannst du nach Kontinenten, Ländern, Ansprechpartnern und Höfen suchen: www.wwoof.org

Die nationalen Organisationen stellen dir dann Infos zu Visum, Krankenversicherung sowie deinen Rechten und Pflichten als Wwoofer zur Verfügung.

267

Naturschutz & Entwicklungshilfe

Aber auch die Mitarbeit in den Bereichen Entwicklungshilfe und Naturschutz ist in vielen Ländern möglich. Wenn du noch nicht entschieden bist, was du genau machen willst, ist es am besten, du durchstöberst erst einmal die vielen Angebote.

Eine gute Startseite für deine Suche mit brauchbaren Infos zu den vielen Möglichkeiten im Ausland zu jobben oder ehrenamtlich zu arbeiten findest du unter www.rausvonzuhaus.de

Reisen, Reisen, Reisen, Jobben, Reisen, Reisen: Work & Travel

Träumst du davon, drei Monate, ein halbes oder sogar ganzes Jahr umherzureisen und dorthin zu gehen, wo noch kein Mensch (naja, zumindest aus Familie und Freundeskreis) zuvor gewesen ist?

Unterkünfte fürs kleine Budget:

Jugendherbergen: www.jugendherberge.de
Couchsurfen: www.couchsurfing.org
Camping auf dem Campingplatz: www.campingfuehrer.adac.de

Wildes Camping/Zelten: Besser vorab die Rechtslage in den Wunsch-Reiseländern prüfen, sonst kann das teurer werden, als eine Nacht im 5-Sterne-Hotel. Wildes Campen ist erlaubt u.a. in Schweden, Norwegen, Schottland oder auch Australien.

Reisestipendien gibt es bislang leider keine, schade eigentlich. Trotzdem kannst du aber auch als armer Student in die weite Welt aufbrechen! Denn es gibt eine gute Möglichkeit die schönen Seiten (Reisen) mit den nützlichen (Geld verdienen) zu verbinden. Das nennt sich dann:

Work & Travel

Hier musst du vorher nicht groß sparen, weil du einfach während des Urlaubs deine Brötchen verdienst. Mancher verbringt damit ein ganzes Urlaubsemester, andere wollen nur eine kurze Auszeit in den Sommerferien. Work & Travel kann man sich entweder professionell von einer Agentur organisieren lassen (Achtung teuer! Lohnt sich vor allem bei längeren Auslandsaufenthalten in fernen Landen) oder man kann die Idee mit ein bisschen Engagement einfach selbst umsetzen.

Je nach Lust und Laune kann man als Erntehelfer in der Sonne schwitzen, als Skilehrer blutige Anfänger durch den Schnee lotsen, Animateurin spielen oder sich beim Stall ausmisten beweisen. Da Geld im Spiel ist, solltest du dich vorher über die landesspezifischen Regelungen informieren und musst dich um eine Arbeitserlaubnis kümmern. Meist reicht ein sogenanntes „Working Holiday Visum", aber auch was Versicherungen angeht, solltest du alles abklären, damit du später nicht das Nachsehen hast.

Eine gute Einstiegsseite für die Recherche zu deinem Work & Travel und für die Entscheidung, ob du alles selbst organisieren möchtest (viel Arbeit, aber flexibel) oder alles vorher schon fix geplant buchen willst (kostet mehr, ist aber entspannter) bietet: www.auslandsjob.de
Bei Work & Travel-Vermittlern ist meistens die Betreuung im Ziel-Land inklusive, die Unterstützung bei Formalia und der Jobsuche sowie Einführungen und Workshops zum Start vor Ort. Die Kosten sind sehr unterschiedlich und sollten deshalb genau verglichen werden.

> **Hier wird Work & Travel für dich organisiert:**
>
> www.travelworks.de (Australian, Neuseeland, Kanada)
>
> www.aifs.de (Australian, Neuseeland, Kanada)
>
> www.stepin.de (Australien, England, Frankreich, Irland, Island, Kanada, Neuseeland)
>
> www.world-of-xchange.com/jobs/ (Australien, Neuseeland, Chile, Kanada, Irland, England)

Urlaub plus Arbeitseinsatz auf dem Bauernhof? Das „Wwoofen" (s. oben, „Jobben im Ausland") eignet sich sehr gut für Work & Travel, da man häufig nur wenige Tage am Stück auf einer Farm/einem Hof helfen muss und dazwischen flexibel herumreisen kann. Noch ein Vorteil: Wwoofen kannst du in den meisten Ländern der Erde. www.wwoof.org

Und was passiert mit deinem Zimmer?

Der beste Weg ist, dir jemanden zu suchen, der in der Zwischenzeit dein Zimmer bewohnt und die Miete bezahlt. Dies muss aber im Vorfeld vom Hauptmieter mit dem Vermieter abgeklärt werden, der will ja schließlich wissen, wer gerade seine Wohnung bewohnt. Betrachtet man das Ganze juristisch, dann handelt es sich bei der Zwischenmiete um eine spezielle Form der Untermiete, die jedoch zeitlich begrenzt ist.

Der Vermieter kann die Untervermietung/Zwischenvermietung theoretisch auch verweigern, wenn du aber frühzeitig mit ihm sprichst, ihm verschiedene Kandidaten vorschlägst und die ganze Organisation in die Hand nimmst, hat er vermutlich kaum Argumente.

Mieter suchen

Einen passenden Zwischenmieter kannst du über verschiedene Online-Portale wie beispielsweise www.studenten-wg.de oder www.zwischenmiete.de finden: Schau dir die Gesuche an oder gib ein Angebot auf. Oder du versuchst dein Glück ganz klassisch über das Schwarze Brett an deiner Uni.

Mietvertrag

Hast du einen adäquaten Zwischenmieter gefunden, der auch deinen Mitbewohnern/deinem Vermieter zusagt, so solltest du einen „Zwischenmietvertrag" (Untermiet-Vertrag mit zeitlicher Befristung) mit ihm abschließen. Seriöse, d.h. aktuelle und rechtssichere Vorlagen dafür kosten meist nur ein paar Euro und es gibt sie z.B. bei www.formblitz.de oder www.janolaw.de.

Auf und davon: Wege ins Ausland

Erste Schritte Richtung Berufsleben

Was willst du eigentlich nach der Uni machen? Das ist eine Frage, die du immer häufiger zu hören bekommst, je weiter dein Studium fortschreitet, und die vermutlich auch für dich selbst mehr und mehr zum Thema wird, je näher der Abschluss rückt.

Fragst du beim ansässigen Career Service, Career Center nach oder wie auch immer das an deiner Uni heißt, hörst du vermutlich: „Schon zu Beginn seines Studiums sollte sich der heutige Student Gedanken machen, wo es ihn karrieretechnisch einmal hinführen wird, dann kann er dementsprechend schon WÄHREND des Studiums alle nötigen Schritte tun, um NACH dem Studium direkt den Traumjob zu ergattern." Das nennt sich dann „Strategische Karriereplanung". Ein Begriff, der allerdings viele abschreckt, besonders diejenigen, die ein Fach aus Interesse studieren, sich mit Literatur auseinandersetzen wollen, eine schon fast unheimliche Faszination für Sprachen haben, schon immer wissen wollten, wie und warum demokratisches Zusammenleben funktioniert oder sich zu anderen Kulturen hingezogen fühlen.

An dieser Stelle sei erst einmal gesagt: Es ist absolut in Ordnung, ja sogar wünschenswert, ein Fach aus reinem Interesse zu studieren, die Jahre des freien Lernens an der Uni zu genießen und sich NICHT von Anfang an Gedanken zu machen, wo einen der Weg hinführt. Aber klar: Irgendwann musst auch du dir Gedanken machen, wo dich dein Studium einmal hinbringen soll.

Die Erfahrung zeigt aber: An einem gewissen Punkt beginnt die Suche nach einer beruflichen Perspektive ganz von alleine. Spätestens, wenn du zum hundertsten Mal gefragt wirst, ob du nach deinem Politik-Studium denn Politiker werden willst, dir gesagt wird, dass es ja toll ist, dass du Germanistik studierst, weil ja heute kaum mehr jemand Auf-

sätze schreiben kann, oder man davon ausgeht, dass du mit deinem Chemie-Studium ja sicher Lehrer werden wirst – was denn auch sonst.

Inwiefern du dich bereits mit deiner Zukunft im Arbeitsleben auseinandergesetzt hast oder ob du sogar schon eine berufliche Perspektive hast, hängt von einer ganzen Reihe von Faktoren ab. Natürlich ist ein entscheidender Punkt, ob du dein Studium gerade erst aufgenommen hast oder schon mitten in der Abschlussphase bist. Und dann ist es natürlich auch Typsache: Bist du jemand, der klare Ziele braucht, weil er sich sonst orientierungslos fühlt und sehr nervös wird? Oder genießt du eher die Freiheit, viele Möglichkeiten zu haben, und dass du eben noch nicht weißt, ob du an einem wissenschaftlichen Institut, bei einer NGO oder in einer Unternehmensberatung landen willst?

Und dann hängt es natürlich auch noch von deinem Fach ab: Wenn du Medizin, Jura oder auf Lehramt studierst, bekommst du, zumindest wenn du den klassischen Weg gehen willst, die Berufsperspektive gleich mitgeliefert. So studieren viele Mediziner eben Medizin, um Arzt zu werden, und viele Jura-Studenten wollen Anwalt oder Richter werden. Germanistik-Studenten werden zwar auch Germanisten, aber was heißt das schon? Zumindest ist es kein konkretes Berufsbild und so arbeiten Germanisten dann auch beispielsweise bei einer Zeitung, in der Öffentlichkeitsarbeit, an einem Forschungsinstitut, bei einer Unternehmensberatung, in der Bildungsarbeit und, und, und. Deine Perspektive musst du dir in diesem Falle selber schaffen. Und genau darum geht es auch in diesem Kapitel: Welcher Beruf ist der richtige für dich und wie kommst du da hin?

Was will ich?

Wie so oft im Leben fängt alles mit der Frage an: „Wo will ich eigentlich hin?" bzw. „Was will ich eigentlich tun?" Sie ist paradoxerweise Ausgangspunkt und Ziel deiner ganzen Überlegungen. Denn natürlich brauchst du, bevor es weitergeht, eine mehr oder weniger konkrete Vorstellung davon, wo du beruflich einmal aktiv werden willst. Dieser Frage solltest du also zunächst einmal nachgehen. Dabei geht es nicht darum, sich mit Stift und Papier in der Hand ganz abstrakt einen Beruf auszusuchen, sondern lediglich darum, Tendenzen zu erkennen: Was sind deine Interessen, Neigungen und ja, auch Fähigkeiten. Es gibt viele unterschiedliche Wege und Strategien, bei dieser Frage weiterzukommen. Den gemeinsamen Nenner bilden im Prinzip aber immer die folgenden Fragen:

- Was macht mir wirklich Spaß?
- Was kann ich richtig gut?
- Welche Rahmenbedingungen sind mir wichtig (Ort, Arbeitszeiten, Verdienst etc.)
- Welche Berufe gibt es, die dazu passen?

Um diese Fragen abschließend beantworten zu können, muss man natürlich einiges an Zeit und Arbeit investieren. Vielleicht sind diese Fragen aber auch einfach zu umfassend und erschlagen dich eher, als dass sie dir helfen. Da du aber glücklicherweise nicht die einzige Person bist, die sich damit auseinandersetzt, sondern diese Fragen vermutlich jeden mal in seinem Leben beschäftigen, gibt es eine ganze Reihe von Literaturangeboten, mit deren Hilfe man spielerisch seinen eigentlichen Wünschen und Vorstellungen näher kommt. Du wirst sehen, das kann sogar richtig Spaß machen.

Ist das ein Weg, den du dir vorstellen kannst, dann probier es mal mit einem der folgenden Bücher:

Buchtipps:

Richard Nelson Bolles: Durchstarten zum Traumjob: Das ultimative Handbuch für Ein-, Um- und Aufsteiger. Campus Verlag 2009, 24,90 €. Der Klassiker unter den Berufsfindungsbüchern. Humorvoll, umfangreich, hilfreich.

Angelika Gulder: Finde den Job, der dich glücklich macht: Von der Berufung zum Beruf. Campus Verlag 2007, 19,90 €
Etwas niederschwelliger, unkomplizierter und sehr gut strukturiert. Empfehlenswert!

Der Masterplan

Im Idealfall hast du nach dem Durcharbeiten eines dieser Bücher zumindest eine ungefähre Vorstellung davon, auf welche Art und Weise du einmal arbeiten möchtest, hast konkrete Tätigkeiten im Kopf und auch schon passende Berufsbilder.

An dieser Stelle geht es dann weiter: Du hast beispielsweise die Ideen „große Tageszeitung", „Verlag" und „NGO". Und jetzt musst du sie nur noch ausprobieren. Zu diesem Zweck solltest du unbedingt mal in den jeweiligen Arbeitsalltag hineinschnuppern. Vermutlich merkst du dann schnell, ob dir ein Berufsfeld gefällt, oder ob etwas anderes vielleicht noch besser ist. (s.u. „Die Suche nach einem Praktikumsplatz", S. 276)

Irgendwann bist du dann vielleicht an dem Punkt, an dem du weißt: Diesen einen Beruf strebe ich an, du willst also z.B. tatsächlich später Journalist bei einer großen, überregionalen Tageszeitung werden. Doch wie geht es jetzt weiter? Erst einmal mit einer Bestandsaufnahme: Wo stehst du gerade?

Leitfragen, mit denen du dich dafür beschäftigen solltest, sind die folgenden:

- Welche Aufgaben muss ich im Beruf als Journalist erfüllen?
- Welche Qualifikationen und Kompetenzen muss ich also mitbringen?
- Was davon habe ich schon, was muss ich noch lernen?
- Wie kann ich mich weiter für diesen Beruf qualifizieren?

Du hast also nun als Ergebnis vermutlich eine mehr oder weniger lange Liste mit Dingen, die du noch tun könntest, um deinem Ziel näher zu kommen. Nun, irgendwo muss man anfangen. Hiervon wählst du also erst einmal einen Punkt aus – das Wichtigste oder aber das, was gerade am besten in deine Lebensphase passt oder auf das du auch einfach am meisten Lust hast – und du hast dein nächstes Etappenziel festgelegt.

Vielleicht hast du beschlossen, dass du einfach noch mehr praktische Erfahrungen bei einer Zeitung sammeln musst, um deine späteren Einstiegschancen zu verbessern. Da du beim Regionalblatt schon mal warst und du ja nun einmal später bei einer größeren Tageszeitung arbeiten willst, bist du also auf der Suche nach einem Praktikumsplatz bei einer renommierten, überregionalen Zeitung.

Praktika sind im Studium der klassische Weg, praktische Erfahrungen in Berufsfeldern zu sammeln, die man sich vielleicht später einmal vorstellen kann. Manchmal wird auch eine freie Mitarbeit daraus und man bekommt dann für die Erfahrungen, die man sammelt, sogar noch Geld. Anfangen muss man aber zumindest meistens mit einem (schlecht- bzw. unbezahlten) Praktikum.

Praktikum

Natürlich erscheint es erst einmal sehr anstrengend, die verdienten Semesterferien mit einem arbeitsreichen Praktikum zu füllen oder gar studienbegleitend drei Mal die Woche in einem Betrieb mitzuarbeiten. Gründe dafür, die Anstrengung auf sich zu nehmen, gibt es aber eine ganze Menge:

- Du hast die Möglichkeit, unterschiedliche Berufsfelder kennenzulernen.
- Du verbesserst deine Chancen auf dem Arbeitsmarkt.
- Du sammelst wertvolle Erfahrungen.
- Du erwirbst Qualifikationen und Kompetenzen.
- Du kannst Kontakte knüpfen.
- Du erwirbst wertvolle Softskills wie Selbstständigkeit, Teamfähigkeit, Selbstsicherheit.
- Du kannst dich selbst mal in einem völlig neuen Umfeld ausprobieren.
- Du wertest ganz schlicht deinen Lebenslauf auf.
- Oder in der Prüfungsordnung deines Faches ist nun einmal ein Pflichtpraktikum vorgeschrieben.

Die Suche nach einem Praktikumsplatz

Hier gibt es wieder die beiden Ausgangsmöglichkeiten, die oben schon beschrieben wurden.

1.) Du weißt genau wo du hin willst und suchst einen Praktikumsplatz, der dich diesem Ziel näher bringt. Noch einmal zusammengefasst bedeutet dies Folgendes:

- Welches ist mein berufliches Ziel?
- Wo stehe ich jetzt, was kann ich schon, was muss ich noch lernen?
- Was ist mein nächstes Etappenziel, was möchte ich als nächstes lernen?
- Wo kann ich das lernen?
- Wie stelle ich mir die Rahmenbedingungen meines Praktikums vor?

Die Rahmenbedingungen betreffen zum Beispiel den Ort und die Vergütung. Vielleicht kannst du es dir schlichtweg nicht leisten, ein unbezahltes Vollzeitpraktikum zu machen, denn irgendwo muss das Geld eben herkommen, von dem du lebst. Vielleicht möchtest du auch einfach in den Semesterferien in deiner Stadt bleiben, schließlich ist Sommer, die Freibäder sind geöffnet und du kannst so zumindest abends mit deinen Freunden im Biergarten sitzen. Du siehst, diese Rahmenbedingungen haben mitunter einen gravierenden und oftmals berechtigten Einfluss auf die Wahl deines Praktikumsplatzes.

2.) Du bist noch nicht so festgelegt, willst ein Berufsfeld kennenlernen und einfach schauen, ob das etwas für dich wäre. Auch in diesem Falle: Konkretisiere deinen Wunsch! Suchst du einen Praktikumsplatz in einer bestimmten Stadt, in einem großen Unternehmen oder eher in einem kleinen, in Vollzeit oder studienbegleitend?

So oder so, du hast dich entschieden, und weißt jetzt zumindest erstmal, was du suchst. Aber: Gesucht ist noch nicht gefunden.

Begibst du dich nun auf die Suche nach deinem Praktikumsplatz gibt es unterschiedliche Strategien, wie du vorgehen kannst. Die erste läuft über eine der vielen Praktikumsbörsen im Internet. Hier inserieren Unternehmen und Institutionen offene Praktikumsstellen. Das Angebot ist riesengroß und daher sehr unübersichtlich. Es gibt bessere und schlechtere Praktikumsbörsen, größere und kleinere. Versuche es doch einfach mal mit einer der Adressen aus der Infobox (S. 278). Hier findest du Praktika nach Einsatzgebieten und Fachbereich geordnet und bekommst in der Regel gleich alle nötigen Informationen. Etwa, was von dir als Bewerber erwartet wird, wo der Einsatzort ist, was du lernen kannst und ob es eine Vergütung gibt.

Geeignete Praktikumsbörsen im Internet:

www.unicum.de/beruf/praktikum
www.stellenanzeigen.de/stellenangebote/praktikum
www.berufsstart.stepstone.de
www.jobpilot.de >> Jobs suchen: Praktikum
www.monster.de >> Praktika-Angebote
www.berufsstart.de >> Jobsuche: Praktikantenstellen
www.karriere.de/stellenmarkt >> Praktika-Angebote
www.go-jobware.de >> Jobs: Praktikum
www.praktikum.info >> Jobtyp: Praktikum

Ein weiterer, etwas mehr Initiative fordernder Weg ist die direkte Suche nach einem passenden Unternehmen. Viele Unternehmen veröffentlichen Praktikumsangebote nur auf der firmeneigenen Seite. Manchmal werden aber öffentlich auch keine Praktikumsstellen angeboten und nur auf Nachfrage zeigt sich dann, dass Praktikanten durchaus willkommen sind. So oder so, nachfragen lohnt sich!

Branchenbücher & Firmenverzeichnisse:

www.gelbeseiten.de
www.firmenfinden.de
www.klicktel.de/branchenbuch

www.wer-zu-wem.de
www.karrierefuehrer.de/firmenprofile
www.staufenbiel.de/jobs-arbeitgeber

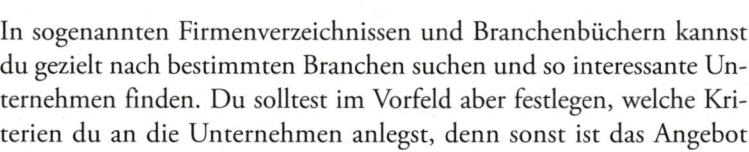

In sogenannten Firmenverzeichnissen und Branchenbüchern kannst du gezielt nach bestimmten Branchen suchen und so interessante Unternehmen finden. Du solltest im Vorfeld aber festlegen, welche Kriterien du an die Unternehmen anlegst, denn sonst ist das Angebot einfach zu riesig. Anschließend, wenn du eine nähere Auswahl getroffen hast, recherchiere genau: Entspricht das Unternehmen deinen Vorstellungen? Findest du hier wirklich das, was du suchst? Und: Welches Unternehmen gefällt dir besonders? Du bist dir sicher? Dann zögere nicht weiter, den passenden Ansprechpartner herauszufinden und einfach mal nachzufragen, ob ein Praktikum möglich ist. Und dann nichts wie hin mit der Bewerbung.

Du willst ein Praktikum bei einer öffentlichen Institution, einem Ministerium oder einer Landesregierung machen? Dann ist das hier das richtige Nachschlagewerk für dich:

> **Buchtipp:**
>
> **OECKL: Taschenbuch des Öffentlichen Lebens**: Deutschland 2012. Festland Verlag 2011, 129 €
>
> Das Nachschlagewerk erscheint jedes Jahr neu und ist sehr wahrscheinlich auch in deiner Unibibliothek zu finden.

Und natürlich gibt es dann noch die persönlichen Kontakte. Ein gar nicht zu verachtender Teil der Stellen wird über „Beziehungen" vergeben, daher ruhig mal nachhaken bei Bekannten, Kommilitonen, Arbeitskollegen, Verwandten, besonders dann, wenn einer von ihnen einen interessanten Job hat oder jemanden kennt, der einen hat.

Wie bewerbe ich mich für ein Praktikum — der Schnelldurchlauf

Wenn du dich auf eine ausgeschriebene Praktikumsstelle bewirbst, steht meistens dabei, welche Bewerbungsunterlagen gefordert sind. In allen anderen Fällen solltest du auf jeden Fall nachfragen, was von dir genau erwartet wird. Manchmal reicht es einen Lebenslauf und ein kurzes Motivationsschreiben einzureichen, genauso gut kann es aber auch sein, dass vollständige Bewerbungsunterlagen von dir verlangt werden.

Insgesamt solltest du bei deiner Bewerbung einige Punkte immer beachten:

- Du solltest immer vollständige Unterlagen abliefern (wenn dies verlangt wird): Lücken irritieren!
- Du solltest Wichtiges von Unwichtigem trennen. Vermutlich interessiert es niemanden mehr, dass du in der 6. Klasse mal Klassensprecher warst.
- Keine Massenanfertigungen! Jede Bewerbung muss individuell für eine bestimmte Stelle zusammengestellt werden. Anschreiben à la „Ich würde gerne bei Ihnen ein Praktikum machen, weil ich mich für Zeitungen interessiere" kommen nicht gut an!
- Deine Unterlagen sollten ordentlich und optisch ansprechend sein, das gilt auch für eine Bewerbung per E-Mail.
- Rechtschreib-, Grammatik- und Zeichensetzungsfehler wirken gar nicht gut.

Deine Bewerbungsunterlagen

Vollständige Bewerbungsunterlagen enthalten Folgendes:

- (Deckblatt)
- Anschreiben
- Lebenslauf
- Foto
- (Dritte Seite)
- Schulzeugnis
- Praktikumszeugnis
- Arbeitszeugnis
- (Arbeitsproben)

Deckblatt, Dritte Seite und Arbeitsproben sind nicht in jedem Fall sinnvoll: Ob du ein Deckblatt brauchst, hängt von deiner Art der Mappe ab. Es gibt Mappen mit transparentem Deckel, in so einem Fall bietet ein Deckblatt einen schönen Rahmen für die Bewerbung. Dort kommt dann ein Foto von dir drauf (auch gerne größer als ein reguläres Passfoto), dein Name sowie eine Betreffzeile, aus der hervorgeht, worauf du dich bewirbst.

Die dritte Seite wird hier eher der Vollständigkeit halber aufgeführt. In den allerseltensten Fällen wird es bei einer Praktikumsbewerbung

Sinn geben, eine dritte Seite zu schreiben. Hier kann man der Bewerbung noch eine ganz persönliche Note verleihen. Während es für die anderen Elemente einer Bewerbung klare Richtlinien gibt, kann man auf der dritten Seite all das unterbringen, was noch gesagt werden soll, aber an anderer Stelle keinen Platz gefunden hat. Man kann sich beispielsweise noch einmal persönlich vorstellen, detaillierter auf seine Motivation eingehen oder einen Zickzack-Verlauf im Lebenslauf erklären. Für eine Praktikumsbewerbung lass aber lieber die Finger davon.

Arbeitsproben sind nur in einigen wenigen Fällen sinnvoll, z.B. wenn du ein Praktikum bei einer Zeitung machen möchtest oder bei einer Werbeagentur. Mit Arbeitsproben kannst du zeigen, dass du kein ganz unbeschriebenes Blatt mehr bist und einen Eindruck von deiner bisher geleisteten Arbeit vermitteln.

Das Anschreiben

Das Anschreiben ist neben dem Lebenslauf das Herzstück deiner Bewerbung. Oft ist es das erste, was dein potenzieller Chef in der Hand hat, daher muss es am besten gleich überzeugen.

Ein paar Tipps vorweg:

- Jetzt ist der Zeitpunkt gekommen, an dem du dir eine etwas seriösere E-Mail-Adresse zulegen solltest. Bewerber, die eine Adresse wie Kuschelmaus@web.de oder Koerperklaus@gmx.de haben, stellt man eher nicht so gerne ein.

- Richte dein Anschreiben möglichst an einen konkreten Ansprechpartner und nicht allgemein an die „Sehr geehrten Damen und Herren".

- Beschränke dich auf eine Din A4-Seite – inklusive Kopf, Grußformel und Unterschrift.

- Nenne die wichtigsten Argumente, die für dich als Praktikant sprechen. Es ist ja schön, wenn dich der Themenbereich schon immer interessiert hat, das Praktikum eine interessante Erfahrung für dich wäre und ein Traum für dich in Erfüllung gehen würde, aber was hat der Arbeitgeber davon?

Ein Anschreiben beinhaltet immer folgende Elemente:

- Absender
- Empfänger
- Ort/Datum
- Betreffzeile
- Anrede
- Text des Anschreibens
- Schlusssatz
- Grußformel
- Unterschrift

Nicht mehr unbedingt nötig ist der Verweis auf die sogenannten Anlagen, also Lebenslauf und Zeugnisse. Wenn du es jedoch machen willst, schreib unten auf die Seite einfach „Anlagen" oder „Anhang" und zähle danach mit Spiegelstrichen auf, worin die Anlagen bestehen.

Der Lebenslauf

Der Lebenslauf ist das zweite Kernstück deiner Bewerbung. Standard ist heute ein tabellarischer Lebenslauf (Bsp. s.S. 284-285). Er sollte gut strukturiert sein und in unterschiedliche Blöcke aufgegliedert, wie „Ausbildung", „Praktische Erfahrungen", „Engagement" o.ä. Auch im Lebenslauf solltest du dich auf das Wesentliche konzentrieren. Wenn du zum Beispiel Anfang 20 bist, wirkt es etwas übertrieben, wenn du für deinen Lebenslauf 4 Seiten brauchst. Aber auf der anderen Seite: Staple auch nicht zu tief und zeige, welche Erfahrungen du mitbringst.

Auch dieses Dokument sollte optisch ansprechend und professionell gestaltet sein. Achte unbedingt auf eine einheitlich Formatierung und Fehlerfreiheit in Rechtschreibung, Zeichensetzung und Grammatik. Der klassische Aufbau ist: linke Seite Zeitleiste, rechte Seite Tätigkeiten und Stationen. Obligatorische Elemente sind die persönlichen Daten am Anfang (Name, Geburtstag, Adresse, Familienstand) sowie Datum und Unterschrift am Ende. Und natürlich noch das Foto. Wenn du kein Deckblatt hast, gehört es rechts oben auf den Lebenslauf.

Vorname Nachname
Vicky-Baum-Str. 24
79123 Freiburg
Tel.: 0761/1234567

Dr. Volker Stechpalme
Partei ABC
Marktplatz 21
50668 Köln

Freiburg, den 20.04.2012

Bewerbung als Praktikantin in Ihrem Wahlkreisbüro

Sehr geehrter Herr Dr. Stechpalme,

auf der Internetseite der Partei ABC in Köln habe ich Ihre Praktikumsausschreibung entdeckt und möchte mich auf diesem Weg bewerben.

Bei einem Praktikum am „Institut für Sozialforschung" in Freiburg konnte ich meine im Studium erlangten Soziologie-Kenntnisse bereits in der Praxis erproben. Ich arbeitete dort an einer Studie zum Verbraucherverhalten mit, schrieb Textentwürfe und führte Interviews. Dabei entdeckte ich mein großes Interesse für umweltpolitische Themen und Motive beim „Umwelthandeln" von Verbrauchern.
Seit Oktober 2011 bin ich außerdem als Wissenschaftliche Hilfskraft am Institut für Romanistik tätig. Dadurch bin ich mit administrativen Aufgaben sowie mit der Veranstaltungsorganisation und -betreuung vertraut.
Seit 07/2009 bin ich darüber hinaus aktives Mitglied beim BUND in Freiburg.

Von einem Praktikum in Ihrem Wahlkreisbüro erhoffe ich mir nun, einen intensiveren Einblick in die Umwelt- und Verbraucherpolitik. Besonders reizvoll finde ich es, diese für mich spannenden Themen aus der parteipolitischen Perspektive kennenzulernen. Es würde mich daher sehr freuen, wenn Sie mir die Möglichkeit geben würden, in Ihrem Wahlkreisbüro ein Praktikum zu absolvieren.

283

Ich freue mich auf ein persönliches Gespräch.

Mit freundlichen Grüßen

Vorname Nachname

BEISPIEL-LEBENSLAUF

LEBENSLAUF

Name: VORNAME NACHNAME
Adresse: Vicky-Baum-Str. 24
                 79123 Freiburg
Telefon: 0761/1234567
E-Mail: vorname.nachname@mail.de

Geburtsdatum: 07.11.1990
Familienstand: ledig

Foto

AUSBILDUNG

2000-2009   Else-Lasker-Schüler-Gymnasium in Bottrop
                   Abiturfächer: Deutsch (LK), Französisch (LK),
                   Sozialwissenschaften, Mathematik

                   Abiturnote: 1,7

10/2009 – 09/2011 Studium an der Albert-Ludwigs-Universität Freiburg
                   Fächer: Romanistik (HF), Soziologie (NF)

10/2011 – 03/2012 Studium an der Université de Lyon

seit 04/2012   Fortsetzung des Studiums an der Albert-Ludwigs-Universität
                   Freiburg

                   Angestrebter Abschluss: Bachelor of Arts

                   Studienschwerpunkte:
                   Französische Literatur um 1900, feministische Literaturkritik, Albert Camus; Sozialer Wandel in Europa

PRAKTIKA und BERUFLICHE ERFAHRUNGEN

05/2007   3-wöchiges Berufspraktikum in der Werbeagentur PlusZwei-Drei in Friedrichshafen

10/2008 – 03/2009 Privater Nachhilfeunterricht für Schüler der Klasse 5-8
                   - Mathematik
                   - Deutsch

08-09/2010	Praktikum am „Institut für Sozialforschung" in Freiburg
	- Recherche
	- Schreiben von Textentwürfen
	- Assistenz bei sozialwissenschaftlichen Interviews auf
	Deutsch und Französisch
	- allgemeine Bürotätigkeiten

10/2011 –   Wissenschaftliche Hilfskraft am Institut für Romanistik der
Albert-Ludwigs-Universität Freiburg
- Internetrecherche
- Erstellen von Kopiervorlagen
- Korrekturlesen
- Unterstützung bei der Organisation von Veranstaltungen

ENGAGEMENT und AUSLANDSERFAHRUNGEN
_____

Engagement
seit 07/2009
aktives Mitglied im Bund für Umwelt und
Naturschutz (BUND) in Freiburg

Auslandserfahrungen
Juli 2009 – Oktober 2009
Work & Travel in Australien

März 2006
3- wöchiger Schüleraustausch nach Toulouse,
Frankreich

FÄHIGKEITEN, KENNTNISSE, INTERESSEN
_____

Fremdsprachen
Französisch (Niveau C1)
Italienisch (Niveau B1)
Englisch (Niveau B2)
Latein (Latinum)

Computerkenntnisse
Word, Excel, PowerPoint, Endnote
Grundkenntnisse in Adobe Photoshop

Interessen
Musik (Chor, Klavier), Literatur, Wandern, Badminton, Klettern

Freiburg, den 20.04.2012   *Vorname Nachname*

Bevor du deine Bewerbung schreibst, solltest du ruhig noch ein paar mehr Bewerbungsunterlagen zu Gesicht bekommen. Einfach um zu sehen, wie du deine Unterlagen gestalten könntest. Natürlich gibt es auch hilfreiche Literatur zu diesem Thema.

Buchtipps:

Jürgen Hesse, Hans Christian Schrader: Praxismappe für Praktikanten, Volontäre, Trainees: Mit der optimalen Bewerbung zum erfolgreichen Berufseinstieg. Stark Verlagsgesellschaft mbH & Co. KG 2011, 16,90 € (inkl. CD)

Christian Püttjer, Uwe Schnierda: Perfekte Bewerbungsunterlagen für Hochschulabsolventen: Erfolgreich zum Traumjob – auch für Online-Bewerbungen. Bachelor – Master – Diplom – Magister – Staatsexamen – Promotion. Campus Verlag 2011, 17,90 € (Inkl. CD)

Bewerbung per Email

Immer häufiger wird eine Bewerbung per Email gefordert. Hierbei musst du die gleichen Regeln wie bei der klassischen Bewerbung befolgen, darüber hinaus solltest du jedoch weitere Aspekte beachten:

- Als Betreff nicht nur „Bewerbung" eingeben, sondern die konkrete Position oder den Bereich, für den du dich bewirbst.
- Das Bewerbungsfoto nicht als Extradatei senden, sondern in die Lebenslauf-Datei integrieren.
- Anhänge immer als PDF verschicken.
- Gib den Anhängen immer aussagekräftige Titel, am besten fügst du auch deinen Namen mit ein (z.B. Lebenslauf-KlausMuster.pdf).
- Anhänge in der richtigen Reihenfolge anlegen.
- Achte darauf, dass der Anhang nicht zu groß ist – möglichst 3 MB nicht überschreiten.
- Nur die wichtigsten Dokumente als Anhang mitschicken.

- Für die Platzierung des Anschreibens gibt es mehrere Möglichkeiten:
  1. Es wird im Email-Textfeld eingegeben.
  2. Es wird im Anhang mitgeschickt, im E-Mail-Textfeld steht bei nur ein kurzes Anschreiben.
  3. Es wird sowohl im E-Mail-Textfeld eingeben, als auch zusätzlich als Anhang mitgeschickt.

Was du noch wissen solltest: Auch als Praktikant/in hast du Rechte

Unter Unternehmen und anderen Praktikumsgebern gibt es immer wieder schwarze Schafe, vor denen du dich hüten solltest. Sie bieten sogenannte „Scheinpraktika". Dabei steht nicht etwa im Vordergrund, dass du etwas lernst und die allgemeinen Abläufe im Betrieb mitbekommst, sondern du bist von Anfang an als volle Arbeitskraft eingeplant, musst entsprechend auch eigene Projekte betreuen und wirst dafür gar nicht oder kaum bezahlt. Dafür werden dann reguläre Stellen gestrichen, ist ja so auch viel praktischer und billiger. Ebenso gibt es Praktikumsgeber, die dir vielleicht keine Urlaubstage zugestehen, kaum Pausen erlauben und bei denen du regelmäßig Überstunden machen musst. Aber: Du hast Rechte und die solltest du kennen!

Allgemein gilt: Bei einem Praktikum muss der Erwerb beruflicher Kenntnisse, Fertigkeiten und Erfahrungen im Vordergrund stehen. Ist dies nicht der Fall, handelt es sich um eine reguläre Anstellung und diese muss dann auch entsprechend vergütet werden. Im Zweifel kannst du hier sogar das angemessene Gehalt einklagen.

Bei den Rechten, die du sonst hast, gilt es erstmal zu unterscheiden zwischen einem Pflichtpraktikum, das sozusagen Bestandteil deines Studiums ist, und einem freiwilligen Praktikum, das du außerhalb des Studiums absolvierst, denn nur bei letzterem fällst du unter das Berufsbildungsgesetz.

Deine Rechte im Praktikum

Für alle Praktika gilt:

- Praktikanten dürfen nicht mehr als 8 Stunden am Tag arbeiten. Genauso wie Angestellte haben auch sie nach spätestens 6 Stunden Arbeit Anspruch auf eine halbstündige Pause.

- Nach Beendigung ihres Arbeitstages haben Praktikanten Anspruch auf eine Ruhezeit von mindestens 11 Stunden.

Für freiwillige Praktika gilt zusätzlich:

- Du hast Anspruch auf eine „angemessene Vergütung". Was angemessen bedeutet, ist aber leider nicht genauer definiert.

- Du hast ein Recht auf Lohnfortzahlung im Krankheitsfall, d.h. deine Krankheitstage werden dir nicht vom Monatslohn abgezogen – sofern du einen bekommst.

- Auch als Praktikant hast du Anspruch auf Urlaub. Wie viele Tage das sind, hängt von der Anzahl der Arbeitstage pro Woche und der Länge des Praktikums ab. Als Richtschnur kann aber gelten: 2 Tage pro Monat bei einem Vollzeit-Praktikum.

Faires Praktikum

Da es immer wieder diese besagten schwarzen Schafe gibt und da sogar manche Absolventen von Praktikum zu Praktikum hetzen, ohne jemals eine richtige Anstellung zu bekommen, haben sich mehrere Verbände und Initiativen gegründet, die sich speziell für die Interessen von Praktikanten einsetzen.

Fairwork e.V.

Hierbei handelt es sich um einen gemeinnützigen, eingetragenen Verein von Hochschulabsolventen für Hochschulabsolventen. Seine Ziele sind es, die Praktikumsproblematiken bekannt zu machen und aufzuklären. Darüber hinaus informiert er über Rechte von Praktikanten, bietet Beratung an und vergibt Zertifikate an Arbeitgeber, die damit als „fair" ausgezeichnet werden. www.fairwork-ev.de

DGB-Jugend

Die DGB-Jugend ist die Jugendorganisation des Deutschen Gewerkschaftsbundes. Sie kümmert sich um die Interessen junger Menschen im Zusammenhang mit Ausbildung, Job und eben auch Praktikum. Sie streitet für faire Arbeits- und Ausbildungsbedingungen und bietet Beratungs- und Informationsangebote. Du kannst auf ihrer Homepage dein Praktikum für nachfolgende Praktikanten bewerten und in einer Datenbank nach vorhandenen Bewertungen suchen. Außerdem informiert dich die DGB-Jugend über deine Rechte und Pflichten.
www.dgb-jugend.de/studium/praktika

Beide Verbände haben auch jeweils einen Kriterienkatalog aufgestellt, den ein faires Praktikum erfüllen sollte (s. Infobox).

Kriterien für ein faires Praktikum (nach dem Leitfaden der DGB-Jugend)

- Der Erwerb beruflicher Kenntnisse, Fertigkeiten und Erfahrungen muss im Vordergrund stehen.

- Das Praktikum darf keinen regulären Arbeitsplatz ersetzen.

- Du bekommst einen detaillierten Vertrag, der Arbeitszeiten, Urlaubszeiten, Kündigungsregelung o.ä. regelt.

- Du hast einen festen Ansprechpartner in deinem Unternehmen.

- Du bekommst ein qualifiziertes Praktikumszeugnis.

- Du erhältst eine angemessene Aufwandsentschädigung, mindestens 300 € im Monat bei einem Vollzeit-Praktikum.

- Ein (Vollzeit-)Praktikum darf nicht länger als 3 Monate dauern, da sonst der Lerneffekt nicht mehr im Vordergrund steht.

- Auf die Einhaltung deiner festgeschriebenen Rechte solltest du auf jeden Fall bestehen. Du hast einen Urlaubsanspruch und geregelte Arbeitszeiten, da gibt es nichts dran zu rütteln.

Quelle:
www.dgb-jugend.de/studium/praktika/im_praktikum/was_tun_gegen_ausbeutung/leitfaden

---

Aber natürlich kann es sein, dass du gerne in einer Firma ein Praktikum machen willst, das nach den o.g. Kriterien nicht fair ist. Was nun? Trotzdem machen, weil es so spannend ist oder aus Prinzip eben nicht? Das kannst du nur selbst entscheiden, wäge jedoch auf jeden Fall sehr gründlich ab. Und wenn du das Gefühl hast, nur ausgenutzt zu werden, gibt es auch immer noch die Möglichkeit zu kündigen. Wenn es einen Betriebsrat gibt, ist der natürlich vor diesem Schritt auch ein guter Ansprechpartner.

Worauf solltest du sonst noch achten?

Natürlich ist das Wichtigste bei einem Praktikum, Erfahrungen zu sammeln und sich weiterzubilden. Damit dir das Praktikum aber in jedem Fall einen auch spürbaren Nutzen bringt, beachte folgendes:

Bestehe auf jeden Fall auf ein Abschlussgespräch und lass dir ein ausführliches Feedback geben. Was hast du gut gemacht? Wo musst du vielleicht noch etwas lernen? Begreife das Gespräch als Chance. Und auch du darfst hier natürlich zu Wort kommen. Was hat dir an dem Praktikum gut gefallen, was gar nicht? Zukünftige Praktikanten werden es dir vielleicht danken, wenn du Verbesserungsvorschläge machst. Bestehe außerdem auf ein qualifiziertes Zeugnis. Das führt genau auf, was zu deinen Aufgaben gehörte und wie zufrieden man mit dir war.

Du kannst ein Praktikum besonders empfehlen? Oder im Gegenteil, das war wirklich eine Zumutung? Zukünftige Praktikantengenerationen können von deinen Erfahrungen profitieren. Gib doch am besten in einem Online-Portal wie z.B. bei der DGB-Jugend deine Bewertung ab, dann wissen andere gleich Bescheid.

Du könntest dir auch deine spätere Arbeit in diesem Betrieb oder dieser Institution vorstellen? Dann halte auf jeden Fall Kontakt. Vielleicht ergibt sich ja mal was mit einem Nebenjob, einer Anstellung nach Beendigung des Studiums oder ein guter Tipp oder Kontakt, man kann nie wissen.

Index

293

Index

Index

Das Buch zu deiner Uni-Stadt!

»Endlich Bonn!« Dein Stadtführer
Sascha Becker, Diana-Isabel Scheffen, Sarah Schön-
feld, Kirsten Schwarzer, Eva Stannigel
rap verlag, 2012
ISBN: 978-3-942733-04-5   14,90 €

»Endlich Heidelberg!« Dein Stadtführer
Marco A. Ianniello, Esther Mallm, Linda Rose, Angela
Tanner, Patrick Wolf
rap verlag, 2011
ISBN: 978-3-942733-03-8   14,90 €

»Endlich Leipzig!« Dein Stadtführer
Jann von der Brelie, Jacqueline Ehms, Stephanie
Ehrich, Benjamin Hanke, Moritz Koneffke
rap verlag, 2011
ISBN: 978-3-942733-02-1   14,90 €

»Endlich Mainz!« Dein Stadtführer
Julia Braun, Ann-Cathrin Klose, Benjamin Schaefer,
Alexandra Strohmeier
rap verlag, 2011
ISBN: 978-3-942733-01-4   14,90 €

»Endlich Freiburg!« Dein Stadtführer
Philipp Appenzeller, Rieke Kersting
rap verlag, 2011
ISBN: 978-3-942733-00-7   14,90 €

Mehr Infos unter www.rap-verlag.de